贝壳学术
贝壳新时代书系
宁波工程学院学术专著出版基金资助出版

数字化技术支撑下电商与物流协同发展研究

朱 耿 著

中国财经出版传媒集团
中国财政经济出版社

图书在版编目（CIP）数据

数字化技术支撑下电商与物流协同发展研究 / 朱耿著. --北京：中国财政经济出版社，2022.4

（贝壳新时代书系）

ISBN 978-7-5223-1238-5

Ⅰ.①数… Ⅱ.①朱… Ⅲ.①数字技术-作用-电子商务-物流管理-研究 Ⅳ.①F713.365.1

中国版本图书馆 CIP 数据核字（2022）第 044447 号

责任编辑：崔岱远　　　　责任印制：刘春年

封面设计：陈宇琰　　　　责任校对：张　凡

数字化技术支撑下电商与物流协同发展研究

SHUZIHUA JISHU ZHICHENGXIA DIANSHANG YU WULIU XIETONG FAZHAN YANJIU

中国财政经济出版社 出版

URL：http：//www.cfeph.cn

E-mail：cfeph@cfeph.cn

社址：北京市海淀区阜成路甲 28 号　邮政编码：100142

营销中心电话：010-88191522

天猫网店：中国财政经济出版社旗舰店

网址：https：//zgczjjcbs.tmall.com

北京时捷印刷有限公司印刷　各地新华书店经销

成品尺寸：170mm×240mm　16 开　18.75 印张　245 000 字

2022 年 4 月第 1 版　2022 年 4 月北京第 1 次印刷

定价：85.00 元

ISBN 978-7-5223-1238-5

（图书出现印装问题，本社负责调换，电话：010-88190548）

本社质量投诉电话：010-88190744

打击盗版举报热线：010-88191661　QQ：2242791300

序

随着数字技术的裂变式发展，政府信息的“全打通、全归集、全共享、全对接”营造了一流的社会服务环境，政务服务的“一张网”“一窗受理”“一证通办”逐步塑造了人们网络办公的习惯。与此相对应，商业流通领域的数字技术应用更加迅猛，网络营销、电子商务已经渗透到每个家庭的方方面面。在数字技术的支撑下，电商与物流协同发展的诉求日益强烈。

本书从数字技术、人工智能、网络经济、绿色发展的视角，利用理论研究和实证研究、定量分析与定性分析，探索了新时代电商物流的发展演进、行业应用、经营运作的模式和机制。主要内容分为电商物流生态演进、跨境电商物流模式和涉农电商物流模式三大模块。

首先，剖析了电商物流的生态演进。在文献综述的基础上，梳理凝练了电商物流的发展演进，基于O2O经营实务，深度挖掘了电商物流的运营路径和操作流程，构建了电商物流系统的生态结构，厘定了电商物流绿色生态系统的边界，建立了电商物流绿色生态系统的动力学模型，分析了电商物流绿色生态系统的演进机理，推进了电商物流绿色生态系统的空间相关性分析和空间趋同分析，实施了电商物流绿色生态体系的目标优化。

其次，研究了跨境电商物流模式。界定了跨境电商物流的基本概念，分析了经营运作的影响因素、基本状态、主要成就和存在的问题，提出了以海外仓和保税仓为模式创新、以保税集货促进货物进口跨境电商物流协同发展、以保税备货支撑货物进口跨境电商物流敏捷发展和以一般进出口模式为对象推进综合发展的相关路径。探析了跨境电商物流、口岸资源管理以及二者的协同发展模式，实施了跨境电商与口岸资源协同性评价。研究了跨境电商物流供应链金融风险的防控，剖析了跨境电商物流供应链金融风险要素的构成、互动关系，金融风险传导的影响要素，风险识别和传导原理，开发了一种跨境电商物流供应链金融风险评估的方法。

最后，研究了涉农电商物流模式。对农村物流、农业物流与农产品物流、物流业与农业的融合等基本概念进行了辨析，研究了电商物流业与现代农业融合发展的原理和路径。通过剖析电商物流供应链运作过程中的信息流、商贸流、资金流和物流，利用系统动力学原理，分析产业发展系统、市场运行系统和供应链协同系统，提出了特色农产品电商物流供应链发展的技术引领战略、节点协同战略和多源融合战略，研究了农产品电商物流系统协同运作的状态，明晰了农产品电商物流系统要素之间存在着相互促进、相互合作和相互相补充的关系；剖析了农产品电商物流系统协同运作的机理，研究了农产品电商物流协同运作的分配机制。从聚焦重点维度、强化要素支撑、做强系统保障方面提出了农产品电商物流系统协同运作的对策。

本书的创新点主要体现在以下三个方面：一是利用人文

地理学、经济地理学等方法研究电商物流绿色生态系统，设计了电商物流绿色生态系统的发展路径及对策；二是揭示了跨境电商物流与口岸资源的协同原理，构建跨境电商物流生态协同系统的动力学模型和协同优化模式，开发了应用于跨境电商物流供应链的金融风险评估方法；三是厘清了现代物流业与特色农业融合发展之间的互动关系，明晰了农产品电商物流系统协同运作的构成要素、关联状态和协同机理，探索了电商物流生态系统协同运作收益分配的机制，提出了农产品电商物流协同运作的对策。

目　录

第一章　研究概述 …… 1

第一节　研究背景和意义 …… 2

第二节　国内外研究综述 …… 8

第三节　研究架构与方法 …… 14

第二章　基于 O2O 模式的电商物流 …… 19

第一节　O2O 电商物流概述 …… 20

第二节　O2O 模式下电商物流的运营路径 …… 26

第三节　O2O 模式下电商物流的操作流程 …… 34

第三章　电商物流的生态系统 …… 53

第一节　电商物流绿色生态系统的基本构成及其特征 …… 54

第二节　电商物流绿色生态系统的动力结构 …… 61

第三节　电商物流绿色生态系统的空间效应 …… 76

第四节　电商物流绿色生态体系目标优化模型 …… 83

第四章　跨境电商物流 …… 97

第一节　跨境电商物流的构成 …… 98

第二节　发展现状…………………………………………………… 101
第三节　跨境电商物流的发展路径……………………………… 105

第五章　跨境贸易模式下的电商物流………………………… 113

第一节　概念辨析…………………………………………………… 114
第二节　跨境电商与口岸资源的协同态势……………………… 120
第三节　跨境电商与口岸资源的内外关联……………………… 128
第四节　跨境电商与口岸资源的协同性评价…………………… 130

第六章　跨境电商物流供应链金融的风险…………………… 143

第一节　跨境电商物流供应链金融体系………………………… 144
第二节　跨境电商物流供应链金融要素的风险形成和传导 … 148
第三节　一种跨境电商物流供应链金融风险评估的方法…… 168

第七章　电商物流与农业的融合……………………………… 177

第一节　融合发展的基础状态…………………………………… 178
第二节　融合发展的原理………………………………………… 191
第三节　融合发展的路径………………………………………… 198

第八章　农产品电商物流系统………………………………… 209

第一节　农产品电商物流系统的演进…………………………… 210
第二节　农产品电商物流系统的架构…………………………… 216
第三节　农产品电商物流系统的空间分布……………………… 220
第四节　系统要素的关系………………………………………… 223
第五节　系统发展的瓶颈………………………………………… 227

第九章　农产品电商物流系统的协同运作…………………… 231

第一节　系统运作模式分析……………………………………… 232

第二节　系统协同运作的机理 …………………………… 235
第三节　系统协同运作的分配机制 ……………………… 244
第四节　系统协同运作的对策 …………………………… 255

后记 …………………………………………………… 267

主要参考文献 ………………………………………… 269

第一章　研究概述

第一节 研究背景和意义

一、研究背景

党的十八大以来，以习近平总书记为核心的党中央运筹帷幄，统领全国上下实施新发展战略，推进供给侧结构性改革和新旧动能持续转换，引领经济发展形成新格局。通过推普“互联网+”、大数据、人工智能、数字治理，新产业、新业态和新商业模式蓬勃发展。

（一）数字技术提升了人工智能

18世纪60年代，机械技术的应用引发了第一次工业革命；19世纪20年代，电气化的推广迅速促进了流水线和规模化生产，形成第二次工业革命；20世纪60年代开始，半导体技术、计算机和互联网技术陆续催生了第三次工业革命；21世纪初，机器学习、人工智能和数字技术逐步发展，第四次工业革命初露端倪。数字技术的发展，加速了物流、资金流、贸易流和信息流的整合，拉近了国际贸易间的距离，方便了供应商、采购商以及最终消费者之间的沟通，推动了电子商务及物流业的发展。

数字技术促进了人工智能的演进。人工智能（Artificial Intelligence），英文缩写为AI。它是研究、开发用于模拟、延伸和扩展人的智能的理论、方法、技术及应用系统的一门新的技术科学。人工智能的思想中外早有实践，我国三国时代诸葛亮的“木牛流马”，公元9世纪古希腊的劳动机器人，均含有人工智能思维。20世纪40年代的“图灵实验”和冯·诺依曼（Von Neumann）在计算机方面的研究推动了人工智能的演进。20世纪50—60年代，西方发达国家对人工智能的思考迈上新的层次。以Newell等（1956）编制运行的第一个计算机启发式程序，被认为是人工智能的真正开端。20 世纪 80 年代初期，钱学森等主张开展人工智能研究，中国的人工智能研究开始活跃起来。1984 年初，邓小平同志分别在深圳和上海观看儿童与计算机下棋时，指示“计算机普及要从娃娃抓起”。此后，中国人工智能的研究迎来曙光，走上了正规化发展道路。

随后的几十年里，人们从问题求解、逻辑推理和定理证明、自然语言理解、博弈、自动程序涉及、专家系统、学习以及机器人学等多个角度展开研究。随着计算机硬件突飞猛进，人工智能理论方面也有了新的进展，许多原来无法实现的工作能够重新启动，人工智能的应用也得以推广。

进入 21 世纪后，我国人工智能的研究走上了快车道，特别是党的十八大以来，习近平总书记把创新摆在国家发展全局的核心位置，对发展中国人工智能给予高屋建瓴的指示与支持。2014 年、2016 年召开的两院院士大会，尤其是党的十九大，习近平总书记在讲话中都谈到了人工智能，强调“我们不仅要把我国机器人水平提高上去，而且要尽可能多地占领市场”，“推动互联网、大数据、人工智能和实体经济深度融合”。2017 年的《政府工作报告》首次写入了“人工智能”，同年 7 月我国首部国家级人工智能发展规划——《新一代人工智能发展规划》出台，将新一代人工智能发展提高到国家战略层面。

目前，人工智能作为 21 世纪三大尖端技术之一，具有知识技术密集、物质资源消耗少、生产效率高、成长潜力大、可开发领域广等特点，正在各行业崭露头角，深刻改变着我们的生活和产业形态。最早出现的机械工具，突破了人类肢体的局限，实现了机械化；随着科技的进步，人类制造了突破体力局限的自动化工具。因此，“人工智能 + 行业”将成为必然趋势，人工智能是继机械化、自动化之后又一产业升级和经济转型的核心动力。人工智能的发展，以信息流为纽带，加速了物流、资金流、贸易流的融合，优化了供应商、采购商以及最终消费者所在供应链的运作，强化了关检、海事、航运等口岸资源的生态协同，为电子商务物流生态系统的构建和运营提供了技术支撑。

（二）数字技术加速了物流创新

物流模式随数字技术的发展而不断创新。人类的演进是以自我为中心起步的，无论是婴儿的呱呱落地，还是社会人际关系的融合发展，均是将“我”视为事物发展坐标系的原点。物流的起步也是从企业自身的分工开始的。制造企业为了提升生产绩效，需要对生产或管理流程进一步细分，这时，一些部门陆续从企业生产经营或管理机构中划出，物流部门就是其中之一。这种由制造企业自己设置并运营管理的物流活动就是今天人们所称的“第一方物流”。

随着社会的进步，人类的商业体系逐步完善。商业精英利用其精明的谋划在统筹调节人类社会的生产和消费需求，产生了批发业和零售业。批发商或零售商为了主导由制造、批发或零售直至最终用户各环节所构成的价值链条，主动承担物品由制造环节到批发或零售环节的物流活动的运营，这就形成了“第二方物流”。

伴随生产工具的改进和区域连接道路的通畅，市场经济愈加发达，信息技术快速发展。集团之间的竞争模式不断创新，非核心业务变成了企业发展的瓶颈，将这部分业务外包变成了大家的共识，这些业务由居于制造商、批发商和零售商之外的专司物流业务的企业承担，第三方物流商应运而生。第三方物流是相对于“制造商”主导的第一方物流、“批发或零售商”主导的第二方物流而言的，是社会化大生产背景下市场细分的产物。它是在信息流的支持下，由独立法人的物流企业经营和管理的物流活动。

在信息共享理念下，价值链得到人们的普遍重视。供应链物流就是在这个背景下，与“第一方物流”“第二方物流”“第三方物流”不同的另一个概念。它不看从事物流活动的企业或部门的身份，而是从价值链的视角，在产供销一条龙上的各个企业整体绩效最优的条件下，去经营和管理物流活动。其经营者一般由专业物流公司（即第三方物流商）担任。供应链物流作为一种新的物流模式，最显著的特点在于它的一体性、协调性和优化性。它从整个物流活动的节点链考虑，追求整个链条的效率和效益，通过信息共享，有效规避风险。

人工智能增强了供应链管理的功能，有效地支撑了跨境电商物流体系的运作。供应链管理一般都有一个核心节点，通过这个节点可以整合链条上的各种资源。电商物流就是以电商平台为核心逐步形成的一种更专门化、专业化的供应链物流系统。电商物流是供应链物流的一种重要表现形式，是配合电商平台，实施商流、资金流、信息流和物流“四流”一体化运作的智能化物流体系。在大数据、云平台的引领下，逐步实现了以追求电商平台为核心节点的供应链系统的整体效益最优的运营目标。

人工智能与物流的深度融合提升了供应链效能。在当前大数据、人工智能环境下，对信息掌握的比例就意味着对资源市场占有的比例，各个环节产生的信息数据，均为市场反应提供准确的方向，抓住信息的准确性及时效性就是掌握市场机遇。由于信息的价值衰减速度快、及时性要求高，所对应的物流就要求在其各个环节必须提高效率、把握速度。在市场的多元化需求下，用户产生的偏好性的信息为物流服务商及商品流通商提供了很好的个性化服务需求，信息流在大数据环境下通过精确分析及有效提取，进一步使物流的精准化服务走向人性化和个性化。物流与人工智能的融合完美地体现在物流平台的运营效率上。物流平台由于人工智能因素增强了对订单处理、线路优化、支付结算、风险控制诸环节的管理，大幅提升了时间效能和空间效能。另一方面，人工智能系统中的物流信息本身具有商业市场价值，物流信息在专业平台中被有效利用，并与物流相关要素有机组合，进而形成了现实的社会生产力，增强了物流供应链的整体效能。

（三）数字技术强化了电商物流的地位

数字技术和人工智能对电商平台的支撑强化了电商物流的地位。人工智能、互联网与电子商务毫无疑问是21世纪经济发展的主旋律。在这样的时代背景下，物流与电商平台融合发展应时而生。阿里的菜鸟网络、顺丰的速递、海尔的日日顺、京东的商城、中国邮政的EMS等等，构成了物流与电商融合的典型案例。电商平台的产生，让民众的消费习惯发生了改变。便捷的操作，琳琅满目的商品，已让传统的市场消费方式受到了巨大的冲击。实体商品市场也在顺应时代发展背景，及时推出线上与线下相结合的经营模式，这时，优质的物流服务无疑将成为当前市场商品流通的重要支撑。在电子商务平台实现了商品交易之后，必须依靠高水平的第三方物流企业进行商品派送服务。在物流服务过程中，为保持信息交流的及时性与高效性，电商平台与相关的物流企业必须建立相应的信息管理系统，以实现信息数据的实时联通。互联网+物流不仅仅是物流模式的创新，更是现代信息技术、人工智能在物流这一新兴产业中的成功应用。人工智能时时调节仓储货物的调配，优化配送线路，共享市场信息，拓展了与电商平台相配套的专业物流体系的发展路径。

二、研究意义

党的十九大报告中，习近平总书记提出21世纪中叶建成富强民主文明和谐美丽的社会主义现代化强国。物流产业作为支撑国民经济发展的基础性、战略性、先导性产业，是社会主义现代化强国的必备条件。为此，转变发展方式、优化产业结构、转换增长动力较以往任何时候都要迫切和重要，为完成这一新征程的转型发展任务，必须坚持质量第一、效益优先的原则，并以数字经济为主线，以推动物流产业发展质量变革、效率变革、动力变革为基本路径，不断增强我国物流产业创新力和竞争力。本书的研究成果，不仅为电商物流产业发展体系研究提供基础支撑，同时也为数字经济下电商物流产业转型升级提供方案支持。

（一）理论意义

在深度梳理国内外O2O模式的演进过程及述评相关研究成果的基础上，本书明晰了电商物流以及O2O模式下电商物流的内涵和特征，探索O2O模式下电商物流的运作模式、发展路径和操作流程；界定电商物流绿色生态系统基本内涵、构建发展动力结构、探析系统生态效应、推进系统构建目标的优化；构建跨境电商物流与通关资源协同发展模型，剖析跨境电商物流生态协同系统的总体动力学模型，明晰跨境电商物流生态协同系统的作用机理和演进机理，探讨多因素目标优化原理；研究现代电商物流业与农业的融合，尤其是农产品电商物流的协同发展机理机制，对电商物流内涵的丰富具有重要理论价值。

（二）实践价值

在实践层面，电子商务与物流的协同发展研究，有利于指导企业推进“虚拟化运作”，实现多品种和多边的贸易、物流、金融、信息等全流程的电子化和无纸化，构建网上“信息流+资金流”和网下“物流”的大宗商品跨境贸易和商品流通体系；有利于指导各级政府及口岸管理部门提供“便利化服务”，积极推进简政放权，采取最便捷高效的口岸便利化措施，使经营主体享受优质的通关通检服务；有利于指导行业形成“专业化经营”，大力引进第三方电商运营平台、通关服务平台、专业物流平台、网上结算平台等服务机构，实现跨境贸易的全过程交易与管理；有利于指导区域实现“集约化发展”，创造贸易、物流、通关资源合作发展的新模式，提高政策创新、基础服务平台的运作效率，使政策创新不断延伸至更多领域。尤其是数字治理下农村电商物流发展协同共生、协同博弈、协同运作等重要内容的研究，将有效指导数字乡村、数字经济、电商经济等建设实践，为农业农村电商赋能，扩大以电商物流为核心的产业集聚规模，打造以农产品种植、加工、经营、服务为产业链的新时代、新基建、新模式的生态场景，创建浙江省高质量发展建设共同富裕示范区建设的重要窗口。通过大力发展电商与物流产业，将有效弥补农村电商与物流系统运作中的短板，促进电商与物流产业的高质量发展，进而驱动农产品市场开发，推进精准扶贫，实现乡村振兴，推进农村腾飞。

第二节　国内外研究综述

一、国外研究现状

随着数字技术的发展，数字经济的研究在逐步深入。自国际经济合作组织（OECD）在 20 世纪 90 年代提出数字经济的概念以来，数字经济已成为反映经济环境和经济方式现代化改变度的标志性“热词”。随着数字化逐渐成为各国经济高质量发展的重点布局方向（Ruthven P K，2012），数字经济的概念和内涵得以不断丰富，世界经合组织（OECD）已在产业认知的基础上对各国数字经济进行实时监控。在数字经济的内涵不断充实的同时，社会各界的研究领域也得以延伸，部分学者从概念界定的视角将其与传统经济加以区分（Tapscott D，1998），认为数字经济是在互联网手段充分激发其他行业创富潜能的基础上逐渐延伸出的效益形式。关于数字经济建设的实践，美国、欧盟、日本等发达经济体在 2008 年华尔街“金融海啸”造成传统市场危机之后率先做出转变，将数字经济建设作为其经济发展的主导动力。

数字经济推动了商业服务系统的生态化转型，加速了物流供应链的全球化布局，深化了运作机制的创新发展。英国学者坦斯莱（A. G. Tansley，1935）首先提出生态系统的概念，认为生态系统是宇宙间各类自然系统中的一种。从20世纪50年代开始，生态系统的概念逐步传播并被人们广为接受。Moore（1993，1996）曾深入研究英特尔和苹果等公司的商业生态系统，提出生态系统的领导者必须使生态系统成员之间相互协同以达成共同追求的生态发展目标，进而发展平台经济。Niharika 和 Ritu（2015）认为数字技术支撑的云计算有利于物流服务全球链的建立和运作。还有一批学者，基于现代物流数字技术，利用结构方程、空间计量方法等研究了物流集聚、物流竞合等高质量发展的运作机制问题。Sundarakani 等通过整个供应链中碳排放的足迹，提出了减少供应链中碳排放的措施。

关于跨境电子商务的发展进程、框架模式、存在问题、解决对策等方面的研究，Kauffinan 和 Robert 等（2001）分析了电子商务的兴起对国际贸易产生的影响。Blum 等（2006）、Hortaçsu 等（2009）、Kawa（2017）、Kim 等（2017）、Harada（2013）认为跨境电商能够拉近消费者之间的距离，有利于缩短交易主体的地理空间距离。Gomez-Herrera 等（2014）认为跨境电子商务虽然可以降低贸易成本，但是语言相关的贸易成本将随之增加。Asosheh（2012）在总结借鉴相关经验的基础上，构建了跨境贸易电子商务的理想运作模式。

关于跨境电子商务相关口岸资源协同的研究，Einav 等（2012）认为税率差异会影响跨境电子商务交易活动，Cardona 等（2015）认为支付会对跨境电商产生较大影响。Edwards 等（2007）、Almousa（2013）对跨境电商争议的解决机制进行了研究。Kaynak 等（2005）、Gibbs 等（2006）则分别从企业自身感知利益和外部环境角度分析了限制跨境电商发展的影响因素及其对策。

二、国内研究论点

随着数字经济内涵的充实，社会各界的研究领域也在延伸。姜奇平和黄诚（2000）从概念界定的视角将其与传统经济加以区分，认为数字经济是在互联网手段充分激发其他行业创富潜能的基础上逐渐延伸出的效益形式。李杰（2015）凝练出数字经济具有的6V特征，即海量性（Volume）、快速性（Velocity）、多样性（Variety）、真实性（Veracity）、可见性（Visibility）和价值性（Value）。张亚斌和马莉莉（2015）认为，利用数字技术可以建构起大规模、高黏度的虚拟网络组织，为平台经济提供支撑。张昕蔚（2019）认为数字技术将使生产和服务的供求信息更加精确化。易宪容等（2019）认为数字经济将信用关系技术化，其信用关系的前置性假设往往是造成经济及金融风险的重要来源。武宁杰（2018）认为数字技术将促进物流服务实时化、可控化和便捷化的建设步伐。

关于物流产业协同发展的研究，何黎明（2017）认为供给侧结构性改革背景下，传统物流产业发展方式难以为继，智慧物流正在成为物流产业转型升级的重要源泉。于斌（2018）认为我国物流产业链问题集中体现在物流产业发展协同性差、产业间衔接性不足等层面。要推动物流产业链升级，可采取推动产业协作创新、实现跨主体有效衔接等策略。赵峥和刘涛（2018）指出我国物流产业创新发展需要从推动多层面创新、提升区域发展效率和完善体制机制等方面激活和释放创新活力，寻求创新发展空间，加快创新发展的改革步伐。汪鸣（2019）指出物流产业的转型升级既要以自身服务创新和供应链能力提升为目标，又要与其他产业融合联动发展，并引领相关产业迈向价值链的中高端。杨守德（2019）提出从加强物流主体信息处理能力、重塑业务流程、创新物流业运营模式等方面推动我国物流产业高质量发展。

关于跨境电商相关问题的研究，李冬蓓（2007）、王建强等（2013）对我国电商服务模式以及协作流程进行了研究。张夏恒（2015）、刘莹（2014）、樊晓云（2015）对跨境电商物流的困境、物流渠道竞争力、物流配送模式进行了探索。王喜荣等（2018）从推动力和拉动力两个维度分析跨境电商和对外贸易增长之间的内在作用机理。马述忠等（2017）通过构建模型、定量分析后认为跨境电商改变了国际贸易方式，吕雪晴等（2016）讨论了跨境电商平台的类型和基本发展态势。黄怡园等（2013）、游玲（2007）指出我国跨境贸易电子商务在通关效率、物流与电子支付、政策支持及退税等方面存在制约因素。汪文进（2013）、王杏平（2013）、黄永江（2013）、冯雪君（2012）、陈琰（2010）、孙润生（2013）研究了跨境电子商务中的结算问题。杨坚争等（2014）、王外连等（2013）、冯亚楠等（2015）研究了跨境电子商务发展过程中存在的问题或制约因素。梁瑜等（2015）研究了跨境电商动植物入境监管及生态安全隐患问题，并提出了风险防控建议。倪程等（2016）研究了跨境电商的信用风险，周莉萍等（2016）研究了跨境电商的支付风险，郑小雪等（2016）研究了跨境电商的各种物流风险，孙康（2016）研究了跨境电商的知识产权风险问题。王雨婕等（2017）研究了跨境电商境外品牌经营的代理关系风险、产品风险、销售风险、经营环境风险及其防控问题。董鹏（2014）提出不能忽视跨境电商繁华背后所隐藏的“陷阱”，必须依靠政府相关部门及时调整或出台配套政策法规，进一步规范市场运作。梁楠等（2014）认为跨境电子商务在快速增长的同时，对平台、物流、支付、通关等环节也提出了新的需求，“便利、快速、联动”成为关注的重点。茅磊江等（2015）剖析了跨境电商产业政策、消费政策、投资政策、监管政策调整的作用。邹磊等（2015）针对跨境电商发展趋势、制约因素，提出了政策建议。徐松等（2015）认为我国跨境电商发展存在质量、产权、通关、支付、信用、物流和政策等瓶颈，应加快采取措施。胡钢（2015）通过大数据分析国家跨境电商政策走向。李璐等（2015）重点从收结汇角度挖掘问题，提出政策建议。王珉（2015）站在国际认知差异的角度提出，为促进跨境电子商务的发展，必须通过协调国际、国内立法完善跨境电商国际规则。佘建明（2016）剖析了跨境电商税收新政和行邮海关监管问题。赵萍（2016）从商品的报关单填制和物流问题分析了跨境电商新政的利弊得失。乐美龙等（2016）、杨健（2016）、刘升铨（2016）、唐力维（2017）、翟敏（2015）、陈捷（2016）分别研究了上海自贸区跨境电商平台，宁波、深圳、成都、杭州、平潭、厦门、泉州等地跨境电商试点政策制订和执行状态。

关于农产品电商物流协同运作的支撑研究，根据相关学者的观点，通过全面、快速、准确地捕捉农业全产业链的信息，完全有可能实现农业产品的物流、商流、信息流的统一，通过建立生态化的农产品电商物流及流通体系，进而形成农产品上行和消费品下行健康协调发展的动力机制。建立数据开放应用平台，实现了海量数据整合共享、多源数据实时汇集、数据服务便捷易用，这有利于加强电商物流供应链运作的信息支撑。农村电子商务作为产业扶贫的重要举措，更要重视质检、仓储、配送等环节的协同运作，形成安全、便捷的产业链和供应链，实现农业的智能化、交易的电子化和物流的系统化（李道亮和杨昊，2018），为电商物流企业和有关部门提供科学准确的决策支持服务（王钧等，2018）。有效地利用信息技术、网络技术，深度挖掘农业产业链大数据，将有利于合理配置生产资源，支撑电商物流系统（王丽，2018）。

关于农产品电商物流协同运作的诉求研究，平台型商业模式创新将价值链拓展为价值网络，进一步强化了农村扶贫平台系统的协同功能（易法敏等，2019）。供销社与电商物流企业的合作，有利于引导农村种植规模化和农产品加工系列化，进而塑造农产品品牌化和电商物流产业链，增强农产品电商平台的创新功能（马小雅，2016）。农产品电商物流平台构建的“网络 + 企业 + 农户 + 协会”协作系统和供应链节点体系，有利于推进“抱团取暖”、强强联合和集聚发展。

关于农产品电商物流协同运作的实证研究，丁志伟等（2019）通过对 197 个县域单元淘宝店的综合服务质量进行分析，认为产品来源、网上经营、物流保障是三大环节，产品数量、产品质量、经营理念、客户服务、物流仓储、物流与运输等是协同运作的关键要素。程迪等（2019）选取106个县域单元的5512家店铺作为研究样本，利用空间分类、空间回归等方法，得出农村电商物流平台具有空间关联性。雷兵等（2017）对“东风村”“消泾村”和“青岩刘村”3个我国典型淘宝村内26位创业家进行深度访谈，得出在农村电商产业集群形成过程中，要素之间具有协作互动关系。刘亚军等（2017）基于对全国20个“淘宝村”的实地调研，剖析其形成演化的内生动力和外生推力，认为“点”（商业模式）的创新及裂变复制带动了“面”（区域产业）的发展。

三、研究述评

综上所述，数字技术的发展日新月异，其与物流产业和物流经济的互动关系愈加紧密。梳理国内已有研究成果可知，尽管国内外专家学者从不同的视角已取得了一些研究成果，对电商物流系统、跨境电商物流体系以及电商物流业与农业、农产品的融合协同问题有了一定的研究基础，但面对数字技术的快速发展和经济社会环境的不断变化，如何在数字经济浪潮下促进产业结构调整与动能转换，以效率变革、动力变革和质量变革为重点，以互联网、物联网、人工智能、大数据、云计算、区块链等技术为支撑，加快电商物流产业调整、转型升级，实现电商物流产业的高质量发展，仍存在诸多需要研究的问题，尤其是以下三个方面，更需要着力推进。

第一，电商物流及其绿色生态系统的研究尚需深化。在中央提出强调“创新、协调、绿色、开放、共享”五大发展理念的背景下，如何建立和运行电商物流的绿色生态系统，已经引起政府、行业和企业的高度重视。电商物流绿色生态系统的动力结构、空间效应、目标优化、发展路径和政策建议，需要进一步探索。

第二，跨境贸易电子商务与物流的协同研究尚需深入。虽然现有研究涉及跨境电子商务、跨境电商物流等诸多领域，但对其所涉及的各类影响因子包括内生变量和外生变量的分析并不全面，且主次不分，没有系统的分类研究。同时，对于跨境贸易电子商务的口岸资源，尤其是物流及通关资源的协同没有系统研究。在经济社会发展的新时代，对跨境电商生态效应及其协同优化更是鲜有研究。对于跨境电商口岸管理面临的贸易流、物流、资金流和信息流“四流合一”过程中所隐藏的各种风险，对于风险传导、风险度量和风险防控的理论、方法和技术研究不到位。对于跨境贸易电子商务相关问题，现有研究多停留于定性阐述，定量分析很少，难以准确探寻深层次原因，使得现有研究比较浅显。

第三，电商物流与农业、农产品的融合及协同研究尚显薄弱。面对新时代乡村振兴提出的新诉求，寻找现代物流业与特色农业融合发展的切入点，完善融合的纽带、融合结构、互动关系，进而确立二者的融合路径，促进二者的高质量融合发展，这些诉求，在现有的研究成果中尚属于薄弱环节。

第三节　研究架构与方法

一、主要研究内容

本书的研究内容分为三大模块：一是电商物流及其生态系统相关内容的研究，重在利用系统动力学原理，完善电商物流绿色生态系统的动力结构，明晰系统要素变量间的关联，为发展路径和发展对策研究提供系统发展理念；利用人文地理学、经济地理学等方法研究电商物流绿色生态系统，为发展路径及对策的研究提供空间网络支撑；基于物流规划理论和目标优化研究，提出了电商物流科学发展的路径和对策。二是跨境电商物流相关内容的研究，重点揭示跨境贸易电子商务与口岸资源的协同原理，构建跨境电商物流生态协同系统的动力学模型和协同优化模式，开发了跨境电商物流供应链金融风险评估方法。三是电商物流业与农业、农产品的融合协同研究，重在利用系统动力学和博弈分析，厘清现代物流业与特色农业的融合发展之间的互动关系，明晰农产品电商物流系统协同运作的构成要素、关联状态和协同机理，探索电商物流生态系统协同运作收益分配的机制，提出农产品电商物流协同运作的对策。

二、研究方法

本书利用数据收集、数据处理、数据分析、机制优化、绩效评价等方式，在综合运用文献研究法、案例研究法、统计研究法、综合评价法等基本方法的基础上，重点应用了以下几种方法。

（一）文献研究法

在基础研究阶段，主要采用文献分析法，对历史研究的相关成果进行梳理分析，加深对研究问题的理解和认识。

（二）问卷调查法

这是以书面提出问题的方式搜集资料的一种研究方法。按照问卷填答者的不同，问卷调查可分为自填式问卷调查和代填式问卷调查。本书撰写时面向物流产业中的运输、研发、平台等企业展开调查，采集一手资料。

（三）系统分析法

从整体系统的角度，分析虚拟平台、实体物流与口岸资源协同机制创新的路径。

（四）主成分分析法

由于复杂的外部环境，优化研究过程中要处理好数据降维和去噪问题，准确推进特征提取，科学评价跨境电商物流系统的生态性、稳定性和风险性，为及时预警和有效应对提供决策依据。

（五）博弈分析法

博弈论主要研究公式化了的激励结构间的相互作用，是研究具有竞争性质现象的数学理论和方法。其实，任何一个经济主体都会由于其他经济主体的经济行为的改变而调整自己的策略。因此，用博弈论的方法分析跨境电商物流生态系统的优化机理具有必要性和可行性。

（六）系统动力学分析法

这是一种以反馈控制理论为基础，以计算机仿真技术为手段，通常用以研究复杂的社会经济系统的定量方法。跨境电商物流作为一个系统，包含贸易流、信息流、物流、资金流等多类积量和率量，对其因果关系进行系统分析有助于制定促进系统生态优化的有效措施，达到有的放矢。

（七）多学科和多方法综合应用

本书涉及管理学、经济学、工学、理学等多个学科大类知识，是多学科、多方法的交叉融合。本书主要采用了定量分析法、定性分析法、结构方程模型理论、系统动力学理论、扎根理论法、博弈分析法、层次分析法、问卷调查法、制度分析法、实地调研法、环境分析法、空间分析法、耦合分析法等。

三、技术路线

本书采用了从电商物流的生态演进，到跨境电商物流模式，再到涉农电商物流模式的研究路径，其技术路线如图 1－1 所示。

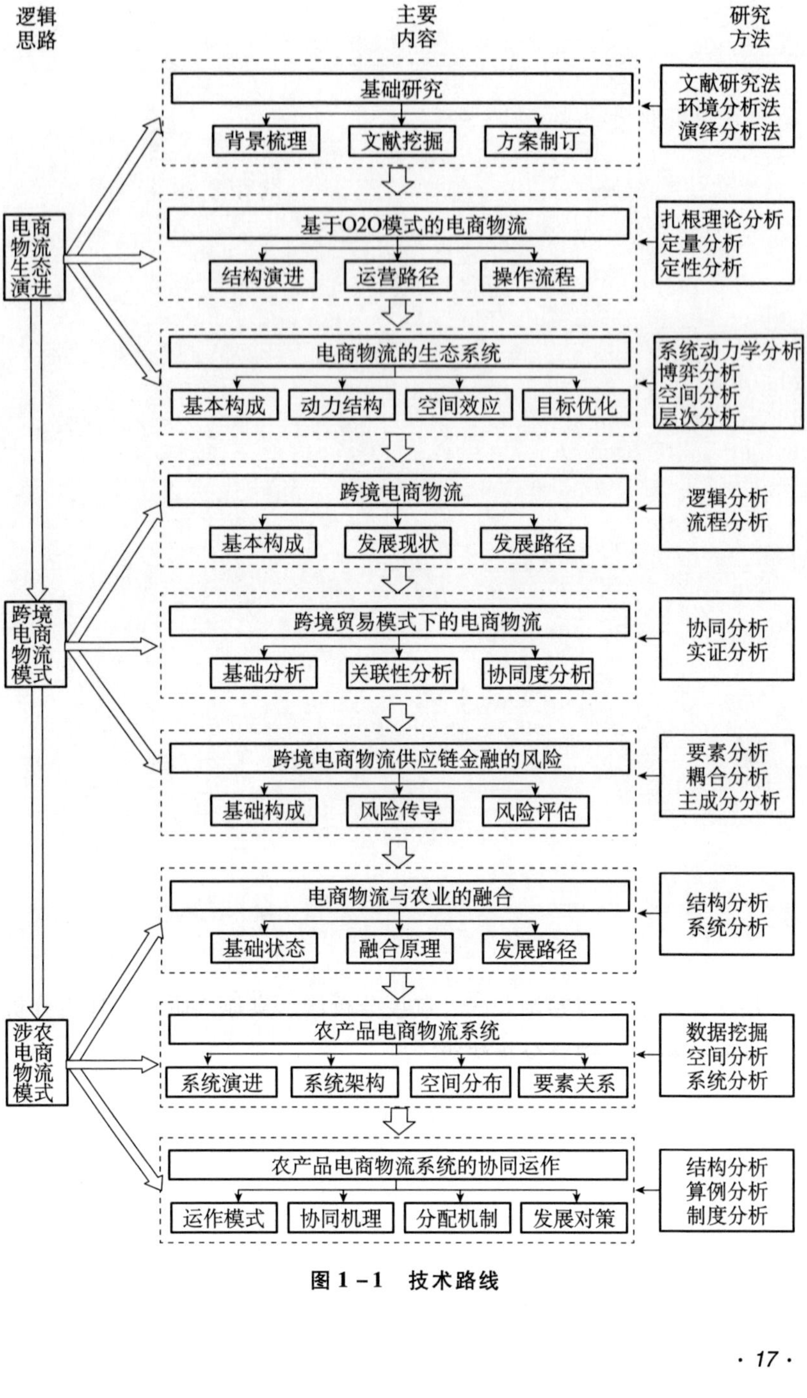
逻辑思路
主要内容
研究方法
电商物流生态演进
跨境电商物流模式
涉农电商物流模式
基础研究
背景梳理
文献挖掘
方案制订
文献研究法
环境分析法
演绎分析法
基于O2O模式的电商物流
结构演进
运营路径
操作流程
扎根理论分析
定量分析
定性分析
电商物流的生态系统
基本构成
动力结构
空间效应
目标优化
系统动力学分析
博弈分析
空间分析
层次分析
跨境电商物流
基本构成
发展现状
发展路径
逻辑分析
流程分析
跨境贸易模式下的电商物流
基础分析
关联性分析
协同度分析
协同分析
实证分析
跨境电商物流供应链金融的风险
基础构成
风险传导
风险评估
要素分析
耦合分析
主成分分析
电商物流与农业的融合
基础状态
融合原理
发展路径
结构分析
系统分析
农产品电商物流系统
系统演进
系统架构
空间分布
要素关系
数据挖掘
空间分析
系统分析
农产品电商物流系统的协同运作
运作模式
协同机理
分配机制
发展对策
结构分析
算例分析
制度分析

图 1-1 技术路线

第二章　基于O2O模式的电商物流

第一节　O2O 电商物流概述

O2O 即 Online to Offline，是一种能够有效整合线上信息平台与线下实体商店的经营优势的电商模式。早在 2006 年沃尔玛公司就提出了 Site to Store 战略，即在线完成订单的汇总及支付，顾客再到连锁店取货，这大大降低了运营、物流成本并缩短了排队结账的时间，提升了店内销售情况，该模式就是 O2O 的原型。在线支付平台 Trial Pay 创始人兼 CEO 亚历克斯·兰佩尔（Alex Rampell）于 2010 年 8 月最早提出了 O2O 模式的概念，他认为 O2O 模式就是在网络上吸引消费者，并且把这些消费者带到线下的实体商店中，这是一种“线上—线下”（Online to Offline）的观点。通过 O2O 模式，企业可以把一批互联网用户转换为自己的线下客户，从而实现线上线下资源共享。随着二维码的出现，移动运营商成了 O2O 电商发展的关键，O2O 与传统电子商务的“电子市场 + 物流配送”模式有所不同，基于 O2O 模式的电商企业大多采用“电子市场 + 实体店体验消费”模式，消费者以相对优惠的价格在网上下单并完成支付，然后到实体店体验消费。随着 O2O 的实践和发展，已经在原有的基础上扩展出了“线下—线上”（Offline to Online）、“线上—线下—线上”（Online to Offline to Online）、“线下—线上—线下”（Offline to Online to Offline）等新的方式。

当前，O2O 模式的内涵与外延已经极大地扩展。狭义的 O2O 模式，强调服务的核心，传统电商冰冷的图片介绍与不见面的网络交流难以全面满足消费者的服务需求，所以需要线下实体商店提供完美的体验服务，这样消费者可以在网上进行搜索、对比、交易、评价，在线下实体店可以试穿、试用、享受购物环境等，整合了线上和线下的优势。广义的 O2O 模式，是 B2B、B2C 的深化与发展，不仅是线上和线下的整合，而且是生产生活方式的全面转变，不仅消费者的消费模式发生了改变，企业的经营运作模式也发生巨大改变，是一种深刻的经济变革与产业升级。

一、O2O 电商的演进过程

（一）以旅游商务出行为代表的 O2O 启蒙时代

O2O 模式的实践操作已有一段历史。O2O 商业模式不仅是国内电商较早的践行模式，也是电商发展最为迅猛的部分。旅游行业中的携程网就是优秀的代表。1999 年携程旅行网公司建立，不到五年时间在纳斯达克上市，携程网成为中国最早上市的 O2O 概念企业。携程网有线上线下两部分业务。线上提供吃、玩、住、行、购物等全面的旅行信息，包括全球 10000 多个景点、500 多个景区的旅游指南，同时提供机票预定、火车票预定、酒店预订等各项旅行服务，部分服务也采用预付方式，消费结束后，消费者可以在线进行点评与反馈。线下携程网与各大酒店、售票公司、景点景区进行合作，采取到付模式，更好地完成客户服务，提供更好的客户体验。

（二）以服务团购为主导的 O2O 徘徊时代

在电子商务发展过程中，网络团购使消费者享受到批发价的乐趣，一个个团购平台搭建起来，快速推动了电子商务的发展。随着各类团购电商平台的迅猛发展，出现了法律法规不完善、监控跟不上、物流不配套、质量没保证等一系列问题，这些弊端致使团购主导的 O2O 模式陷入徘徊。

（三）线上线下全面服务的 O2O 提升时代

团购问题的不断涌现，使得电商 O2O 的发展受到极大的制约。与此同时，阿里巴巴凭借交易优势、腾讯凭借即时通信优势、百度凭借搜索引擎优势，加大了电商O2O的布局、营造、完善，成了O2O行业的引导者。随着二维码的出现，O2O模式得到转机。二维码成了O2O的重要端口，BAT三大派系极力推进二维码的使用，手机扫一扫二维码就能够使线下的卖家轻松地转化到线上，而线上卖家也可以方便地转化为线下，成了线上、线下重要的连接工具，消费者也从中体验到了O2O的便利。这一时期，极大地促进了电商O2O的发展，各行各业都开始进行线上线下整合，这就使O2O电商模式进入全面提升阶段。

二、O2O模式的构成要素

（一）高黏着的消费群体

消费品生产制造企业具备一定量的高黏着度消费群体是开展O2O的前提，这部分消费群体对企业开展的线上线下业务形成有力的支持。如果只需要满足消费者对同质化和廉价商品的需求，那么目前的电子商务网站已经可以胜任。为了吸引和黏着消费者，企业必提供个性、独特的商品与服务来满足客户的需求，比如提供良好的产品体验、更高品质的产品、更全面的服务、个性化的产品、更高效率的配送、消费者偏好的文化元素等。这些独特的价值点是集聚用户的基础，这些细化的需求市场也给企业带来巨大的发展空间。

（二）可持续的整合模式

可持续的商业模式可以把O2O运作的线上线下资源紧密地结合在一起，促进企业O2O的稳定发展。O2O是线上和线下资源的整合，每个企业所拥有的线上和线下资源是不同的，线上和线下资源的整合方式也是多种多样，每一种新的整合方式就形成一种O2O模式，企业需要找到最合适自己的整合模式，最大限度地凝聚O2O产业链上的资源。有的O2O模式开创了蓝海，满足了新的需求，做到了传统生产所无法完成的任务；有的O2O模式减少了信息不对称，增加了运作透明度，减小了市场摩擦；有的O2O模式建立了广泛合作、公平竞争的发展平台，激励创新并分享收益；还有的O2O模式提高了社会生产效率，降低了资源浪费和环境污染。

（三）柔性化的生产技术

消费品生产制造企业的O2O往往通过较高的柔性生产技术满足客户的个性化需求。O2O要真正地实现，不是单靠平台和体验店就能完成的，生产技术的升级才是维持O2O运作的根本。对于信息化薄弱、生产运作不规范、管理水平低下的企业而言，实施O2O往往伴随着更大的管理难度、更高的管理成本和更大的投资风险。生产企业只有做精技术，不断优化生产流程，适应多品种、少批量市场需求，才能顺利实施O2O。

（四）数字化的经营管理

O2O的本质是整合线上和线下的各类优势资源，形成企业独特的竞争优势，这种整合必须打通企业内部、供应链各环节、线上平台和线下实体店的信息系统。没有全程的数字化经营管理就难以完成体验、定制、支付、生产、采购、配送等各环节的O2O闭环。O2O是一种以消费者为中心的供应链变革，它以消费者的需求为中心，在商业链条上一层层倒逼传导，企业只有借助强大的信息处理与信息分析能力，才能完成大规模的网络消费数据的整理、分析与利用，做到按需生产。

（五）高效的供应链系统

O2O模式在满足消费者个性化需求的同时，也要通过打通线上线下渠道、减少中介环节、降低库存数量，提高企业盈利能力。获得竞争优势除了生产的柔性化以外，还包括及时采购、及时配送、优质体验、完善服务、畅通网上营销等关键活动，这些活动大部分不是电商交易过程中一家企业所能完成的，必须靠高效的供应链整合机制协同所有环节集成化运作。

三、O2O模式下电商物流的研究状态

关于O2O模式与电商物流的相关研究，卢益清等从O2O模式客户、O2O模式卖家和O2O模式平台三方面剖析了O2O模式的优点与不足，分析了O2O模式发展的制约因素；O2O模式是将资金流、信息流放在线上进行，而把商流和物流放在线下，姜奇平按雷克汉姆和德文森蒂斯在《销售的革命》中对基本销售类型的划分，将O2O划分为交易型销售（即成本领先竞争战略）与顾问型销售（即差异化竞争战略）；Zhou He等研究了在激烈竞争的O2O市场上保持竞争优势所需要优化的联合定价、选址决策和理解客户的行为；薛东来等研究了如何通过O2O电商线上和线下资源的整合来解决营销同质化的问题；王栋梓运用扎根理论，实证分析了O2O模式下影响电商物流转型升级的关键因素；刘佳认为在O2O模式下，农产品销售市场是一片广阔的蓝海，对农产品电商的O2O模式进行了分析。

彭惠等从客户价值、电商企业收益两方面研究了O2O模式的发展动力；孙志伟探索了O2O模式下物流业的应对策略；曹静等梳理了网络零售O2O模式的发展历程，把我国网络零售O2O的发展划分为起步期、发展期、全面融合期三个阶段；杨洪对传统零售企业O2O模式的可行性进行了探究；孔栋等构建了O2O商业模式的分析架构，从供求信息的匹配、作业分工合作、产品服务交易交付三个方面建立了O2O模式分类体系，以此划分出8种O2O商业模式类型；Xiao等研究O2O的声誉管理，提出基于概率模型的信誉管理系统（HSMM-RMS），通过结合观察到的在线和离线的原始信誉信息，该

系统能够准确、及时、动态地提供 O2O 电子商务参与者的历史和预测的信誉信息；杨晓蕾等应用技术接受模型分析 O2O 模式中影响消费者购买的主要因素，得出了四个影响的重要因素——用户体验、信任、感知有用性和感知易用性；Tse-Ming Tsai 等运用一些流行的 O2O 服务方案的客户的旅程分析，定义了 O2O 商业服务模式，提出了一种 O2O 电子商务系统框架，根据这个框架，进行了接近商业实际的“一键购物”的服务。

随着 O2O 的快速发展，作为 O2O 电商重要组成的物流环节就显得尤为重要，O2O 模式下电子商务物流开始吸引越来越多学者的目光。吕晓永分析了国内 O2O 电商物流的配送现状，并提出了相关的应对策略；张志乔等对跨境电子商务物流配送进行了分析；吴靖琳使用 ANP－DEA 方法构建了电子商务物流的网络绩效评价体系；张滨等对跨境电子商务物流的运作模式进行了深入研究；聂瑞芳认为 O2O 模式作为线上和线下的整合，面临更复杂的环境与不稳定因素，并找出了供应链中存在的各类风险，提出相应的防范与解决对策；韩延庆认为 O2O 模式能促进传统企业转型，详细分析了移动互联网下的物流模式、物流框架与功能选择；闫晓宇分析了平台型企业、第三方物流企业、自营型物流企业在 O2O 模式下，整合线上线下资源、解除信息孤岛、提升运作效率的优化策略；周红芳认为安全可靠的网上平台、便捷高效的快递体验和整洁有素养的快递形象是电商物流 O2O 运作的三大要素；张俊等构建了“线上至线下”的 O2O 模式下由一个批发商和一个网络零售商组成的供应链运作模型；陈汉明指出，O2O 电子商务模式的不断发展对物流提出了一系列挑战，物流配送环节成为至关重要的瓶颈问题。

孙冬石等研究了 O2O 模式下搭建智能冷链物流平台的可行性，并对智能冷链物流平台的系统功能、关键模块与总体构架进行了分析；谭钧认为基于 LBS 技术开展 O2O 模式下的城市共同配送能够整合闲置货车的实时位置信息和货主发布的实时货运需求，有效对接供求信息，提高共同配送效率；宿丽霞等系统研究了物流企业 O2O 运作模式，提出了物流 + O2O 商业模式、金融 + 数据盈利模式、特色产品经营模式、生活管家服务四种模式；赵贵文研究了 O2O 模式下三种零售业传统配送——企业自营配送、第三方配送以及共同配送的模式选择与发展策略；张潇化研究了 O2O 模式下农产品物流运行的现状与存在的问题，并提出了合理规划农产品物流的策略；陈丽分析了 O2O 电商“最后一公里”配送的困境，并进行了 SWOT 分析，在此基础上提出了“最后一公里”问题的解决方案；Shang 和 Yang 研究了线上线下商渠道供应链协调合同谈判和风险偏好策略。

第二节　O2O 模式下电商物流的运营路径

一、体验互动路径

（一）线上互动凝聚客户

体验互动的方式充分利用了电子商务的线上优势，通过对网络平台的拓展建设和网络资源的充分挖掘，构建良好的线上营销互动体系，不断吸引与凝聚网络客户，形成具有较高黏性的用户群。拿美特斯邦威来看，线上平台包括天猫旗舰店、官方网站、美邦 APP、微信购物商城等，通过线上平台宣传和销售产品，与网络消费者进行互动，形成了覆盖较为全面的网络营销体系。优衣库也构建了官方网站、企业 APP、淘宝商城、微信购物等平台与消费者互动，将线上消费者转化为网店消费者。

（二）线下店铺提升体验

线下体验店的功能是线上无法完成的，传统电商消费者面对冰冷的图片介绍，无法感知真实的产品与使用效果。线下渠道在购物环境、产品体验、服务沟通、消遣娱乐等方面具有很强的优势。一些企业开始通过建设新商店或者改造传统商店的方式来打造体验店，充分发挥线下的体验功能。比如美特斯邦威陆续建设了多家体验店，店铺融入了当地的文化元素，体现“宽窄巷子”特色的成都体验店、体现“花房”风格的广州体验店、具有“中央车站”元素的杭州体验店，加强了体验功能。店内还设置了休闲等候区域，提供零食咖啡。这就使得商店不再是简单的购物场所，而且还具备了休闲、娱乐、体验的功能。优衣库店铺突出了“HELP YOURSELF”的经营理念，让消费者自助服务，感受独特的品牌文化与体验。

（三）线上线下有效融合

线上线下的有效融合是O2O实施的关键：线上、线下打通，实施全渠道营销，充分发挥各自的功能优势。如果美特斯邦威在线下体验店看到的商品缺码，可以扫描二维码到网上商店去购买。为了推进线上和线下的一体化，美邦先建设几家直营体验店进行示范，然后再引领其他加盟店参与。在考核中，美邦将线下体验店向线上的推广、推荐绩效纳入考核，让线下体验店有足够的动力与线上融合。优衣库通过线上的各种营销活动吸引消费者到实体店消费，例如在官方APP中对周围的门店位置进行指引，并提供专门设计的二维码优惠券，这些优惠券只有在实体门店内扫描才能使用。为了避免线上渠道与线下渠道的冲突，实现实体门店与网络店铺消费者的相互转化，优衣库统一了线上和线下的价格，通过各种大促销活动，激励客户下载使用客户端，APP的使用极大地增加了线上客户的黏度，有效地促进线上客户向实体商店的转化。优衣库只在全国70多个城市建立了实体店，还有600多个城市没有实体店，这种情况下，线上渠道又成了线下渠道的有力扩充手段。电子商务物流要适应这一O2O模式，能够对接线上和线下的交易信息，把商品及时地从仓库配送到线下体验店和消费者手中。体验互动O2O模式下，电子商务发展路径如图2-1所示。

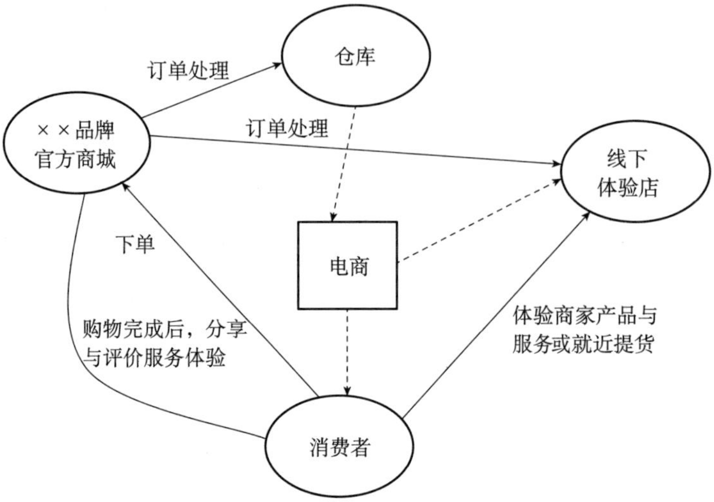

图 2-1　体验互动路径

二、定制预购路径

（一）个性化定制

传统的大批量生产难以满足消费者个性化、多样化的需求，当前个性化定制的成本又很高，主要面向特定的高收入群体，市场空间比较狭窄。青岛红领集团很好地解决了个性化与高成本这一矛盾。红领集团于1995年成立，主要经营业务是生产高端系列正装。2003年企业开始构建以大数据为支撑的互联网经营模式，先后投入2.6亿元用于研究和建设基于电子商务的服装订制方案与个性化低成本生产的全方位解决方案。经过多年的探索，红领建立了具有自主知识产权的电商平台信息系统，研发了全球化电子商务定制服装技术，形成了独具特色的红领商业模式。无论在中国、美国、欧洲还是世界其他地方，客户都可以登录网站进入红领的多语言信息系统，这个平台连接着自主下单系统、自主设计系统、自主拍摄系统、制造执行系统，生产指令下达后可以按照工厂的生产能力与资源条件自动进行排产。这样生产出来的衣服能够很好地适应客户的具体需求和身材特点，不再像传统形式那样只有统一的几种颜色，统一的几种尺码。红领的自动物流系统与 UPS、顺丰的信息系统相连接，当服装成品生产完毕后，就会马上进入配送程序。传统的高级正装定制最低需要 20 天，而红领借助这一新模式，实现了客户从下单到收货不超过 7 个工作日的目标。

（二）数字化生产

O2O 模式中的定制与传统的定制很大的差别在于成本与速度，只有通过数字化的生产运作，才能有效降低定制产品的成本，缩短产品到客户手中的时间。红领花精力不断提升生产的柔性与处理速度，他们形象地把自己的数字化生产模式叫作“数字化服装 3D 打印”。寓意将 3D 打印的思维应用到工业生产的实践中，把生产企业看成一台大型 3D 打印机，通过 3D 打印模式解决个性化与工业化的冲突。红领的数字化生产支持客户在款式、布料、成本、工艺、价格、交货期等方面自主规划与设计，建立了生产运作自动化、个性化、市场化的智能体系，来自全球的消费订单转化成数据信息，全程由数据驱动完成，无须纸质打印与传递、无须人工转化，数据实现了有效集成与实时共享。这时，工厂的生产工作人员需要在互联网端点完成工程，从信息平台获取数据，与网络客户进行实时交流，实现跨国界、零距离、多语言的同步对话。在生产成本方面，红领的收益是手工定制的 2 倍左右，但成本仅是普通成衣的 1.1 倍。

（三）新产品预售

新产品预售是指企业在新产品开发完成后，先在市场上进行小规模的预售，观察市场的反应，从而决定较为合理的生产规模与流通渠道。现在很多市场口碑良好的产品也常采用预售方式，这样做的好处是能够了解消费者的真实偏好，精确掌握采购数量，提前回笼资金，极大地降低供应链的运作成本。预售既能保障商品的质量，也能满足消费者对价格的期望。还有一类是半成品预售，企业只提出大致的产品思路、结构、框架、参数以及基本的模型，最终的产品款式、用料、服务、定价等都由消费者决定，最后产出的产品容易获得消费者的青睐。这种模式是一种商业的变革，是以消费者为核心，全面驱动产业链从定款、定型、定料、定价，到采购、销售、仓储、配送，按照消费者的需求去整合运作，实现生产企业、经销商、消费者的多方共赢。茵曼曾在电商平台上发布了500款新式服装，设计了样衣并制定了价格，然后把这些信息发送给消费者，让他们选择心仪的服装。消费者按照自己的偏好、习惯和承受能力选择了其中的150款，并支付了订金。之后茵曼公司按照预定数量和产品开始采购布料生产。从消费者下达订单到电商企业开发产品、从原料采购到产品配送，所有环节全部数字化运作，提高了传统生产运作的效率。电商物流要做好线下工厂的原料组织与生产运送，使商品能够及时到达消费者手中，能够适应定制预购O2O模式的电商物流发展路径，如图2－2所示。

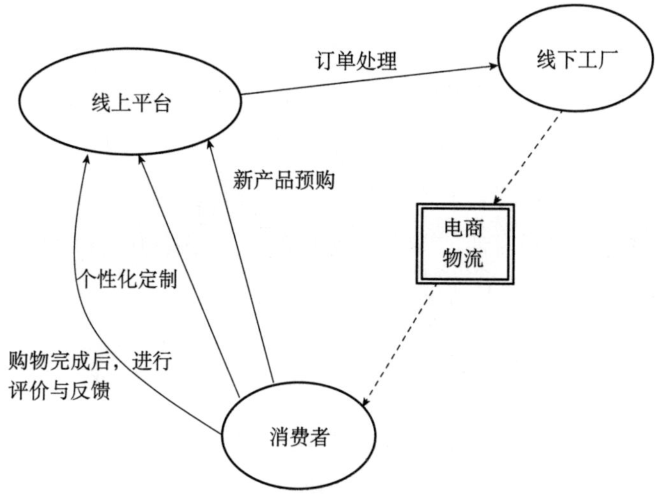

图2－2　定制预购路径

三、联盟合作路径

（一）建立联盟战略

当前相当一部分从事电子商务的消费品生产企业面临两个问题：一方面还没有构建完善的供应链配送体系，还不能有效地将采购、生产、配送等环节的物流业务同供应链上下游的伙伴协同；另一方面是电商规模还不够大、电商的专业性不强。这些消费品生产企业要在 O2O 运作中取胜，必须与相关企业形成战略联盟，联合推进 O2O。面对激烈的竞争环境，O2O 线上线下战略创新是成功的关键所在。格兰集团就把“产业电商”作为其电商发展战略，构建线上平台、线下物流、售后服务的联盟合作体系，打造特色鲜明的基于全产业链协同合作的产业电商模式。奥马公司认识到，农村电商和 O2O 是未来三年到五年最大的红利，每个市场都是万亿级，因此，奥马的 O2O 战略重点是为农村提供“物美价廉”高技术产品，并且提供贴心的售后服务保障。

（二）线上线下合作

格兰仕与天猫电器城展开合作推进线上 O2O 业务，在天猫电器城官方旗舰店推出了独特的“U'Love 唯爱”系列冰箱、空调、洗衣机，打造独特的线上产品战略。而天猫则帮助格兰仕记录和分析消费信息，进行深度的数据挖掘，除了对消费者的年龄、性别、职业、低于、偏好、消费水平等个人资料进行记录外，还分析消费者的驻留时间、搜索情况、商品对比、购物收藏、下单付款、评价反馈等详细信息，通过对这些数据的定点分析、交叉分析、群体分析、聚类分析，指导格兰仕的生产运作、研发设计、营销服务等经营管理决策。格兰仕 O2O 的线下业务选择菜鸟网络完成物流配送，与全国 200 多家售后服务点签约，完成安装和售后方面的线下服务。奥马公司与江苏代理商汇通达达成战略合作，奥马冰箱借助汇通达的通路开创农村家电

O2O 模式。汇通达拥有 1000 万农民的资料，并把农村的小电器店纳入管理体系，让这些渠道终端免费成为它的会员，实现触网，并共享物流服务，以及农村用户的消费数据。奥马通过与汇通达成立战略联盟获取了农村 O2O 优势，获得了供应链管理、电商大数据服务等核心优势。联盟合作 O2O 模式中，电商物流要在战略合作指导下完成商品从生产企业到消费者的配送，其发展路径如图 2－3 所示。

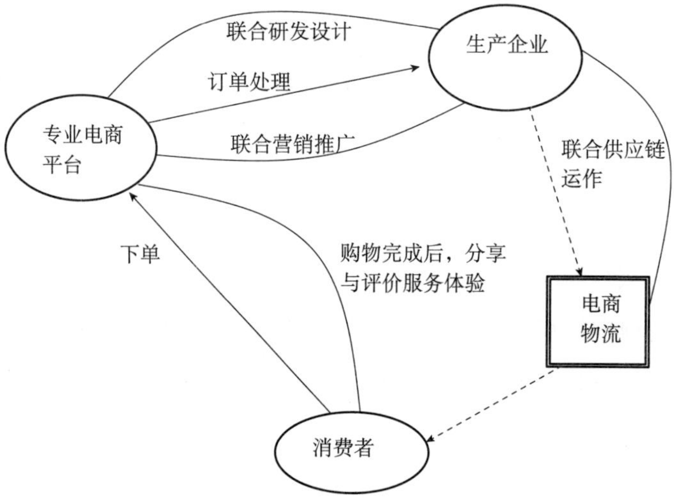

图 2－3　联盟合作路径

四、UDP 路径

（一）整合生产配送

UDP 模式即 User Design Promotion，用户设计推广模式。这一模式很好地体现了 O2O 的线上与线下互动功能，充分地调动了消费者和其他供应链成员的参与。O2O 企业可以把采购、设计、生产、销售等环节中的一个或几个拿出来，设置合理的激励方式，使消费者、配送企业、体验店、网店等成员充分参与进来，最大限度地发挥 O2O 的线上线下优势。爱定客的 O2O 战略是：人人是设计师，人人是消费者，人人是经营者，人人是创业者。爱定客是一家开放式的集设计、生产、销售为一体的制鞋电商，客户可以自己设计和推广鞋子，由爱定客完成鞋子的生产和配送，创造了一种全新的 O2O 模式。爱定客有效整合供应链各个环节，实现 7 天内完成供货。

（二）激励参与设计推广

爱定客为方便消费者定制鞋子构建了可以选择鞋子图案的图库，客户可以把图库中喜欢的图案印在鞋子上。图库里有两类资源，一类是基础的共享资源，客户可以免费使用；另外一类是设计师原创图案，需要付费使用，付费图案在原价的基础上多收取 10% 的设计版权使用费。这种收益分配模式可以充分吸引设计师参与，调动设计师的积极性，同时，充分的市场竞争使得设计师提供的素材越来越优秀。当设计师完成设计图案后，会通过微博、贴吧、微信、QQ 等平台宣传推广自己的创意，吸引消费者购买自己设计的图案。其他网店和线下店也可以销售爱定客的鞋子，每件商品可以获得 10% 的提成。通过线下商店或者线上其他网店引入爱定客官网购买的，还可以获得 15% 的引入提成。这种模式极大地促进了用户、线上商店、线下商店的参与，促进了与社会化媒体、社交网络的深度融合。

（三）整合线下体验

为了推进线下体验的发展，爱定客提供多种优惠措施促进实体店加盟，设置了“零保证金”开店，只要是加盟实体店的注册会员，不管通过什么渠道在爱定客购买商品，该实体店都会获得相应的销售提成。在别的实体店还在担心成为电商的“试衣间”的时候，爱定客通过这种方式有效地解除了实体商店这方面的顾虑。实体商店不需要准备足够的库存，只需要很小的展示空间，消费者在实体店看到样品后，在爱定客官网下单购买，货物随后邮寄到消费者提供的地址。这种模式下，电商物流要整合网络商城与线下商店，使订购的物品能够及时配送到线下体验店与消费者手中，UDP 的 O2O 模式中电商物流的发展路径如图 2－4 所示。

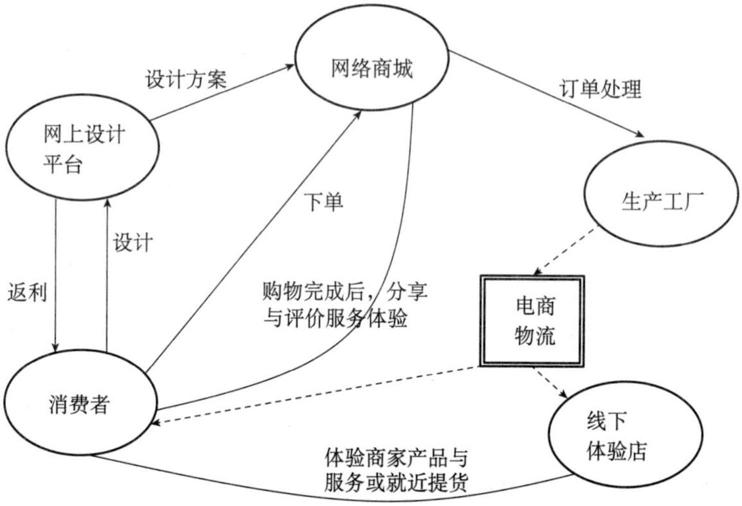

图 2－4　UDP 路径

第三节　O2O 模式下电商物流的操作流程

O2O 模式下电商物流操作流程中需要企业的协调、控制和信息系统的支持，使供应商、制造商、经销商、平台运营商、实体体验店、物流商等节点的各个企业形成一个整体。

一、基于 O2O 的电子商务物流流程优化

在电子商务时代，互联网平台在生产商与消费者之间搭起了桥梁，这时，电商物流企业如何以客户需求为着眼点，最大限度地满足客户需求，才是重点所在，如图 2－5 所示。目前，企业成功的关键因素已不再是单纯企业之间的竞争，而是产业链或供应链网络之间的

竞争。电商物流流程优化涉及很多物流管理方面的问题，是一项非常复杂的工程，所以物流供应链的每一个节点都可以作为优化的对象。

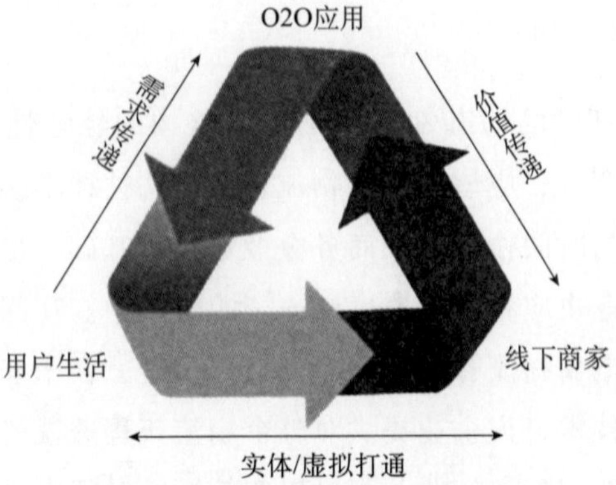

图 2－5 O2O 线上与线下关系描述

（一）流程重构

美国麻省理工学院亚蒙·哈默（Armand Hammer，1990）首次提出了企业业务流程重构（Business Process Reengineering，BPR）的概念，三年后，哈默与钱皮教授出版了 *Reengineering the Corporation* 一书，将 BPR 推向企业管理研究和实践的新高度。传统物流运作流程中有很多不适应 O2O 电商环境要求的地方，例如由于物流流程各环节的生产能力存在着一定的差异，形成了商品大量的在途库存以及等待时间；各物流流程环节由于缺乏统一质量标准而产生较高的产品检验、质量监测等成本，不合理的流程规划会导致物流过程中赘余的运输、转移等非增值活动。所以，流程重构可以使企业剔除许多不合理的物流运作方式，适应 O2O 电商物流的需要。电商物流企业可以通过消除非增值活动、工作流整合和流程改进等三种方式来完成流程重构。首先，需要采用 JIT 的思路规划好物流的整个流程，通过标准化的管理、全流程质量意识等减少流程中的库存、转运、逆向物流、质检等环节；其次，整合物流流程中许多可以合并的环节，减少繁复的手续，提高效率；最后，用同步流程替代平行式流程，减少流程误差或差错，提高运作效率，降低企业成本。当然，各企业应根据自身的特点和具体问题，找到适合自身流程重构的策略。

（二）资源重构

O2O 电商环境的动态性决定了资源重构的经常性，特别是供应商资源和客户资源，应该说电商物流资源重构往往不会一步到位。另外，商品送抵的时间作为电子商务企业竞争的基础，也变得愈来愈重要，因此，企业也应将抵送速度纳入资源管理中。在网络高度发达的今天，高效的电商物流管理已变得可行，关键就在于掌握最前沿的信息技术和管理技术，为企业提供对整个物流流程透视的能力。从多企业间的协同制造到配送作业，都可以在较短的时间内进行协调，从而实现各协作企业利益最大化。

近年来，O2O 电子商务作为未来实体企业和虚拟企业探求的贸易方式、消费方式和服务方式，要求打破物资流通业、商业流通业、仓储业、交通运输业和邮政快递业的传统格局，对物流、信息流、资金流和业务流进行合理调控提出了更高要求。这就要求企业之间实现高效联结，因为只有在高效的、合理的、畅通的协同运作中，O2O 电子商务的优势才能得到有效的发挥，如图 2 – 6 所示。

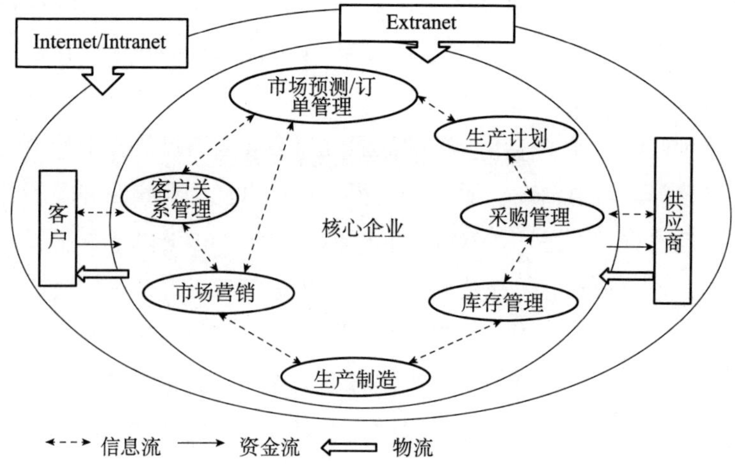

图 2 – 6　基于电子商务的协同运作模式

二、O2O 下的电子商务物流流程

（一）有效客户反应成为 O2O 下的电子商务物流流程优选方案

有效客户反应 ECR（Efficient Consumer Response）是 1992 年美国食品杂货业发展起来的供应链管理策略，由生产厂商、批发商和零售商组成供应链节点互相协作降低流通成本以满足用户需要的供应链管理策略方案。我国《物流术语》（修订版 GB/T 18354 - 2006）对有效客户反应（ECR）的定义是以满足顾客要求和最大限度地降低物流过程费用为原则，能及时做出准确反应，使提供的物品供应或服务流程最佳化的一种供应链管理策略，如图 2 - 7 所示。

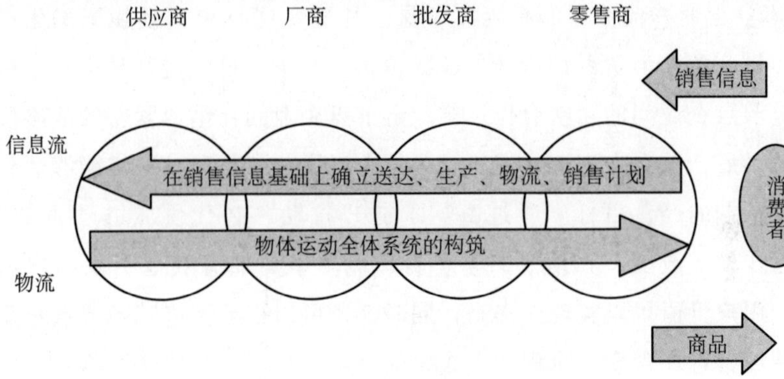

图 2 - 7　电商物流流程示意图

有效客户反应被认为是一个以供应商、生产商、批发商和零售商等各方相互协调和合作为基础，以用较低成本和优质快速的服务满足消费者需要为目的的物流供应链管理解决性方案。有效客户反应的四大要素内容包括：高效产品引进、高效商店品种、高效促销、高效补货。如表 2 - 1 所示。

表2-1　　ECR四大要素内容

要素	内容
高效产品引进	通过采集和分享物流供应链伙伴时效性强的更加准确的购买数据，提高新产品的成功率
高效商店品种	通过有效利用店铺的空间和店内布局，最大限度地提高商品的获利能力，如建立有效的商品品种
高效促销	简化分销商和供应商的贸易关系，使贸易和促销系统效率最高，如消费者广告（优惠券、货架上标明促销）、贸易促销（远期购买、转移购买）等
高效补货	从生产线到收银台，利用EDI、以需求为导向的自动连续补货和计算机辅助订货等技术手段，使补货系统的时间和成本最优化，从而降低商品的售价

ECR强调以客户需求为核心的效率改进，从供应链整体出发解决O2O电商物流流程的系统性问题，因而给O2O电商环境下的生产商、供应商和消费者都带来了超额价值，其中，最大益处是推动了供应链节点企业间的紧密合作。供应链节点企业间在结成紧密的战略伙伴关系后，就会在生产、销售和决策上产生一致行动，这样能够达到超过预期的经营目标。通过由需求链“拉动”替代供应链“推动”的运作模式改变，在信息共享、合作竞争中更加有效地引发客户需求，用户价值得以实现并提高；同时，还可以推动供应链各节点企业变革经营管理观念、流程和方式，促进生产与销售，更能影响企业战略，做到实时响应市场上出现的消费动向，最终实现整体电商物流流程优化的目标。

欧洲供应链管理委员会的调查资料显示，在受调查的392家实施ECR的制造厂商中，制造成本减少了2.3%，仓储成本减少了1.3%，销售成本减少了1.1%，销售额增加了5.3%，销售利润增加了5.5%；零售商、批发商也产生几乎相同的利益，仓储成本减少了5.9%，平均库存减少了13.1%，销售额增加了5.4%，毛利润增加了3.4%。

有效客户反应缩减了商品在流通环节中的成本，零售商的成本也随之降低，这些节约了的成本最终带给消费者更多的价值，使各协作企业获得竞争中有利地位。而且有效客户反应还有利于供应商加强库存控制，提升品牌形象，并改善与零售商的关系；有利于零售商提高信誉，更加贴近消费者需求，并改善与供应商的关系；有利于增加消费者可选择的商品种类，减少缺货现象的发生，同时也使消费者能够买到更加新鲜的商品。

（二）ECR 的运作过程

O2O 下 ECR 的优势在于电商物流供应链以改善客户满意度为共同目标，各节点进行有效协作，并不断分享市场信息和运作经验。ECR 这种有效协作消除了供应链各个节点独立运营进行一体化流程运作。ECR 主要由供应链节点四个核心流程组成，如图 2－8 所示。

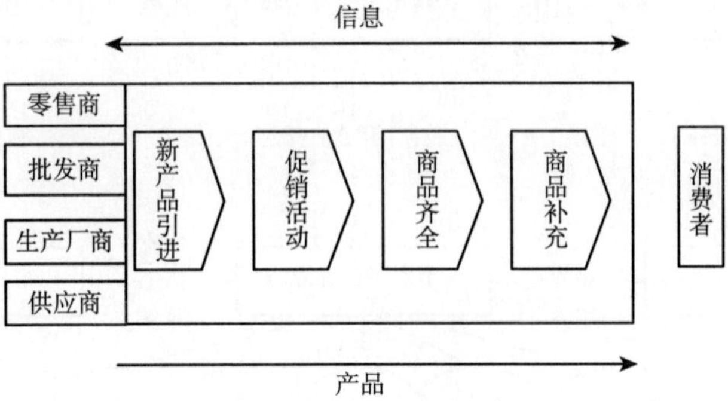

图 2－8　ECR 的运作过程

三、O2O 模式下电商物流的管理体制

作为新事物，O2O 电商物流管理体制必须把握自身的内涵，因势利导，顺势而为。重点应构建多源信息融合、多环链点协同、多流价值链统一、多重风险共控的管理体制。

（一）多源信息融合

1. 电商物流与多源信息融合

在O2O模式下，电商物流管理必须建立多源信息融合的管理体制。电子商务在随信息产业的演进而发展，人类进入移动互联和互联网+时代，这为电子商务插上了腾飞的翅膀。电子商务作为信息经济的重要组成部分，其对信息资源的依赖是不言而喻的。电商物流产业，就国内贸易而言，不仅涉及商品流为主线的移动节点，如制造商、物流商、批发商、零售商、消费者，还要涉及资金流主导的金融、财税、工商等流动或监管节点，同时，还要理顺与信息流关联的平台、互联网等网络节点。如果是跨境贸易，更要涉及口岸管理的海关、国检等执法部门。如图2-9所示。

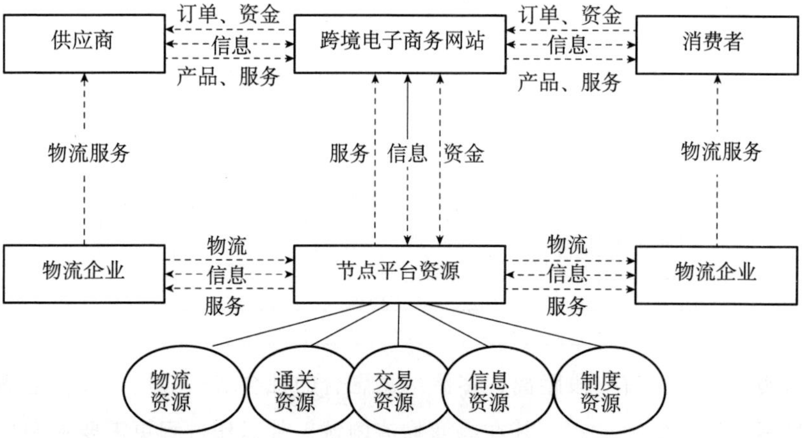

图2-9　电商物流与节点平台资源互动关系

在信息经济时代，条块管理的历史惯性是信息协同的重大阻碍。电子商务产业的发展需要强化多源信息融合。信息融合的概念起始于20世纪70年代，军事领域的C3I智能指挥系统（Command，Control，Communication and Intelligence）形成了技术的集聚，美国国防部的JDL（Joint Directors of Laboratories）加速了信息融合处理的进一步拓展。

2. 多源信息融合研究概述

1985年后，国外学者从技术和管理两个层面入手，加大了多源数据融合的研究力度，先后出版了多部有关信息融合方法的专著。如，Hall的专著《多传感器数据融合中的数学技术》对信息融合研究的内容、应用和公共基础作了全面系统的论述；Bar-Shalom等人的《跟踪与数据互联》和《多目标多传感器跟踪原理与技术》总结了信息融合在多目标跟踪领域的新思想、新方法和新进展。

20世纪90年代开始，国内一批科学家及其研究团队关注到信息融合的重要性，在信息融合领域进行了辛勤耕耘，并取得了一批标志性成果，如康耀红的《数据融合理论及应用》，刘同明等著的《数据融合技术及其应用》，何友编著的《多传感器信息融合及应用》，以及李洪志编著的《信息融合技术》等。

近几年，我国诸多年轻博士加大了对多元数据融合领域的研究力度，如，姜延吉研究了多传感器数据融合技术，李琦利用多源数据融合展开的交通状态监测研究，周强针对轻量级数据融合过程中可能出现的数据篡改和隐私泄露问题提出一种数据融合方案，等等，多源信息融合的理论研究和技术研发在快速推进。

3. 多源信息融合促进电商物流发展的着力点

由于多源信息融合的市场应用诉求在不断加大，且理论技术研发与实践应用尚有一段距离，多源信息融合的社会实践应用方案远远满足不了用户的需求。尤其在电商物流领域，其运作过程更需要多源信息融合的支撑，而现有状况已对电商与物流的协同发展形成了严重的阻碍，进而抬高了电商物流的运作成本。

电子商务产业与物流产业均是目前重点发展的现代生产性服务业，电子商务本身就属于互联网新兴业态的范畴，物流与信息流也是同步运行的，电子商务物流的特色更是依赖网络支撑，其绩效的发挥需要与信息流同步。境内电子商务物流涉及互联网平台、互联网金融、众多供应商和制造商、工商、税务、城管、交通、社区等诸多要素，跨境电商物流更涉及海关、国检、海外仓、保税仓、监管仓等口岸资源，一系列垂直管理的体制、相互隔离的信息系统、信息的不对称性等，不仅严重阻碍了电商物流与客户的沟通对接，也构成了市场主体的最大风险源。为此，一要加大电商物流相关资源数据融合的研究力度，形成相关解决方案，及时提供给政府和企业决策机构；二要加速体制机制创新，拆除制约电商物流发展的各种“篱笆”，提升“单一服务窗口”的绩效；三要做大做强信息平台，完善安全服务功能，从技术上和法律层面保障多源信息融合的长效机制。

（二）多环链点协同

1. 电商物流多环链点协同的必然性

在 O2O 模式下，电商物流管理必须建立多环节点协同运作的管理体制。20 世纪后期，伴随经济全球化浪潮，物流界为了充分满足顾客的需求，从单纯管理物品的物理空间转移演变为注重关联环节间的信息共享和规划。协调资金流、信息流、物品流，使供应商、制造商、批发商、零售商和最终用户形成了一条高效的链条，这就是供应链管理的初衷。

经过 20 多年的演进，社会实践业已证明当今条件下的竞争已不再是单个企业间的较量，而是供应链与供应链之间的比拼。对现代电商和物流企业来说，O2O 模式线上与线下环节的互动，更强化了供应链管理的重要性，如图 2－10 所示。

2. 电商物流的供应链管理理念

关于电商物流与供应链管理理念的融合问题，近几年也有了纵深的研究成果。例如，从行为学的视野，石岿然重点研究了电商物流进程中考虑损失规避行为和公平关切行为的供应链契约，王虹对电子商务环境下双渠道供应链的决策进行了分析，刘铮等研究了网络直销背景下供应链协调优化决策问题。从质量管理的角度，张翠花研究了不

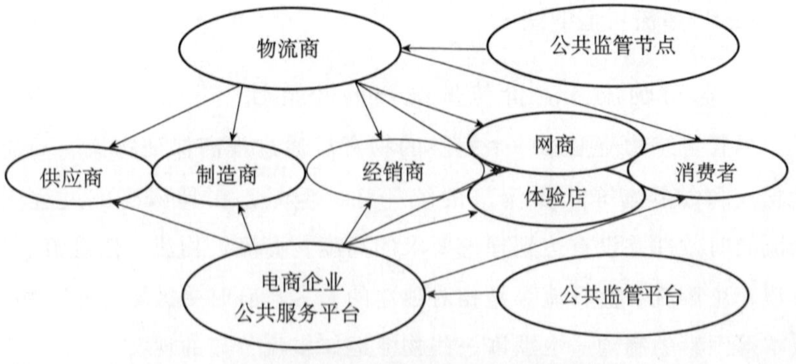

图 2－10　电商物流经营进程中的供应链网络

确定环境下的供应链质量控制、协同及激励问题。从配送绩效的角度，朱耿等针对电商物流供应链协同配送问题，构建了创意物流配送模式。

供应链管理之所以引起学界的高度关注，其根本原因在于电商物流实践的深层诉求是供应链理念。应该说现代物流界在学习培训先进理念方面是领先其他行业的，但是，任何先进模式，从学习到真正应用尚有一段距离，特别是从领导层的概念形成再到基层管理者和一线操作人员的认同更需要一个过程，因此，供应链管理意识的缺位的确阻碍了目前电商物流协同运作绩效的提升。

3. 推进电商物流多环链点协同的着力点

现代物流本身就是供应链物流，而电子商务更是在供应链管理下形成的产业链。多环链点协同的本质是追求由各节点构成的整个链条的绩效最优，而不是单个节点的最优。电商物流涉及线上和线下、前店和后仓、虚拟和实体、网银和现付，诸多合作环节如果没有供应链管理意识很难做到流程协同。为此，一要加强相关从业人员的供应链管理技术培训，普及供应链管理知识，营造供应链协同氛围。二要规范供应链流程管理，确保供应链节点间的有效对接，减少供应链运行中的失误。三要增强供应链管理的驱动力，加强资源整合，不断焕发供应链节点的活力，及时进行供应链更新，确保整体规模效应的扩大。

（三）多流价值链统一

1. 电商物流多流价值链统一的必要性

尽管传统物流强调一个完整的物资流通过程需保证物流、商流、信息流和资金流等“多流”的统一性，但是，在具体实施过程中，物流的时效性并没有达到理论要求的高度，商流、物流、信息流、资金流、决策流、监管流等是相对独立的，客户有时受区域分布、物流成本等因素的制约，也默许一些物流运作多流分离的现实。

但 O2O 模式，尤其是“互联网 +”的快速演进，对传统营销、采购、消费、支付等模式均形成了颠覆性的改造，信息流、商流、资金流、物流、决策流、监管流等紧密交融，甚至跨越了时空的局限。因而，必须建立多流价值链相统一的管理体制。

2. O2O 电商物流多流价值链统一模型

在当今数字经济高速发展背景下，一个高效的物资流通过程自然要求“六流”价值链的有效统一。所谓“六流”价值链相统一，就是要使“六流”的整个过程根植于一个统一的诚信商务环境、一个多源的信息融合渠道、一个无缝对接的供应链协同架构、一个相容的互惠多赢的商务文化，最终达到信息流、商流、资金流、物流、决策流、监管流的有机统一，如图 2 – 11 所示。

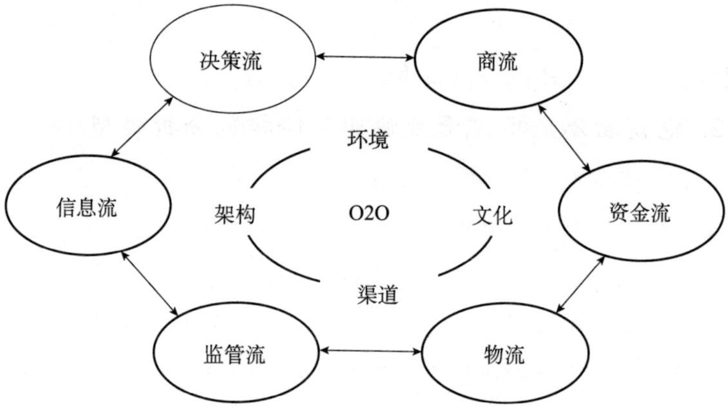

图 2 – 11　基于 O2O 模式物资流通过程中的六流价值链的统一

在现代 O2O 经营模式下，如果“六流”中某一个“流”的价值观、价值链出了问题，整个电商物流的运作也就不可能达到优质高效，甚至整个运营模式就告失败。

（四）多重风险共控

1. 电商物流的多重风险概述

电商物流涉及多个节点、多个系统，各个系统资源内部以及各系统之间的关系复杂，相关影响较大。从现状来看，电商物流组织中确实存在很多问题，亟待建立协同机制，提高协同效率。而协同过程又会存在诸如资金、交易、信息方面的风险，比如支付担保、交易监管、信息安全、隐私保护、知识产权/商业机密、信用风险、物流风险、政策支持等，所以对协同过程中风险的控制亦很重要。

关于电商物流风险问题，国内外很多学者，比如 Steve G. Sutton、Deepak Khazanchi、Clark Hampton and Vicky Arnold（2008）、Greenstein M（2001）、曾小春等（2007）、赵春燕（2010）从技术角度和传统风险角度对电商物流风险进行了阐述。Harridge-March, Sally（2005）分析了网上零售的各类风险要素，包括时间风险、技术风险、资金风险、履行订单风险、物流风险等。张夏恒认为电商物流风险重点在供应风险、需求风险、运作风险和环境风险等领域。

2. 电商物流的多重资源协同风险控制分析模型

在 O2O 模式下，从交易风险控制、信息风险控制、组织风险控制、环境分析控制四个方面，以支付担保、交易监管、信息安全、隐私保护、知识产权/商业机密、信用风险、物流风险、政策法律为外生变量，以协同风险感知、协同信任、协同意愿为内生变量，构建多重资源协同风险控制分析模型，如图 2－12 所示。

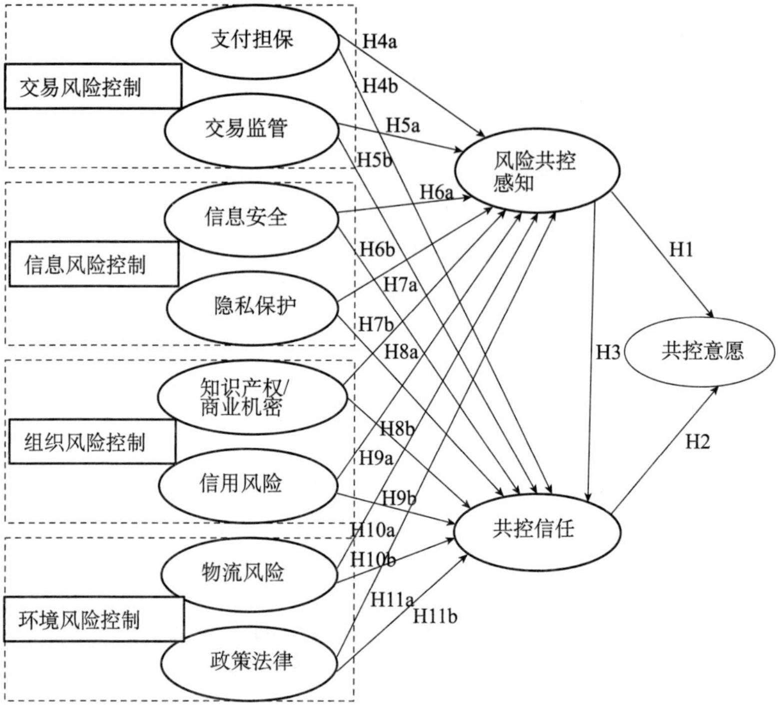

图 2－12　多重资源协同风险控制分析模型

依据各潜变量的影响作用关系，建立如下假设，如表 2－2 所示。

表 2－2　　　多重资源协同风险控制模型关系假设

H1：协同风险感知负向影响共控意愿	H7a：感知隐私保护负向影响共控风险感知
	H7b：感知隐私保护正向影响共控信任
H2：协同信任正向影响共控意愿	H8a：感知知识保护负向影响共控风险感知
H3：协同风险感知负向影响共控信任	H8b：感知知识保护正向影响共控信任
H4a：感知支付担保负向影响共控风险感知	H9a：感知信用风险正向影响共控风险感知
H4b：感知支付担保正向影响共控信任	H9b：感知信用风险负向影响共控信任
H5a：感知交易监管负向影响共控风险感知	H10a：感知物流风险正向影响共控风险感知
H5b：感知交易监管正向影响共控信任	H10b：感知物流风险负向影响共控信任
H6a：感知信息安全负向影响共控风险感知	H11a：感知政策变动正向影响共控风险感知
H6b：感知信息安全正向影响共控信任	H11b：感知政策变动负向影响共控信任

则可通过结构方程模型、设计相关问卷、进行实地调查、采用Likert 五级量表法（“5”表示非常重要，“4”表示重要，“3”表示一般，“2”表示不重要，“1”表示非常不重要），探索潜变量和可测变量对风险共控的影响。在研究过程中，对数据信度和效度的检验，可以选用 α 信度系数法（Cronbach α）检验信度。该方法的原理是，当 α 系数大于 0.7 时表示量表具有较高的信度。可采用 SPSS 17.0 对量表进行因子分析，再进行 Bartlett 球体检验在 P = 0.000 的水平上显著，这代表本假设的问卷适合因子分析。其过程这里从略。

四、O2O 电商物流的推进策略

O2O 模式，尽管对实体店、金融部门、工商监管部门等单位造成了极大的冲击，但从产业和技术研究趋势来看，代表了时代发展的主流。因而，其电商物流的推进策略应主要加强流程导向、技术导向、管理导向和文化导向，科学地引领电商物流产业。

（一）流程导向

1. 流程导向在电商物流产业发展中的重要地位

互联网经济是后工业时代的典型特征，是现代信息技术与商品流通全过程融合的最突出体现。由于 O2O 模式下的电商物流具有时时可操作与查询的特征，电商物流的流程导向是 O2O 模式的基本支撑。在 O2O 虚拟背景下，线上虚拟采购与网络支付均要求遵循流程，一旦流程出了问题将可能造成单票业务的损失。作为承担商品实体运输和配送的电商物流应该与网络销售平台的效率对等化，这样才能彰显出 O2O 模式的整体优势，从某种意义上来说，违背规范、超越流程的“捷径”将是对电商物流发展的一种潜在伤害。因而，大力推进流程导向是当前推进电商物流产业发展的首要策略。

2. 流程导向的制度化

流程导向首先要完善制度。市场经济是依靠制度发展起来的，在市场海洋中搏击，必须遵循一定的制度、规则，要有法律意识。互联网经济发展初期，显然制度不健全，但要尽快完善它，政府、行业和企业都要有制度约束这根弦。脱离制度的管束，即使它再前沿，也不会长久。O2O 模式尽管对实体商场造成了巨大冲击波，但这种模式深受消费者喜爱，因而，政府就应该组织力量加速相关制度的出台，尤其是资金未支付状态下的物料实体流动攸关制造者和消费者等多方利益，其物流过程更应该置于多方的监控之下，确保公平和正义。

3. 流程导向过程中政府、行业与企业三者的侧重点

流程导向重在做好设计。政府的顶层框架设计，行业的中观市场预测，企业的微观作业设计，缺一不可。顶层设计贵在营造环境，如经营的政策环境、技术环境、法制环境等，这个环境应该有利于消费者的需求挖掘，并兼顾经营者的利益，公平、透明、高效、稳定的电商物流环境对产业的发展十分必要。在相关制度中应明晰政府、行业、企业和消费者多方在 O2O 模式环境下电商物流过程中的责任、权利和义务，形成流程设计的基本依托。

行业中观市场的有效预测结果有利于电商物流市场的协同合作，应构建“抱团取暖”、规则共商的行业联盟。行业联盟在电商物流发展过程中肩负着创新、咨询和服务等若干职能，是流程导向的一个重要环节。在目前状态下具有承上启下、合纵连横的众多责任，如果行业联盟组织引导得当，将有利于快速提升电商物流经营者的素能，促进电商物流行业懂法则、用法则，进而上规模、上层级。

企业的微观作业设计是在政府顶层设计之下和行业联盟协会的指导之下针对本企业的作业进行的程序安排。面对市场全天候、多方位的服务需求，电商物流要做到快速响应、优质高效，就需要在供应商、制造商、销售商、消费者之间建立透明而有效的链接，不仅如此，电商物流企业（尤其是规模以下企业）还应该建立同行之间的有效沟通，以实现共同配送。

（二）技术导向

1. 技术导向的重要性

O2O模式下电商物流的发展必须倚重技术导向。O2O模式是虚拟技术和实体展示相结合的产物，但是，线上和线下均需要技术支撑。吸引消费者参与到网上设计环节，更需要现代技术的综合运用。电商物流作为该模式下实现商品流通全过程的重要环节，技术水平需要与O2O模式相配套。为此，要建立网络销售平台与物流环节的对接窗口，将物流作为网络销售的重要组成部分。在物流环节，重要的技术在于全程感知、全程监控、全程处理，能够做到各种物料信息的实时采集、实时汇总，实施处理，以利于各方的透明监视。

2. 电商物流技术导向的着力点

电商物流的技术导向重在加强现代技术的综合应用。在运输和配送环节，物联网技术是一项基本技术。这涉及物流运营商、汽车制造商、通信设备提供商、应用集成商、内容服务商等多方的跨领域合作。物联网技术的综合应用是一系列现代技术的集成，它汇集了硬件技术、软件系统和现代管理技术，在大数据、云平台的支撑下，为供应链各节点尤其是消费者提供准确、即时的服务。

电商物流的技术导向必须重视专业技术的创新。技术创新还将促进电商平台、电商物流与制造商、经销商、实体体验店的有效融合，推动消费者意愿与制造商生产设计理念的融合，推进生产制造的个性化。以现代服务业为主导的后工业化时代，如何开发用户的消费需求是一个重大课题，而生产的个性化服务将开创一个新纪元。生产的个性化与现代流水线之间的矛盾可借助物流的延迟生产功能予以缓解。电商物流的延迟生产需要综合售后服务体系的支撑。这个服务体系必须借助现代化信息技术手段，才能实施有效沟通，达到个性化服务的效果。电商物流的主干运输相对来说实效比较凸显，其瓶颈环节仍在最后一公里或者最后一百米。如何解决最后一百米的实效贵在技术创新。

电商物流的技术导向还需要加强国际物流与国内物流的对接。随着电商物流产业的演进，国内电商、跨境电商形成了相对独立的运营系统。跨境电商的口岸资源的协同监管技术逐步受到业界的重视，通关、国检与国际物流的统一运作将进一步缩短在途时间，提升物流绩效。从全球供应链的视角，电商物流技术将能够有效促进国际物流和国内物流的对接，实现国际物流、口岸监管和国内物流的无缝衔接，在生产制造国际化进程中，同步实现电商物流的国际化。

电商物流的技术导向必须在软硬件技术体系上持续创新。当今时代，数字经济、数字金融正在统领经济社会的发展，而物流作为实体经济的重要组成部分，必须增加数字物流的内涵，将实体物流与数字物流有效融合在一起，加速实现线上消费和线下物流的有机对接和高效联通。

（三）管理导向

1. 电商物流管理导向的必要性

常言说，质量来自管理，效益也来自管理。电商物流产业一头是生产制造业，一头是海量消费者，中间还关联着众多部门和节点，很明显，它是一个具有纽带作用的基础性产业。由于 O2O 模式下的电商物流是因应网络平台和线上消费为基础的现代物流，它与现代创意和数字经济紧密关联，代表着中国经济发展的未来，从这个角度，电商物流产业又是一个战略性产业。所以，电商物流的优质发展也必须以管理作为推进导向。

2. 电商物流管理导向的主要环节

首先，管理导向要重视电商物流节点的规划和布局。市场是无边界的，在 O2O 模式下，供应者的发布渠道越来越宽，消费者采购的路径也越来越多。平台、系统、终端越来越便捷，与之相对应的物流环节如何才能更加优化和宜人，是电商物流发展必须面对的一个重要问题。解决这一问题，一要鼓励大型电商物流企业在国际化视野下进行节点建设规划，在土地、资金、人才等要素上给予倾斜和扶持，迅速形成国际化的节点网络。二要推动中小电商企业建立共同配送联盟体系，推进协作发展，加快制定和完善电商物流企业合作配送的相关政策和法律条款，营造合作发展的环境。三要加速规划布局和建设末端物流的自助寄取体系，尤其是乡村区域的科学规划和设计，加大公益性公共服务平台建设，提升公共服务能力。

其次，管理导向要重视电商物流系统的组织和协调。电商物流系统作为物流系统的子系统，本身又是一个极其复杂的系统。如果各个节点、各个环节、各个流程能够组织到位，就会产生巨大的合力，促进电商物流产业的发展；反之，就会形成发展的阻力。由于物流节点分布在不同的区域，有着不同的文化背景和传统势力，硬件基础和基本条件也存在较大差异，这无疑在一定程度上增加了组织和协调的难度。为此，一要加强电商物流基本管理理念的统一，形成快速、优质、高效的服务价值观。二要加强电商物流系统基本技能的培育，在O2O环境下，尤其是互联网经济的持续提升，工作人员的技能素养直接影响着组织和协调的难易程度。三要加大电商物流系统组织文化的培育，不断强化员工积极服务、主动服务、创新服务的理念和能力。

最后，管理导向要重视电商物流的改革和创新。O2O模式是在新一代信息技术高速发展的背景下发展起来的新型营销商业模式，它已经延伸到生产设计的个性化参与，是对生产流通环节的一次革命。O2O模式下的电商物流不再是传统意义上的物料或商品的物流活动，而是以互联网思维为主导的具有创意性和高附加值的物流服务。伴随互联网领域的持续升级换代，电商物流管理必须始终坚持改革和创新。一是坚持推进组织架构和供应链网络体系的改革创新，坚持市场导向和价值规律。二是要重视人才队伍的培养和提升，坚持效益和效率的有机统一。三是重视管理方法和管理技术的创新，坚持创业和创新的有效结合。

（四）文化导向

1. 电商物流文化导向的重要性

在农耕时代，物料的运输和储藏依赖人们积聚的经验，是经验管理时代。步入工业化时期，面对大规模的流水线生产，物料的流动必须遵循科学的流程，由此诞生并发展了科学管理方式，进入了科学管理阶段。而在后工业化时期，互联网改变了世界格局，O2O 颠覆了传统经营模式，个性化、定制化的流通过程充满了创新和创意的文化内涵，其物流管理自然进入文化管理阶段。因此，O2O 模式下电商物流的推进必须重视文化导向。

2. 电商物流文化导向的重要内容

首先，文化导向就是电商物流的供应链体系需要建构在基本的传统诚信文化基础之上。电商物流是在传统物流的基础上发展起来的现代服务方式，必须继承传传统物流业的优秀文化的精髓，以诚信为本，让委托者和消费者放心；以人文关怀为要，打造和谐的供应链网络，树立合作多赢的协同理念，提升供应链整体竞争力。

其次，文化导向要求电商物流管理体系必须建立在严格的现代流程管控制度文化之上。电商物流是一项时效性和质量观极强的业务，消费者在 O2O 平台上快捷地做出消费决定之后，其消费心理的寄托几乎全押在了物流配送环节。一般说来，整个物流过程相当复杂，如果某一环节出了问题，其整个物流绩效就无从谈起。因此，电商物流商必须建立优质团队，严格执行每一道程序，形成自律的流程管控文化。

最后，文化导向要求电商物流管理体系必须建立在创新的现代技术支撑的物资文化之上。O2O 电商是以大数据、云平台、供应链等先进技术为支撑的，其物流过程必须对接相应的平台。信息流、资金流与物流是同步进行的。因而，电商物流的每一个环节必须具有相应的设备、设施和平台系统，形成现代信息技术支撑的电商物流的物资文化。

第三章　电商物流的生态系统

第一节　电商物流绿色生态系统的基本构成及其特征

一、电商物流生态系统的概念

（一）电商平台经济

平台经济是21世纪初因应互联网技术的发展而推出的一个新概念。Evans（2003）、Rochet & Tirole（2004）、贺宏朝（2004）等学者从不同视角探索了平台经济相关功能。总体来说，它是指通过一种虚拟或真实的交易场所，促成供需双方或多方之间的交易，并从中收取适当的费用或赚取差价，进而产生经济效应。它也可以看作以互联网等现代信息技术为基础，基于平台向多边主体提供差异化服务，通过整合多主体资源和关系，进而创造价值的一种新型经济。

近几年，平台企业发展很快，平台企业重视客户的培养和召集，通过调整双边客户的价格来维护和招揽价格敏感度高、数量较少的一方。平台经济之所以受市场青睐，是因为它具有一种“网络外部性”的特殊性质，即一边终端用户的规模会显著影响另一边终端用户使用该平台的效用或价值。作为“第三次全球化”的必要组成部分，平台经济正在重构人们工作、社交、价值创造和分配的方式。

随着“互联网+”工程的推进，平台经济更加活跃，已发展成为经济生活中最有活力的一部分。据统计，全球最大的100家企业中，有60家企业的大部分收入来自平台类业务。不仅如此，新兴的O2O、分享经济、众包、众筹等业态也都采取了平台模式。在全球市值排名前十的高科技公司中，苹果、谷歌、阿里巴巴、Facebook、腾讯、亚马逊六家是平台型企业。2017年底，苹果和谷歌离万亿美元市值越来越近，阿里巴巴和腾讯也开始突破5000亿美元，而在2014

年底，苹果市值为6600亿美元，谷歌为3500亿美元，阿里巴巴为2500亿美元。说明最近三年，我国的人工智能、数字经济发展速度已位居世界前列。

当前，随着人工智能支撑的平台经济呈现交易平台开放化、交易内容服务化和线上线下融合化趋势，跨境电商业务也在大幅拓展，全国跨境电商试验区已由2015年3月第一批杭州1个，2016年1月第二批12个，2018年7月第三批22个，2019年12月第四批24个，再到2020年4月第五批46个，显示出跨境电商平台具有极大的发展潜力。

（二）电商平台的撮合汇聚

撮合，一开始是指人工交易中介，如“居间撮合，评价过秤，收取佣金”。随着计算机技术的发展，“撮合”成了一种计算机自动排队软件系统。20世纪末，电子交易自动撮合的法律地位逐步明晰，电子商务的撮合功能日益强大，电子商务撮合模型、撮合系统更加科学。

电子商务的发展，使平台经济的“撮合汇聚”功能进一步拓展。如宁波四方物流建立的由外贸企业、船公司、货主、货代、物流运输企业组成并与海关、国检、交通等各物流相关政府部门系统数据互联互通的综合电商平台。万联港建立的以整合货主企业、货代企业和运输企业、仓储企业资源为目标的供应链一体化信息化平台。这类型平台均在利用撮合汇聚提高其供应链系统的经营效益，实现了社会船舶运力和货源的在线公平配载交易。

（三）电商物流生态协同系统

在新时代的竞争中，由于人工智能和数字经济发展，信息共享的渠道不断拓展，单个企业的竞争影响力逐步变弱，供应链与供应链的竞争迅速加强。基于人工智能的跨境电商物流体系作为典型的供应链系统，为提高经营和竞争能力，更需要生态协同发展。

关于平台企业生态圈建设研究，M.，Iansiti & R.，Levien（2004）明确指出每个节点企业的健康和绩效水平取决于所在生态圈的健康和绩效水平。王钦提出新工业经济是价值链重构的时代。王千强调了节点企业间必须拥有共同价值理念。肖红军提出企业是“异质资源”的组合体，在新竞争模式下生态圈竞争应运而生，生态圈的竞争需要价值共享。高立锋等探索了电商物流生态圈的基本内涵和构成架构。赵欢庆结合亚马逊平台剖析了跨境电商生态圈存在的问题和构建方式。

人工智能支撑的电商物流生态协同系统以电商物流运作平台为核心，以数字经济 + 平台经济 + 物流经济 + 贸易经济 + 金融经济为支柱，优质发展五大支柱经济的细分功能，逐步形成优质高效、深度融合的价值链、供应链和利益链。其基本架构，如图 3 - 1 所示。

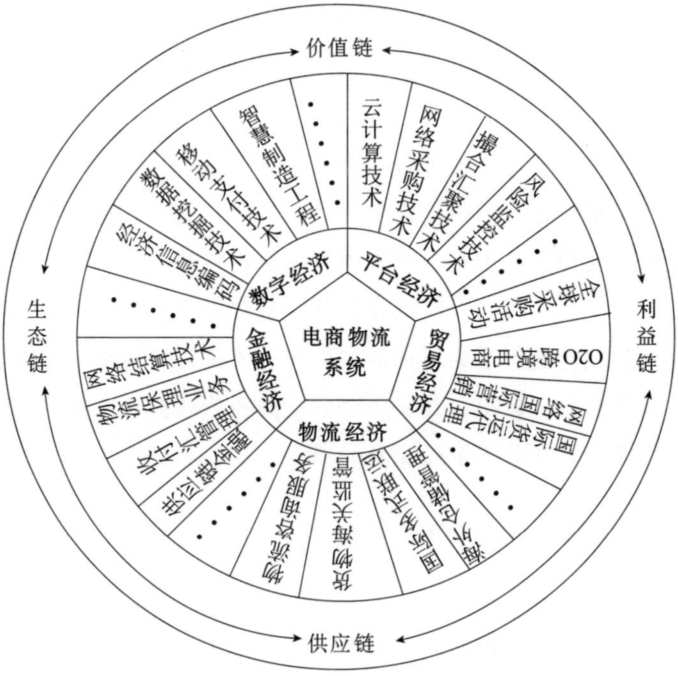

图 3 - 1　人工智能支撑的电商物流生态协同系统结构

二、电商物流系统的生态结构

电子商务的快速发展强烈呼唤与其相适应的高效物流体系，而经济社会新常态发展理念主导的电商物流体系必然是一个绿色生态系统。电商物流体系以电商功能为起点，深度融合物流系统，形成了一个多接口专业平台。以该专业平台为核心，消费者、供应商、市场监管者、金融商、财税系统、技术提供商等（跨境电商物流还需要融合多种口岸资源）有机融合在一起，实现敏捷、协同、低碳的专业物流体系。电商物流系统是以电商平台订单为基础，为客户提供优质仓储、配送、流通加工、运输等综合服务的企业集群。电商物流绿色生态系统以营造电商物流生态圈为目标，坚持智慧系统与现代信息技术的撮合，具有科学严密的监管体系。

电商物流系统构成要素必然以营造生态圈层为追求。电商物流的生态圈是在电子商务+物流产业+生态约束的基础上形成的，它以智慧产业、物流产业和商贸产业的耦合为支撑，以政策体系、技术体系、监测体系和法律体系的完善运用为保障，将供应商、生产商、消费者、结算商和金融商等关键节点要素紧密关联在一起，具有明显的层次性，如图3-2所示。在绿色生态法律体系的架构下，电商物流企业配合政府政策的调控，加强物流系统的技术升级，接受市场监管部门的监测，真正形成优质服务的供应链、价值链和利益链。

电商物流运作体系需要信息技术与智慧系统的撮合。绿色电商体系欲成为一个稳定的系统，就需要运作体系中的各利益主体能够分享技术和便捷红利，从根本上夯实合作的基础。为此，需要发挥信息技术和智慧平台系统的撮合功能，实施供给和需求的有效匹配。一是电商平台与供应商和消费者之间的匹配，确保适宜的产品匹配恰当的用户；二是电商平台与物流企业的匹配，确保以约定的时间按质按量完

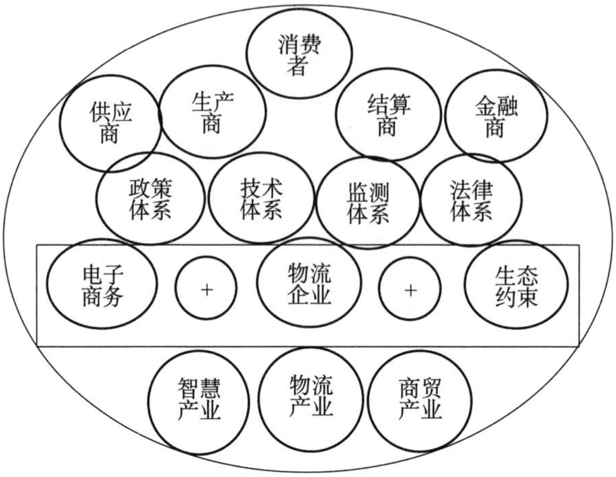

图 3－2　电商物流产业生态环境示意图

成产品的移动；三是电商物流与结算系统的匹配，确保物流成本、物流核算的科学运作；四是电商物流与运营环境的匹配，确保生态约束、国家利益、企业利益和个体利益的有效融合。

电商物流绿色生态系统需要科学监管标准体系的保障。在市场经济体制下，资本投入总是在追求边际效益，实现自身收益的最大化。绿色生态的电商物流系统不仅仅需要商业伦理道德的约束，更需要科学标准体系的监管。在国家“十三五”规划中，中央和地方政府均制定了低碳经济的约束性指标，但具体到物流及配送系统尤其是电商物流系统尚未有更详细且具有实操性的绿色生态监管标准。电商物流绿色生态系统首先是物流系统与人类社会环境的有机结合，物流运营控制在人类生存优质环境可承受的标准之内；其次是物流系统与电商物流上下游节点间的有机结合，物流运营控制在上下游节点形成的经济共同体的生态标准之内；最后是物流系统与信息及智慧技术的有机结合，物流运营始终控制在现代信息与智慧技术支撑的高效作业系统绩效标准之内。这些有机结合，将逐步强化绿色生态系统要素间的协同性。

三、电商物流生态系统的基本特征

（一）电商物流绿色生态系统的“四流”融合性

电商物流绿色生态系统的形成和发展在于物流与信息流、资金流和商贸流的深度融合。现代商贸流通过程由信息流、贸易流、资金流和物流四大相关部门组成，这“四流”相互关联，相互支撑，如图3－3所示。首先是信息流，在当前大数据环境下，对信息掌握的比例就意味着对资源市场占有的比例，各个环节产生的信息数据，均为市场反应提供准确的方向，抓住信息的准确性及时效性就是掌握市场机遇。由于信息的价值衰减速度快、及时性要求高，所对应的物流就要求在其各个环节必须提高效率、把握速度。信息流与物流的融合能够减少中间环节，强化物流过程的低碳性。其次是商贸流，它是电商物流运行的基本条件。通过电商平台，客户对生产厂家的产品下达订单，完成资金支付，商贸流就随之生成，但商贸流的最终完成是由电商物流部门去实施的。在电商物流绿色生态系统中，电商平台是商贸流形成的基础，物流体系是商贸流顺利完成的保障。电商平台产生了一系列信息流，物流体系提供了商品货物流动的优质服务。其中，资金的支付过程就形成了资金流，在诸多商贸过程中，资金流的最终完成往往也是依托于物流活动，即货到付款。

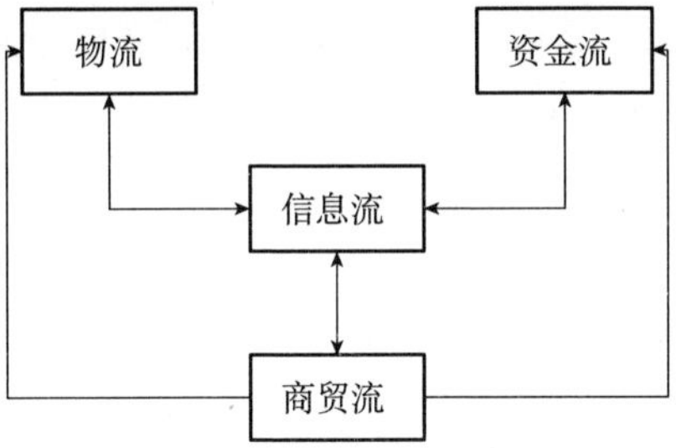

图3－3　“四流”之间的关联

一般说来，商贸流、资金流和信息流产生后，必须有一个物流的过程，否则贸易流、资金流和信息流都没有意义。欲使这个物流过程绿色生态化，就需要“四流”有机融合，节约时间，减少浪费，最大限度地实现低碳生态。

（二）电商物流绿色生态系统的互联网信息平台集成性

电商物流绿色生态系统的运行能力取决于电商物流的互联网平台的支撑力度。互联网与电子商务，毫无疑问是21世纪经济发展的主旋律。在这样的时代背景下，电商物流与电商平台融合发展应时而生。阿里的菜鸟网络、顺丰的速递、海尔的日日顺、京东的商城、中国邮政的EMS，等等，均是物流与电商融合的典型案例。电商平台的产生，让民众的消费习惯发生了改变。便捷的操作，琳琅满目的商品，已让传统的市场消费方式受到了巨大的冲击。实体商品市场也在顺应时代发展背景，及时推出线上与线下相结合的经营模式，这时，优质的物流服务无疑将成为当前市场商品流通的重要支撑。在电子商务平台实现了商品交易之后，就必须依靠高水平的第三方物流企业来进行商品派送服务。在物流服务过程中，为保持信息交流的及时性与高效性，电商平台与相关的物流企业必须建立相应的电子信息系统，以实现信息数据的实时联通。所以，电商物流与互联网平台的高度集成提升了电商物理生态系统的运行能力。

电商物流的优势条件在于电商平台的撮合功能。平台充分利用自身所拥有的供需信息，将商贸、金融、物流诸环节撮合在一起，构建出优质的供应链。使各节点充分认识自身定位，为了整体绩效最优，决定资源共享，推进生态系统有序运行。

（三）电商物流绿色生态系统发展要素的社会性

电商物流生态系统的发展需要社会诸环节的支持。从根本上来说，物流、商贸流、信息流和资金流的产生均来源于市场需求。因此，市场需求是商贸流、信息流、物流和资金流发展的原动力。影响商贸市场需求的因素较多，主要因素包括人均 GDP、汇率、工业增加值、人口总量、社会发展水平和政治稳定性等一系列经济社会发展要素，如图 3－4 所示。

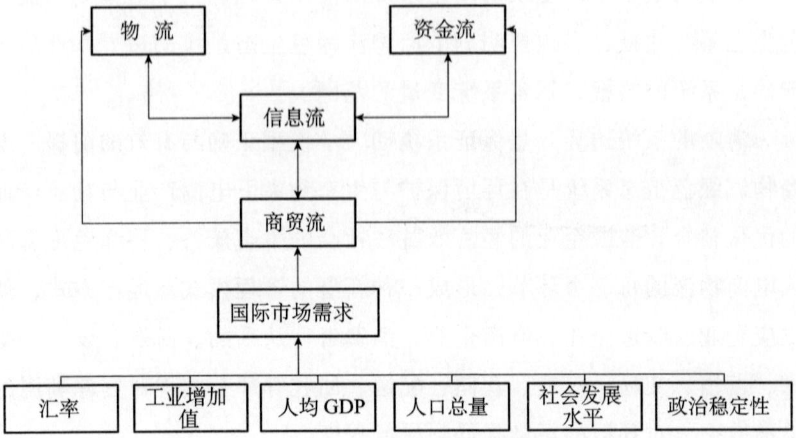

图 3－4　“四流”产生的根源

电商物流生态系统与“四流”的有机融合紧密相关，而四流发展的源泉在于市场需求的大小，这个需求又与人均 GDP、人口总量、工业增加值、社会发展水平，甚至汇率、政治稳定性等社会要素密切关联。所以，电商物流生态系统的发展要素具有社会性。

第二节　电商物流绿色生态系统的动力结构

欲有效运营电商物流绿色生态系统，需要弄清楚该生态系统的动力结构。为此，本章利用系统动力学原理剖析电商物流绿色生态系统建设的外部动力和内部动力要素，分别构建内部动力、外部动力的环境结构和变量流图，厘清各要素之间的关联关系，最终形成电商物流绿色生态系统科学演进的发展脉络。

一、电商物流绿色生态系统的边界

电子商务产业与快递物流业是协同发展、共荣共生的一对孪生兄弟，它们构成了一个复杂的动态系统。应用系统动力学对电商物流绿色生态系统建模，必须要明确电商物流绿色生态系统的边界，然后才能确定系统的规模，划定系统变量的范围。

清晰的系统边界，是保证系统动力学模型正确与有效的前提。电商物流绿色生态系统是在环境保护与生态约束下电商产业与物流产业的优化整合，兼顾企业的经济效益和社会的生态效益，将绿色理念融入电商物流的每一个环节，形成一种新型的管理模式与运作方式，使供应企业、制造企业、电商企业、消费者，从采购、研发、设计、生产、营销、交易、包装、仓储、配送、回收等环节实现对资源利用的最高效率、对环境的污染降低到最低程度。

电商物流绿色生态系统是电子商务时代迫切需要建设的重点系统，对保护生态环境、优化资源配置、实现循环经济、增进社会福利有重要的意义。电商物流绿色生态系统包括五大子系统：外部支持系统、供应子系统、电商子系统、消费子系统和物流子系统。如图 3 - 5 所示。

（一）外部支持系统

外部支持系统是电商物流绿色生态系统发展成熟的外部驱动力，主要包括社会环境、经济环境、宏观政策、技术环境四个方面的影响。在社会环境方面社会公众对绿色文化、绿色产品的支持和喜爱决定着绿色产品是否有市场前景；经济环境中绿色产业的竞争情况、绿色产业的专业分工是绿色产品生产的基础；宏观政策的税收补贴、环保投资、绿色监管、相关法律法规能有效引导企业开展绿色运作；而信息技术、绿色生产技术、绿色标准的制定和完善是电商物流绿色生

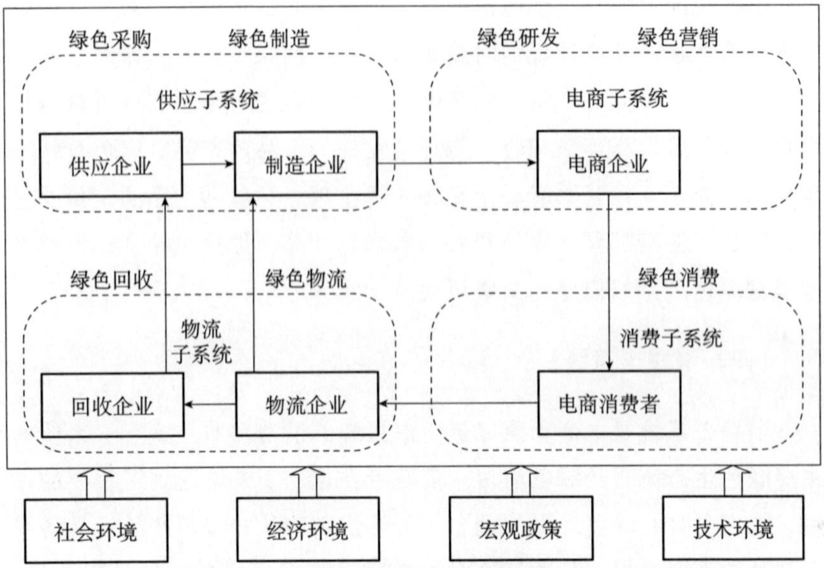

图 3－5　电商物流绿色生态系统的系统边界

态系统的赖以生存的技术环境，特别是大数据技术，对推动电商物流绿色生态系统的建设非常重要。

（二）供应子系统

供应子系统主要担负电商物流绿色生态系统的生产制造功能，这一子系统的主要绿色生态流程是绿色采购与绿色制造。绿色采购是指生产企业在购买原材料、零部件和相关服务的过程中，要尽量选择低污染、可重复利用的环保材料，使产品使用过程中不影响环境，使用后的废弃物可以降解，保证采购过程的绿色性。绿色制造是指生产制造企业加强对生产工艺和流程的改造升级，引进先进的绿色生产技术，提高作业效率、减少原料浪费、降低废弃废物排放、做好回收利用，保证产品和环境安全。

（三）电商子系统

电商子系统主要担负电商物流绿色生态系统的交易、营销功能，这一子系统的主要绿色生态流程是绿色研发与绿色营销。绿色研发强调电商企业在产品设计规划时就要考虑产品的绿色性能，兼顾产品在生产、使用、废弃三个阶段的环保性，尽量采用可降解、可拆解的模块化设计，研发与环境相容、与环境友好的高品质产品。绿色营销流程强调电商企业在营销活动中要融入绿色理念，包括产品的定价、宣传、广告、促销都要引导消费者选购绿色产品，加强引导，让消费者形成对绿色产品的偏好和消费习惯。

（四）消费子系统

消费子系统是电商物流绿色生态系统的消费环节，这一子系统的主要绿色生态流程是绿色消费。消费者在这一子系统起到了重要的作用，消费者具有绿色环保的理念，能够识别和认知绿色产品，具备绿色产品的消费习惯，是购买产品的前提。消费后绿色产品是否合格，是否满足消费者的需求，是否具有良好的服务水平和消费体验，直接决定着消费者是否愿意进行下一次购买。消费者对绿色产品持续的满意和购买是整个电商物流绿色生态系统生存的基石。

（五）物流子系统

物流子系统主要担负电商物流绿色生态系统的绿色配送和绿色回收功能。绿色配送物流是电商物流企业利用先进的大数据技术，提前进行预测和规划，保证线路的优化，保障运输工具的利用率，减少污染的排放和交通的拥堵，实现电商产品的高效配送。绿色回收物流是电商物流企业对电商废弃产品、电商废弃包装做好分类筛选，避免简单粗暴地焚烧、丢弃、掩埋，按符合环保要求的规范流程进行回收处理，保证在回收拆解阶段尽量降低对环境的影响。

二、电商物流绿色生态系统的动力学模型

系统动力学（System Dynamics，SD）是整合信息论、系统论、

协同论、结构论、控制论的系统仿真分析方法，特别适合解决复杂动态的系统问题。利用系统动力学原理对电商物流绿色生态系统进行建模，有助于明晰电商物流绿色生态系统建设的外部动力和内部动力，有助于分析电商物流绿色生态系统形成的前因和绩效结果，能够把握电商物流绿色生态系统形成与演进的科学规律。

（一）外部环境

在电商物流绿色生态系统的外部环境支持系统中，以社会环境、经济环境、宏观政策、技术环境为起始变量。以起始变量为基础，通过绿色文化、绿色认知、绿色意识、绿色产业竞争、绿色产业分工、法律法规、税收补贴、绿色监管、环保投资、信息技术、绿色标准、绿色技术等表现指标，进而关注绿色运作的收益、绿色运作的成本及未来趋势的预期。外部环境支持系统各变量的关系，如图 3－6 所示。

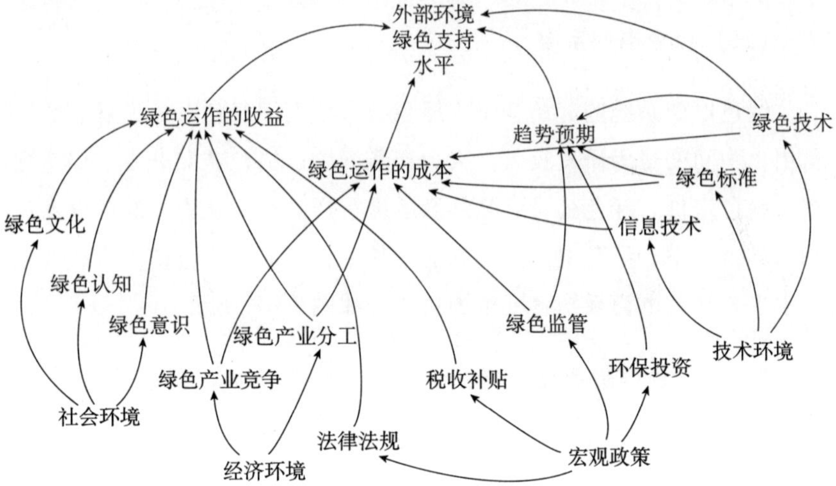

图 3－6 外部环境变量的关系

（二）绿色供应系统

绿色供应系统的起始变量为绿色采购与绿色制造，中间变量为原料质量、原料价格、库存量、供货率、响应速度、绿色制造能力、绿色管理能力、绿色生产技术、绿色制造工艺，最终影响绿色采购效率、绿色管理绩效、绿色制造利润，从而形成电商物流供应系统的绿色水平。绿色供应系统各变量的关系，如图 3－7 所示。

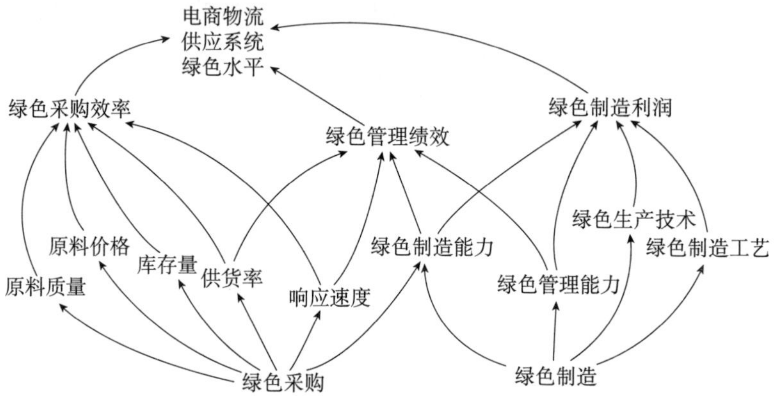

图 3－7 绿色供应变量的关系

（三）绿色电商系统

绿色电商系统的起始变量为绿色技术研发、绿色形象设计、绿色营销，中间变量为研发投入、人力资源配置、绿色产品开发、绿色促销、绿色定价、绿色公关，最终影响绿色产品创新能力、绿色电商产品市场占有率、绿色电商产品利润增长率，从而形成电商子系统的绿色水平。绿色电商系统各变量的关系，如图 3－8 所示。

（四）绿色消费系统

在电商物流绿色生态系统的绿色消费子系统中，以绿色消费理念、绿色消费习惯、绿色产品认知、绿色产品合格率、绿色产品服务能力、绿色消费体验为起始变量。以起始变量为基础，通过绿色产品消费量、绿色产品购买率、绿色产品满意度等表现指标，进而反映电商消费子系统的绿色水平。电商消费子系统各变量的关系如图 3－9 所示。

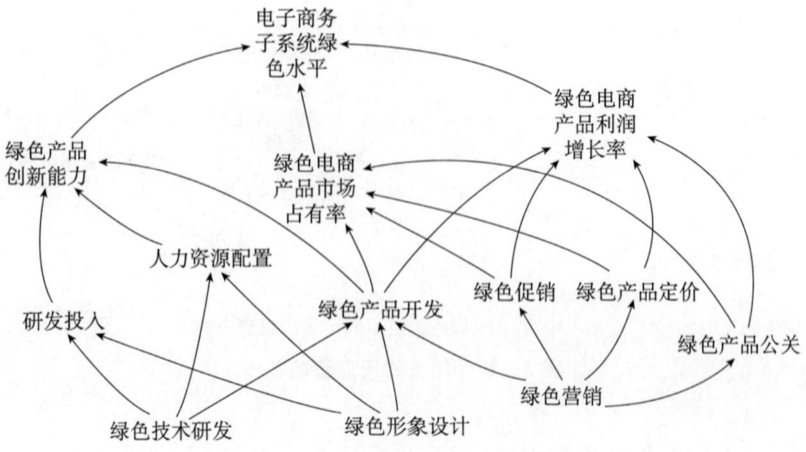

图 3-8　绿色电商变量的关系

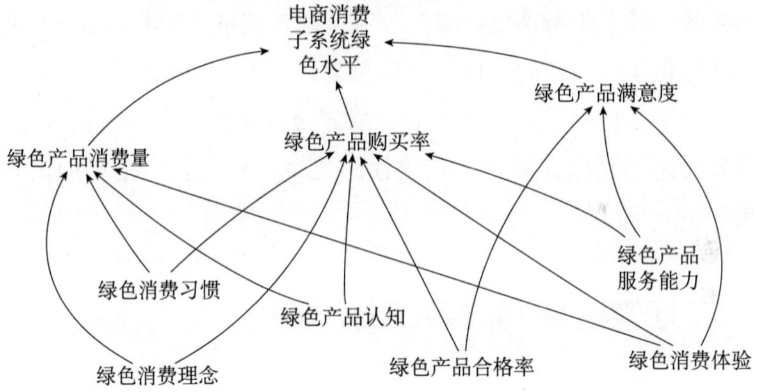

图 3-9　绿色消费变量的关系

（五）绿色物流系统

绿色物流系统的起始变量为循环利用技术、绿色运输、绿色包装、绿色仓储、绿色回收，通过中间变量绿色再制造能力、绿色物流费用、电商废弃物无害化处理、资源回收利用率，进而影响物流子系统的绿色水平，绿色物流系统各变量的关系如图 3-10 所示。

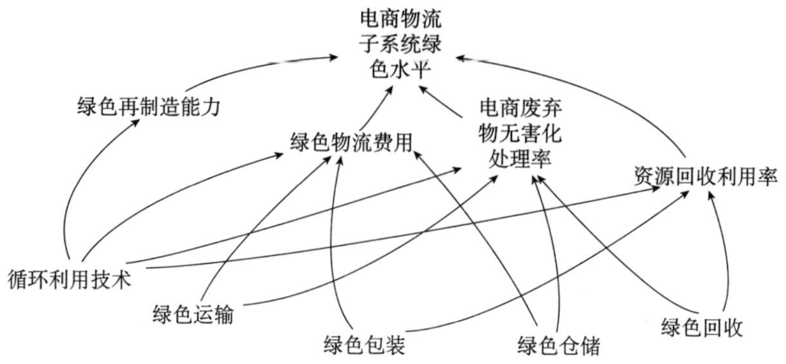

图 3－10　绿色物流变量的关系

（六）总体动力学模型

运用系统动力学理论，结合外部支持系统、绿色供应系统、绿色电商系统、绿色消费系统、绿色物流系统各变量之间的关系，构建电商物流绿色生态系统的总体动力学模型，如图 3－11 所示。

系统中任何变量的变化都会对电商物流绿色生态系统造成影响，各变量之间不是独立的，不是线性的关系，存在着一定程度的相互作用。

三、电商物流绿色生态系统的动力分析

从上面的系统动力学模型中可以看出，在社会环境层面，电商物流绿色生态系统的建设受到市场和社会公众方面的压力，促使电商物流进行绿色化运作；在经济环境层面，电商企业为了获取客户的认可，在市场竞争中获得优势，被迫实施绿色生态管理；在宏观政策层面，政府会通过补贴引导或者法律强制督促电商物流系统绿色生态化建设；在技术环境方面，新兴的信息技术和绿色生产技术也能促进电商物流系统绿色生态化建设。

从电商物流系统的企业内部驱动力来看，企业有通过绿色技术、

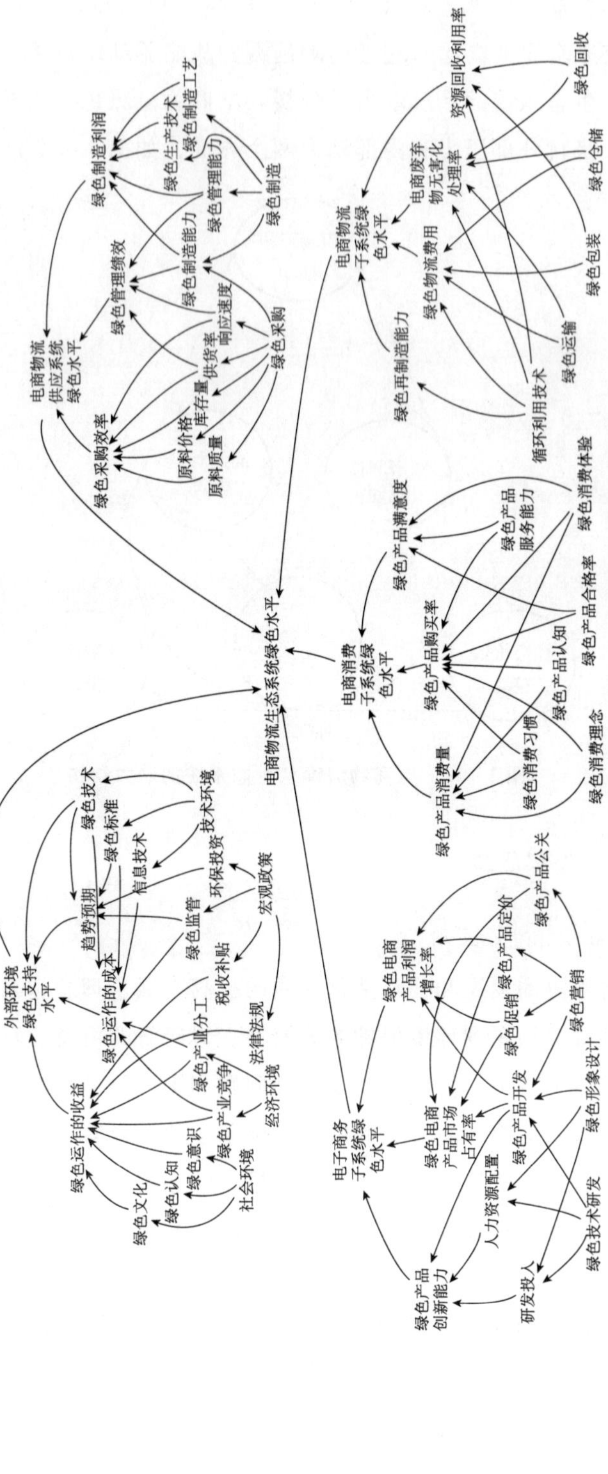

图 3－11　电商物流绿色生态系统动力学模型

绿色产品获取经济利益的动力；也有提高客户满意度和支持率的愿望；还有来自企业高层管理者高瞻远瞩的战略驱动。总之，根据电商物流绿色生态系统的系统动力学分析，电商物流绿色生态系统建设的动力主要来自外部压力和内部动力两个方面，如图 3－12 所示。

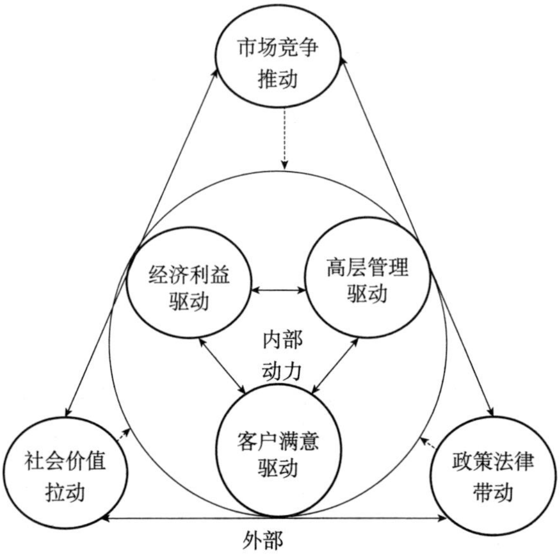

图 3－12　电商物流绿色生态系统的动力结构

（一）外部压力

1. 社会价值拉动

随着经济的发展和公众文化素质的提高，绿色理念越来越深入人心，人们日益认识到环境保护的重要性，对经济的可持续发展、对环境的要求越来越高。另外，环境污染问题和不可再生自然资源的日益减少，让人们面临环境恶化的威胁，带来了前所未有的环保压力。公众、政府、企业都意识到环保的重要性，社会公众和政府部门自发地产生了对优美环境和绿色产品的巨大需求，开始大力宣传和推广绿色理念，开始流行绿色文化，开始偏好绿色产品，形成了电商物流绿色生态系统发展的社会基础。这时，对电商物流的评价，也由之前单纯的销售额、利润率等财务指标扩展为财务指标、生态环保、社会责任等各方面构成的综合指标体系。

2. 市场竞争推动

电子商务已经成为一种普遍的商务模式，与传统的商业模式紧密结合，迅速铺开。产品能够在更大的空间范围流动，交易能够在24小时进行，随之而来的就是激烈的竞争。实施绿色电商物流极大地提高了电商产品的市场竞争力，从绿色采购来看，供应链上下游的运作效率更好、运作成本更低；从绿色生产来看，生产出的产品环保可靠；从绿色回收来看，增加了物流可利用资源的循环使用，减少了废弃物的排放。电商物流生态系统建设中，企业间的不断竞争，加速了绿色管理、绿色生产、绿色模式的创新，增添了足够的活力和动能。整体上，电商物流绿色生态系统的建设构建了物流产业和电商产业种群之间的良好关系，优化了电商物流供应链的环境，促进了企业间的协作，提升了产业竞争力。

3. 政策法律带动

在制度经济学中，政府需要对污染的负外部性进行约束和规制，需要对绿色运作的正外部性进行鼓励和奖励。而电商物流的发展规模与覆盖面相当大，政府十分注重对电商物流的绿色规范与约束。政府出台一系列措施诸如财政补贴、税收优惠等支持绿色电商物流的正的外部性，也会出台一系列惩罚性征税、法律管制来限制电商物流的污染行为。同时，政府对绿色环保设施的投资、对绿色环保理念的宣传，对绿色行为的严密监控，也会极大地带动电商企业树立绿色物流理念，培养绿色物流习惯，建设绿色物流系统。

（二）内部动力

1. 经济利益驱动

电商物流绿色生态系统是生态系统和经济系统的共同体，企业是绿色物流生态系统建设根本主体。企业是追求利润的经济主体，按照效益原则，电商物流生态系统企业会选择效率高、能耗低、污染少的运营模式，逐步淘汰低效率、高能耗、高污染的运作方式，这就构成了电商物流绿色生态系统产生和发展的经济动力。换一种方式来说，只有当电商物流绿色生态系统建设能够给企业带来切实的利益，能实实在在增加企业的利润时，电商企业和物流企业才有积极性去大力发展和建设电商物流绿色生态系统。电商物流绿色生态系统的效益评价是全方位的，有短期效益、有长期效益，有系统局部效益、有系统全局效应，有企业效益、有社会效益，这些效益和利益之间有时会形成一定的冲突，这时就需要政府进行政策引导和调节，使经济利益动力能够凝结起来形成最大的发展动力。

2. 高层管理驱动

在建设电商物流绿色生态系统过程中，企业高层管理者的推动是至关重要的。优秀的高层管理者能够高瞻远瞩，认识到社会发展的趋势，洞悉未来发展的方向，瞄准客户的潜在需求，以较高的社会责任和道德准则规范和约束企业，把绿色理念放在企业文化的中心，把绿色经营作为企业的战略进行推行，制订具体的实行计划，保证电商物流绿色生态系统建设的稳步推进。高层管理驱动是企业内在的、自发的动力，具有远见卓识的高层管理者能够摆脱传统的电商物流发展观念，把绿色发展放在电商物流运作的重要位置。

3. 客户满意驱动

以客户为中心的客户满意度管理已经成为企业普遍的共识，电商企业也日益重视客户服务与客户满意度，在竞争激烈的背景下，维持好老客户比争夺新客户的成本更低，获取的利益也更多。与传统物流相比，绿色物流能够以更快的速度、更高的效率、更低的成本为客户服务。更为重要的是，客户对更安全、更环保、更优质的电商绿色产品和绿色运作产生了巨大的需求，客户自身也在改变习惯、减少浪费、珍惜资源去身体力行践行绿色理念，他们喜欢绿色的企业文化和绿色运作模式，愿意购买这些绿色产品，愿意为绿色运作买单，这是企业推行绿色物流的来自客户需求的动力。

四、电商物流绿色生态系统的演进机理

（一）电商物流绿色生态系统的作用机理

一般来说，绿色物流生态系统由动力系统、运营系统和反馈系统三部分构成。前面的分析中，电商物流绿色生态系统的动力机制并不是各自独立发挥作用的，而是紧密依存、相互联系、协同配合进行的。举例来说，当电商物流相关企业利润低下，缺乏资金和动力进行绿色物流改造，这时政府通过补贴或者税收优惠的方式进行支持就可以激发企业绿色改造升级的积极性。另外，动力机制的作用也不是自然产生的，更不是一下就形成的，需要不断培养和完善，需要政府和企业的通力配合。政府在制度法规、监管约束、政策支持等方面优化环境，企业在塑造长远目标、肩负社会责任、改造工艺技术方面苦练内功。一个没有长远发展目标、没有社会责任感的企业是很难有动力实行电商物流绿色生态系统建设的，企业家和高层管理者需要不断学习、进步，让电商物流绿色生态系统的建设成为企业的战略使命。

电商物流绿色生态系统的动力结构由外部压力和内部动力两个部分构成，社会认知、政策驱动、市场竞争是电商物流绿色生态系统发展的外部压力，经济利益、客户满意、高层驱动是电商物流绿色生态系统发展的内部动力，两者共同作用形成了电商物流绿色生态系统发展的动力机制。电商物流相关企业将内部动力和外部压力转换成电商物流绿色生态运营的实际行动，通过物流产业种群和电商产业种群的有效协同，驱动系统内企业展开绿色采购、绿色制造、绿色研发、绿色营销、绿色消费、绿色物流，最终产生经济绩效和环境绩效的双赢运营结果。电商物流绿色生态系统的作用机理如图 3－13 所示。电商物流绿色生态系统在与外部环境的不断交互过程中，持续进行着

“改变—平衡—改变—平衡”的过程，这一过程有助于企业不断适应环境，不断改进升级，锤炼企业的核心竞争力。

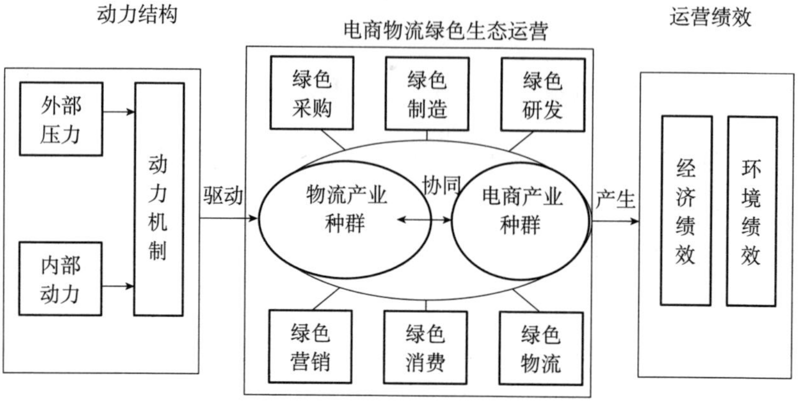

图 3－13　电商物流绿色生态系统的作用机理

（二）电商物流绿色生态系统的网络演进

电商物流绿色生态系统的建设需要各种功能互补协调，避免出现系统理论中的木桶短板：较强的电商物流绿色职能由于其他职能较弱而发挥不出应有的能力。电商物流绿色生态系统上的各个职能主体通过协同运作与管理，明确各自的职责权力、目标任务、分配制度，充分发挥各自的优势，提升电商物流绿色生态系统的运作效率。

此外，电商物流绿色生态系统建设不只是电商企业和物流企业的事情，还需要政府、科研机构、相关产业和社会公众的密切支持。电商物流企业作为绿色生态系统建设的主要力量，需要社会公众的认可、信赖与支持，需要科研机构提供先进的绿色生产技术、绿色管理方法、大数据信息分析工具，需要政府提供引导、扶持与监督管理，从而使整个电商物流绿色生态系统建设步入良性轨道。电商物流绿色生态系统的网络演进过程如图 3－14 所示。

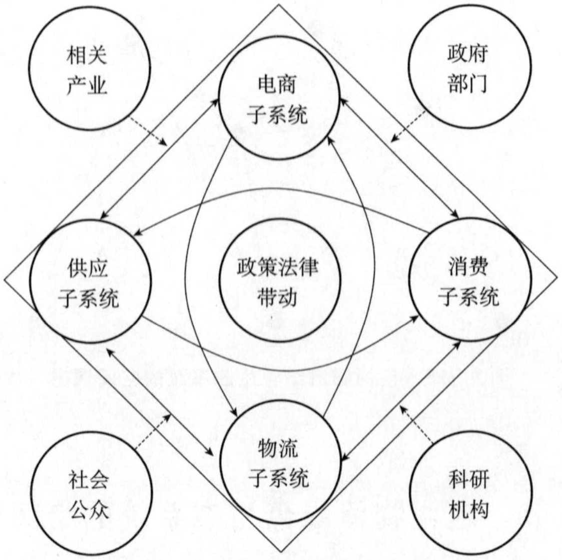

图 3－14　电商物流绿色生态系统的网络演进过程

（三）电商物流绿色生态系统的空间演进

电商物流绿色生态系统在一定的地域空间形成发展，通过不断的分工、竞争、协作，极大地降低了运作成本、提高了运作效率，形成了电商物流绿色生态产业集群，带来了极具竞争力的规模效应、分工效应和市场效应。这些企业在一起共同吸引、发展、打造、享用电商物流绿色人才系统、电商物流绿色技术系统、电商物流绿色市场系统、电商物流绿色平台系统，实现了电商物流绿色生态系统的空间演进，如图 3－15 所示。图中，S1 代表电商物流绿色人才系统，S2 代表电商物流绿色技术系统，S3 代表电商物流绿色市场系统，S4 代表电商物流绿色平台系统，E1/E2/E3 代表电商物流企业。电商物流绿色生态系统一经形成，系统内的企业就相互配合、相互竞争，逐步变成一个较为稳定的产业结构，这种稳定的绿色电商物流产业具有较强的适应能力，在不出现大的市场变化、技术革新、模式改造等情况下，可以保持很长一段时间。

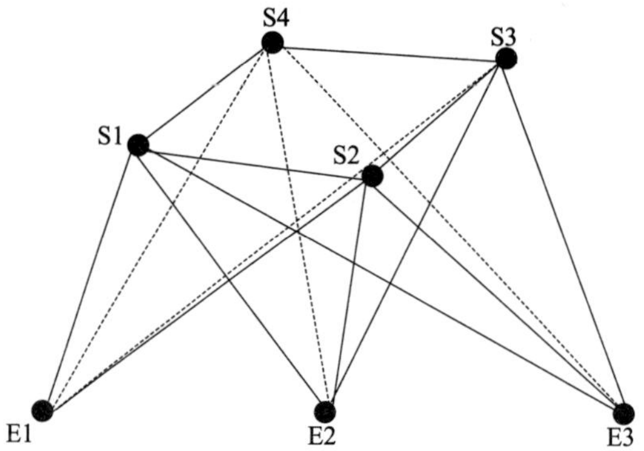

图 3－15　电商物流绿色生态系统的空间演进

第三节　电商物流绿色生态系统的空间效应

从空间发展的视角，分析电商物流生态系统节点要素间的博弈现象，探寻相向合作的路径，利用地理学理论和引力模型，研究其空间趋同规律，有助于明晰该系统的发展状态。

一、电商物流生态系统要素间的博弈

剖析电商物流系统结构要素匹配协同的过程，也显示出各系统要素之间存在演化博弈态势。从图 3－2 不难看出，电商物流生态系统以电子商务平台、物流企业和生态约束为核心，需要基础层面、制度层面和经营层面三个层面的协同运作。基础层面是物流产业、智慧产业和商贸产业的高度发展，这是电商物流生态系统形成并持续发展的产业基础；制度层面是政策体系、技术体系、监测体系和法律体系的建立、健全和创新，这是巩固电商物流生态系统发展的制度保障；经营层面是供应商、生产商、消费者、结算商和金融商等组成的供应链条，这是驱动电商物流生态系统发展的动力源泉。电商物流生态系统不仅仅需要资金的投入，还要考虑生态系统维持的政策环境、市场环境、技术环境、社会环境等。电商物流生态系统中供应链的上下游节点以及各个关联方的收益存在差异，如何协调上下游节点主动投入资金和技术？如何驱动各节点加大技术投入力度，有效管控整体供应链生态失衡的风险？这需要密切注意各节点的博弈问题。

为了营造并维持生态系统，电商物流企业在供应链各节点的博弈中需要占据主导地位，形成物流企业居领导者的 Stackelberg 博弈模型。在这个系统中，尽管电商物流企业在政策环境、技术环境、监测环境和法律环境的约束下，强化与经营层面的各供应链节点的协商，但客观上，各节点主体很难在经营利益上取得均衡。这时，必须突出电商物流企业的领导者地位，其他节点要明晰自己的跟随者地位。其合作决策过程，如图 3－16 所示。

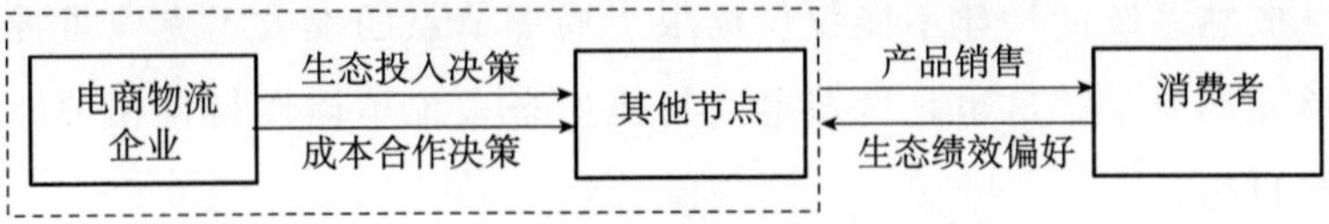

图 3－16　生态系统建设投入合作过程

在图 3－16 中，电商物流企业需要统筹考虑各经营供应链节点，力推生态系统建设投入收益的均衡。在投入合作过程中，消费者的生态绩效偏好需要社会文化氛围的熏陶，这个氛围需要政府、企业和社会、个人的齐心构筑，并且呈现长期性和复杂性特征。

二、电商物流绿色生态系统的空间相关性分析

电商物流绿色生态系统是在开放地域空间基础上建立的完备体系，其产业要素的配置和组合形式均在动态演进中以空间效应加以体现。因此系统能否持续健康运营需从空间视角对其发展整体性、自相关性和公平性进行甄别和判断。区域电商物流生态系统是在内部单元协同联系基础上建立的，独立单元受限于资源瓶颈很难形成集聚和规

模效应，而跨领域合作既能够以专业分工和网络构建来降低边际成本、提升物流系统运营效率，也是形成多层次管理体系、实现空间资源合理开发与利用的基础，关键要素通过合理优化的空间布局有利于系统空间关联性的提升。因此，需通过计算各单元间联系潜能对系统整体性进行判断。电商物流是以空间要素动态流动为前提，早期异质禀赋决定的区域差异逐渐受技术、资本、人才等资源外溢影响，邻近单元间的分布趋势更为平稳，表现出规模和质量观测的空间相关性。除此之外，系统各支撑因素也在相互作用下进一步影响这一空间分异规律，因此，在对影响系统稳定性的诸要素进行分析时，应引入空间自相关性假设并进行判断。电商物流生态系统从生产到结算涉及多种产业部门，各环节的有效衔接不仅体现在纵向供需状态的平衡，也要做到横向空间单元间的历史演进模式趋同。从空间经济发展考虑，成熟系统的构建不能仅仅局限于局部节点的绩效，更应重视内部单元的公平，这也是区域电商物流生态系统整体性与自相关性的最终目标。

（一）引力模型分析

电商物流生态系统的绩效在一定程度上受制于要素间的空间关联性，空间关联表示系统要素流动时在地域空间上的关联效应，城市物流节点的空间关联反映着各物流节点在城市空间范围内一种整体性的动态联系。关于电商物流绿色生态系统要素间空间关联研究具有多个视角，基于动态数据观测的研究受限于沟通方式和层次的多样性难免以偏概全。因此，本书选取空间计量常用的引力模型加以分析。

引力模型以牛顿力学为依据，最早由 Zipf 在 1946 年引入空间联系领域，主要思想是地域单元间的要素空间联系规模与两单元体量呈正相关关系，同时受距离衰减规律制约，空间阻力是两地沟通的主要瓶颈。在测量电商物流生态系统内空间联系时，本书考虑本地电商物流主要以快件流通为主要载体，受市场调节机制控制，快递件数最能体现本地电商物流产业的现状，因此在系统单元空间联系中将其引入引力模型，公式为：

$$F_{ij} = k\frac{M_iM_j}{d_{ij}} \tag{3-1}$$

式（3-1）中：F_{ij}表示 i 区域与 j 区域之间的空间联系强度，k 为常数，M_i 和 M_j 分别表示 i、j 两区域的快递件数，d_{ij}表示 i、j 两区域之间的空间距离。以宁波市为例，海曙、江北、鄞州、镇海、北仑、奉化、余姚、慈溪、象山、宁海各行政区划内的快递件数统计数据是比较完备的，两地之间的距离利用百度地图也能逐一得到，由于常数 k 通常视作 1，这样根据公式（3-1）就可以分别计算出宁波各区域之间的快递总量的空间关联度。

（二）空间相关性模型分析

空间相关性模型主要包括空间自相关检测和空间自回归分析，空间自相关检测是对不同空间关系地域单元观测值的分布状况是否存在依赖性和关联性进行验算，即更具邻近性的地域单元的数值是否存在集聚或扩散。在电商物流生态系统中，可利用空间计量方法对电商物流生态系统内总产出或各要素的空间关联性进行深度剖析，以便后期计算各观测值间的影响关系时选择正确的方法。

空间自相关检验的计算主要基于空间要素的属性和位置信息，最为常见的方法是 Moran's I 检验，公式为：

$$\text{Moran's I} = \frac{N\sum_{i=1}^{N}\sum_{j-1}^{N}W_{ij}(X_i - \overline{X})(X_j - \overline{X})}{(\sum_{i=1}^{N}\sum_{j-1}^{N}W_{ij})\sum_{i=1}^{N}(X_i - \overline{X})^2} \tag{3-2}$$

式（3-2）中：N 为研究单元数量；W_{ij}为空间关系权重，常采用 ROOK 一阶矩阵或距离权重矩阵；X_i 和 X_j 为区域 i 与 j 的空间观测值，在电商物流生态系统中，可以选取各支撑要素投入值或系统运营产出效益值，其中被解释变量可以总体反映出误差项和指标项的自相关影响，因此以快递件数最宜；$\overline{X}$ 为观测值的均值。

Moran's I 取值为 -1 与 1 之间，显著大于零说明空间集聚存在正相关趋势，小于零说明相似观测存在不邻近的趋势，等于零即为随机分布。

在对空间相关性进行认定的基础上，空间观测值的交互作用也会导致被解释变量的分布结果变化，需要控制空间效应方向以更好地识别系统运行的影响因素。美国著名学者 Anselin 对空间经济计量学进行了系统的研究，探索了回归模型中空间效应以及模型估计方法论问题，构建了包括自相关模型和时间误差模型的空间线性回归模型，空间线性回归方程的一般公式为：

$$Y = \rho W_1 Y + \beta X + \varepsilon$$
$$\varepsilon = \lambda W_i \varepsilon + \mu \tag{3-3}$$

式（3-3）中：Y 为被解释变量，W_1 和 W_2 为因变量和残差的空间趋势，空间回归方程的类型取决于 ρ、λ 和 β 的取值，当三者都为零时，即为传统线性回归方程。根据空间依赖性对地理观测值测定的影响不同，一般分为两种空间计量模型：考虑误差项间空间相关性的空间误差模型和考虑指标观测值间空间依赖性的空间滞后模型。其公式分别为：

$$Y = \rho WY + \beta X + \varepsilon \tag{3-4}$$

$$Y = \beta X + \mu\mu = \lambda W\mu + \varepsilon \tag{3-5}$$

通过一系列面板数据的分析，有利于对影响生态稳定要素数据的调控，在对电商物流生态系统运行影响因子测算时，基于本书提出的电商物流运作体系框架，对空间滞后模型和空间误差模型进行设定：

$$F_{i,t} = \alpha + \rho WF_{i,t} + \beta_1 P_{i,t} + \beta_2 T_{i,t} + \beta_3 M_{i,t} + \beta_4 L_{i,t} + \sum_k \gamma C_{k,i,t} + \varepsilon \tag{3-6}$$

$$F_{i,t} = \alpha + \beta_1 P_{i,t} + \beta_2 T_{i,t} + \beta_3 M_{i,t} + \beta_4 L_{i,t} + \sum_k \gamma C_{k,i,t} + \mu$$

$$\mu_{i,t} = \lambda W\mu_{i,t} + \varepsilon \tag{3-7}$$

式中：$F_{i,t}$为地区 i 在时间 t 的快递件数；$WF_{i,t}$为各空间相关单元的电商物流发展对单元 i 电商物流状况的影响，ρ 为回归算的影响程度，通过计算 ρ 的显著性水平及符号，可以判定空间关联地区电商物流状况对本单元电商物流的影响程度及方向；$P_{i,t}$为政策影响变量；$T_{i,t}$为技术影响变量；$M_{i,t}$为监测影响变量；$L_{i,t}$为法律影响变量；与此同时，考虑各参与方运营状况影响了电商物流价值链的衔接水平和运营效率，在控制变量 C 中引入供应商、生产商、消费者、结算商及金融商的投入产出效率；β 和 γ 为各参数的回归系数。

通过式（3－6）和式（3－7），不仅可以更加准确地模拟电商物流生态系统实际运行的影响因素，也能判断出空间相关性对区域内部各单元运营水平的影响能力。

三、电商物流绿色生态系统的空间趋同分析

电商物流生态系统运行中区域联系程度和相关性可用于判定各单元的空间作用水平，但仍需借助空间趋同分析对相对演变趋势和稳健状态进行模拟，以分析是否实现了公平性发展。空间趋同主要包括 α 趋同和 β 趋同，β 趋同又分为绝对 β 趋同和条件 β 趋同，由于 α 趋同与 β 绝对趋同所表现的结果较为类似，因此选用条件 β 趋同与绝对 β 趋同加以分析。在数据处理方面，为解决各指标量纲不同和异方差问题，在计算前均对其进行对数处理。

绝对 β 趋同判断分析电商物流生态系统中各单元运行规模是否收敛于同一稳定状态，及欠发达单元是否具有追赶发达单元的趋势，其公式为：

$$\frac{[LNY_{i,t+\bar{t}} - LNY_{i,t}]}{\bar{t}} = \alpha + \beta LNY_{i,t} + \varepsilon \tag{3-8}$$

式（3－8）中：$Y_{i,t}$和 $Y_{i,t+\bar{t}}$表示地区 i 在研究初始时间 t 和结束时间 $t+\bar{t}$ 的快递件数；$\bar{t}$ 表示时间跨度；研究主要关心回归系数 β 的

值，若 β 显著为负，表明单元的初始状态与其平均发展速度存在负相关关系，即相对领先的单元向稳健状态靠近的速度趋缓，落后地区存在追赶趋势。

条件 β 趋同是在绝对 β 趋同的基础上增加了不同单元存在相对差异的稳健状态这一假设，更适用于对复杂系统中区域公平性发展的测算，在对电商物流生态系统进行研究时，条件 β 趋同公式为：

$$\frac{[LNY_{i,t+\tilde{t}} - LNY_{i,t}]}{\tilde{t}} = C + \beta LNY_{i,t} + \varepsilon \qquad (3-9)$$

$$\frac{1}{\tilde{t}}[LNY_{t+\tilde{t}} - LNY_{t}] = C + \beta LNY_{t} + \psi X_{t} + \varepsilon_{t} \qquad (3-10)$$

为了提高显著性水平，并验证系统各要素发展对空间趋同的影响，引入决定区域电商物流发展的最直观指标：智慧技术产业、商贸产业和电商物流产业产出量，公式为：

$$[LNY_{t+\tilde{t}} - LNY_{t}] = C + \beta LNY_{t} + \psi_1 T_i + \psi_2 B_i + \psi_3 E_i + \varepsilon_t \qquad (3-11)$$

式（3-11）中：C 是固定效应项，表示不同单元的稳健状态；T_i、B_i 和 E_i 为地区 i 在智慧技术产业、商贸产业和电商物流产业产值的平均增长率；β 和 ψ 分别为各解释变量回归系数；其他指标同上。在显著性条件下通过计算各回归结果的大小，可以测得各单元到自身稳定状态的距离与演变速度间的关系，同时也能计算出各支撑产业对系统整体空间趋同的影响能力。

综上研究可以看出，随着生态文明建设力度的逐步加大，加强对电商物流生态系统的构建和剖析日益重要。电商物流生态系统作为商业生态系统进一步细分，生态要素的组成也在不断更新，生态环境更是出现质的变化。研究显示，电商物流绿色生态系统的构成要素具有层次性、匹配性和协同性。同时，由于构成节点要素利益的驱动，要素之间也呈现演化博弈态势。电商物流生态系统具有空间效应，其空间关联度和影响力指标对政府和企业有效掌控电商物流市场的空间布局具有重要意义。

第四节　电商物流绿色生态体系目标优化模型

根据前文构建的电商物流绿色生态系统建设的外部动力和内部动力要素可以了解电商物流绿色生态系统科学演进的发展脉络，分析到电商物流绿色生态系统发展的影响因子，从而得到电商物流生态系统与社会经济发展水平、环境保护政策、物流科技水平以及绿色工艺与材料等因素之间是一个具有动态性的、多回路反馈的和复杂非线性的相关性系统。构建这样一个复杂的目标优化模型需要考虑多维度、多变量和变量之间的相互关系，最终结果必须符合电子商务物流绿色生态系统发展的实际情况。这样复杂的系统工程是不容易实现的。因此，在构建电子商务物流生态系统目标优化模型的过程中，必须充分借助系统动力学在分析和解决复杂系统问题上的优势，构建出电子商务物流生态系统目标优化模型，并进行相关的检验分析和模拟分析。

一、模型假设

（一）多因素目标优化模型

考虑物流科技发展水平，最简单形式的电商物流绿色生态系统目标优化问题可能是设施设备或者是包装技术，它在一个有限的视野内面对单个目标的动态需求进行优化。目标优化问题一般指通过一定的优化算法获得目标函数的最优化解，多目标优化算法目前则有传统优化算法（包括加权法、约束法和线性规划法等）和智能优化算法（有进化算法和粒子群算法等）两大类。该物流科技从客户订单开始，例如，假定电商商家具有无限量的产品。该模型假设固定采购成本，每个单位商品的采购成本以及单位时间中的每个单位库存成本为线性。鉴于需求量的变化和成本变化，问题是要决定何时和有多少在时间周期中的订单，并且所有的需求都是能够达到最低的成本供给的。我们可以建立数学公式如下：

$$\begin{cases} Minimize \sum_{t=1}^{T} \{K\delta_t + h^s I_t^s\} & (3-12) \\ s.t.\ I_{t-1}^s + x_t^m - D_t = I_t^s \quad \forall_t \in \{1, \cdots, T\} & (3-13) \\ \quad x_t^m \leqslant M_t \delta_t \quad \forall_t \in \{1, \cdots, T\} & (3-14) \\ \quad M_t = \sum_{i=t}^{T} D_i \quad \forall_t \in \{1, \cdots, T\} & (3-15) \\ \quad x_t^m, I_t^s \geqslant 0, \delta_t \in \{0,1\} \quad \forall_t \in \{1, \cdots, T\} & (3-16) \end{cases}$$

在上面公式中，K 表示一个相对固定成本和每单位时间的仓储成本。t 是在 t 时间持有的商品量，D_s 是 t 时刻的商品订单。假设 D_t 是在 t 时间段已知的或可预测的。T 表示批量决策的时间范围，x 表示在时间 t 内生产厂商生产的数量。目标函数是订单生产、库存和物流的总成本最小化。其中的约束条件是公式（3-13）达到生产满足市场需求：前一时期的库存和当期的商品生产可用以满足这个时期的订单需求，或者建立库存来满足后来的订单需求。每个时间段都会有产品生产。公式（3-14）是在固定成本约束下中建模的。公式（3-15）是确保 M_t 足够大作为公式（3-14）的约束条件。尽管该模型非常好地解决了电商绿色物流目标优化过程中的成本与绿色物流水平提升之间的关系，但由于研究数据的局限性和可得性，本书没有采用该模型，会在下一步研究中探讨该模型实际应用。

（二）模糊综合评价方法（Fuzzy-AHP 模型）

电商物流系统总体上来说是由产品、用户、平台和物流体系组成的，其生态系统必然要求在系统的每一个节点都要体现绿色生态。生产厂商、电商企业、物流企业（包括仓储、运输、流通加工、快递配送、逆向物流等）要密切配合，全力推进低碳生态，才能取得整个系统的生态绿色效果。

在进行绿色生态绩效评价时，一般需要考虑产品的生产、采购、包装、仓储、运输以及逆向物流诸方面，其操作过程如图 3－17 所示。对该图剖析不难发现，电商物流生态目标优化评价体系需要从生产环节、采购环节、仓储及流通加工环节、运输环节、逆向物流环节以及社会环境、整体绩效和生态文化等多个方面来综合考虑，由此设定一级、二级、三级评价指标层次模型，如表 3－1 所示。

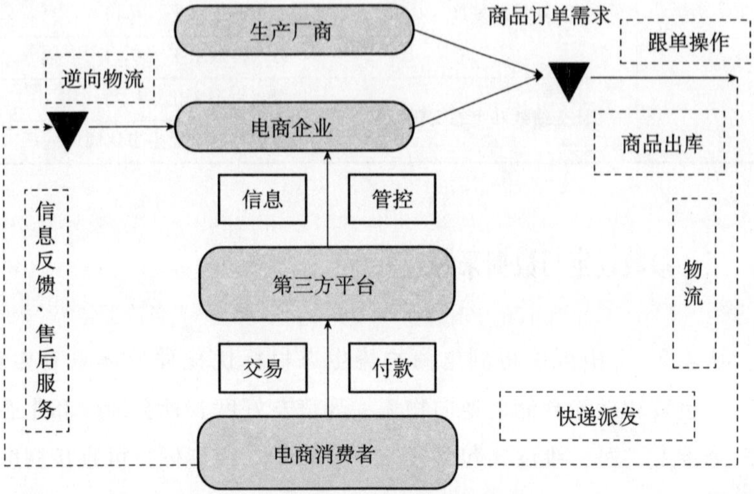

图 3－17　电商订单操作流程

表 3－1　　　电商物流生态目标优化评价体系指标

第一层次指标（目标层）	第二层次指标（评价方面层即一级指标层）	第三层次指标（二级指标层）
电商物流生态系统	生产流程生态度（U_1）	工艺设计及技术生态化度（U_{11}）
		环境友好度（U_{12}）
		设施设备综合效度（U_{13}）
	采购生态化（U_2）	设施设备材料生态化率（U_{21}）
		供应商关系（U_{22}）
	包装和运输仓储生态化水平（U_3）	包装材料循环使用率（U_{31}）
		包装减量化程度（U_{32}）
		运输工具碳排放量（U_{33}）
		仓储利用率（U_{34}）

续表

第一层次指标（目标层）	第二层次指标（评价方面层即一级指标层）	第三层次指标（二级指标层）
电商物流生态系统	逆向物流水平（U_4）	末端“三废”排放指标（U_{41}）
		过程“三废”控制能力（U_{42}）
		废弃资源再利用率（U_{43}）
	环境友好度（U_5）	大气污染水平（U_{51}）
		噪声污染水平（U_{52}）
		污水排放水平（U_{53}）
	社会绩效和生态文化（U_6）	企业生态文化（U_{61}）
		消费者对企业生态认同度（U_{62}）

二、参数设定与数据来源

从表3-1中可以得到电商物流生态目标优化评价体系有生产、采购、包装和运输仓储、逆向物流、环境友好度、社会绩效和生态文化六个维度，每一维度又包含有二个到四个二级指标，可直接测度指标14个，不可直接测度指标3个（这些可通过问卷调查和专家量表评价获得）。做法如下：

（一）建立多层次的递进结构

建立电商物流绿色生态系统评价的多层次递进结构，如表3-1所示。

（二）专家判断

建立层次结构后，向本领域中10~30位专家发放打分表，并向各位专家详细告知各个指标和有关资料以及统一确定判断矩阵的规则。各位专家通过各层次因素集中元素两两比较，分析其重要性，反复推敲融合最终得出比较判断矩阵。各指标含义，如表3-2所示。

表 3-2　　指标含义

赋值	含义
1	指标 u_i 与 u_j 比较，具有相同的重要性
3	指标 u_i 与 u_j 比较，u_i 比 u_j 略微重要
5	指标 u_i 与 u_j 比较，u_i 比 u_j 明显重要
7	指标 u_i 与 u_j 比较，u_i 比 u_j 重要得多
9	指标 u_i 与 u_j 比较，u_i 比 u_j 绝对重要
2，4，6，8	2，4，6，8 分别表示判断 1—3，3—5，5—7，7—9 的中间值
倒数	设定指标 u_i 与 u_j 比较判断值为 C_{ij}，则有 $C_{ji}=\frac{1}{C_{ij}}$

根据上表，则判断矩阵为：

$$T=\begin{pmatrix} C_{11} & \cdots & C_{1n} \\ \vdots & \ddots & \vdots \\ C_{n1} & \cdots & C_{nn} \end{pmatrix} \tag{3-17}$$

判断矩阵为完全一致矩阵，满足 $C_{ji}=\frac{1}{C_{ij}}(i\neq j)$；$C_{ij}=1(i=j)$；$C_{ij}\cdot C_{jk}=C_{ik}$条件。

下一步，计算判断矩阵各因素的均值和离差：

$$\overline{C}=\frac{1}{m}\sum_{p=1}^{m}C_{pij}\quad \mathrm{d}y=\frac{1}{m}\sum_{p=1}^{m}(C_{py}-\overline{C}_y)^2 \tag{3-18}$$

其中：$p=1,2,\cdots,m$（m 为专家的人数）。

将计算的结果及补充资料反馈给答卷人，给予修正。

重复上述步骤，直到判断矩阵各元素分值与均值的离差不超过预先给定的标准为止，也就是相关意见基本趋于一致。当相关意见趋于一致时，假设某一因素（设有 n 个指标组成）第 P 位答卷者给出的判断矩阵为：

$$T_p=\begin{pmatrix} C_{p11} & \cdots & C_{p1n} \\ \vdots & \ddots & \vdots \\ C_{pn1} & \cdots & C_{pnn} \end{pmatrix}(P=1,2,\cdots,n) \tag{3-19}$$

则判断矩阵（综合各专家意见后）为：

$$T=\begin{pmatrix}\frac{1}{m}\sum_{p=1}^{n}C_{p_{11}} & \cdots & \frac{1}{m}\sum_{p=1}^{m}C_{p_{1n}}\\ \vdots & \ddots & \vdots\\ \frac{1}{m}\sum_{p=1}^{m}C_{p_{n1}} & \cdots & \frac{1}{m}\sum_{p=1}^{m}C_{p_{nn}}\end{pmatrix}=\begin{bmatrix}b_{11} & \cdots & b_{1n}\\ \vdots & \ddots & \vdots\\ b_{n1} & \cdots & b_{nn}\end{bmatrix} \quad (3-20)$$

（三）计算权重

根据判断矩阵（3－20），计算判断矩阵的特征向量，后归一化处理式（3－23），满足条件 $\sum_{j=1}^{n}a_i=1$，则特征向量 $A=(a_1,a_2,\cdots,a_n)^T$ 就是权重向量，即是各指标（因素）相对上一层次指标（一级指标）的相对重要程度。具体计算过程如下：

第一，计算判断矩阵每一行元素的乘积：

$$M_i=\prod_{j=1}^{n}b_{ij}(i=1,2,\cdots,n) \quad (3-21)$$

第二，计算 M 的 n 次方根

$$\overline{W}_i=\sqrt[n]{M_i} \quad (3-22)$$

然后，将 $\overline{W}=(\overline{W}_1,\overline{W}_2,\overline{W}_3)^T$ 进行归一化处理，即

$$a_{ij}=\frac{\overline{W}_i}{\sum_{i=1}^{n}\overline{W}_i} \quad A=(a_1,a_2,\cdots,a_n)^T \quad (3-23)$$

为所求的特征向量。

第三，计算最大特征值：

$$\lambda_{\max}=\sum_{i=1}^{n}\frac{(TA)_i}{nA_i} \quad (3-24)$$

（四）一致性检验

因为考虑到在电商物流生态目标优化评价过程中，答卷者不可能做到对比较复杂事物中的因素看法或认知保持完全一致，所以会存在 $C_{ij}\cdot C_{jk}=C_{ik}(i,j,k=1,2,\cdots,n)$ 难以满足，但存在并不要求具有一致

性，即不要求该公式完全成立，这是多元化人类认知复杂性客观事物所决定的。因此，在得到判断矩阵最大特征值式（3－24）后，还会进行一致性检验，来所得到结论的可靠性。具体步骤如下：

首先，一致性指标计算

$$CI: CI = (\lambda_{max} - n)/(n-1) \tag{3-25}$$

（当 $C_{ij} \cdot C_{jk} = C_{ik}(i,j,k = 1,2,\cdots,n)$）公式成立：$\lambda_{max} = n$，则其他矩阵特征根均为零。具有满意一致性判断矩阵成立的条件是 λ_{max} 稍大于 n，其他矩阵特征根均接近于零，所得权重向量才会基本符合实际，这是一致性指标 CI 的依据。不同阶的判断矩阵其 CI 值是不同的，阶数 n 越大，CI 值就越大。

如表 3－3 所示，采用判断矩阵平均随机性指标修正值 RI，先计算一致性指标值 CI，然后平均得到 n 阶矩阵的随机指标 RI 值。

表 3－3　　RI 值计算

矩阵阶数	1	2	3	4	5	6	7	8	9	10	11
RI	0	0	0.58	0.96	1.12	1.24	1.32	1.41	1.45	1.49	1.52

然后计算一致性比例：$CR = \frac{CI}{RI}$，CR 为一致性指标 CI 与随机指标 RI 之比，即判断矩阵一致性比例。在此，判断矩阵一致性的条件是当 $CR \leqslant 0.1$ 时可以接受，否则需要调整判断矩阵，使之具有满意的一致性。

（五）评价权重集

对因素的权重分配为 U 上的模糊子集和 A_n，各一级和二级指标层各指标组合权重构成的权重集表示，如表 3－4 所示：

表 3－4　　指标与对应的权重集表达

指标	权重集含义
$A = (A_1, A_2, A_3, A_4, A_5, A_6)$	表示一级指标层各指标相对于目标层的权重构成的权重集

续表

指标	权重集含义
$A_1=(a_{11},a_{12})$ $A_2=(a_{21},a_{22},a_{23})$ $A_3=(a_{31},a_{32},a_{33},a_{34})$ $A_4=(a_{41},a_{42},a_{43})$ $A_5=(a_{51},a_{52})$ $A_6=(a_{61},a_{62})$	表示二级指标层各指标相对于一级指标层指标的权重构成的权重集

（六）评定集建立并赋值

设评定集 $V\{v_1,v_2,\cdots,v_m\}$，m 表示评价的等级数，每一个等级会有一个相应的分值，评价内容采用五个等级（优秀，良好，中等，及格，差）。电商物流生态度评价的评定集设定如下：

$V=\{v_1,v_2,v_3,v_4,v_5\}$，即｛优秀，良好，中等，及格，差｝。

（七）模糊评判矩阵

首先，确定指标隶属度。根据问卷评语进行计算，设

$$r_{ij}=v_{ij}\Big/\sum_{j=i}^{n}v_{ij}(j=1,2,\cdots,m) \tag{3-26}$$

r_{ij}的值可以组成各评价层级的行向量 r_i。

然后将式（3-26）确定的各指标隶属度按照电商绿色物流生态度评价指标体系中的顺序及五个等级评语，依次对其进行排列，得到模糊评判矩阵（3-27）如下：

$$R_i=\begin{bmatrix} r_{11} & r_{12} & \cdots & r_{15} \\ r_{21} & r_{22} & \cdots & r_{25} \\ \vdots & \vdots & \vdots & \vdots \\ r_{i1} & r_{i2} & \cdots & r_{i5} \end{bmatrix},\quad \text{其中 } i=2,3,4,3,2,2 \tag{3-27}$$

（八）多因素综合评价

单因素模糊评价计算如公式：

$$B_i = A_i \cdot R_i = [a_{i1}, a_{i2}, \cdots, a_{in}] \cdot \begin{bmatrix} r_{11} & r_{12} & \cdots & r_{15} \\ r_{21} & r_{22} & \cdots & r_{25} \\ \vdots & \vdots & \vdots & \vdots \\ r_{n1} & r_{n2} & \cdots & r_{n5} \end{bmatrix}$$

$$= [b_{i1}, b_{i2}, \cdots, b_{i5}] \tag{3-28}$$

得到 $i = 1,2,3,4,5,6$ 时对应值为 2,3,4,3,2,2。

将式（3－28）中单因素模糊评价结果 $b(j = 1,2,3,4,5)_{ij}$ 构成高一级的评价矩阵 R_i，最后根据构成的更高一级的矩阵 R_i 求得电商物流生态（U）的综合评价矩阵如下：

$$B = A \cdot R = [a_1, a_2, a_3, a_4, a_5, a_6] \cdot \begin{bmatrix} R_{11} & R_{12} & R_{13} & R_{14} & R_{15} & R_{16} \\ R_{21} & R_{22} & R_{23} & R_{24} & R_{25} & R_{26} \\ R_{31} & R_{32} & R_{33} & R_{34} & R_{35} & R_{36} \\ R_{41} & R_{42} & R_{43} & R_{44} & R_{45} & R_{46} \\ R_{51} & R_{52} & R_{53} & R_{54} & R_{55} & R_{56} \\ R_{61} & R_{62} & R_{63} & R_{64} & R_{65} & R_{66} \end{bmatrix}$$

$$= [b_1, b_2, b_3, b_4, b_5] \tag{3-29}$$

由式（3－29）得到的电商物流生态（B）的评价结果集合了一级指标和二级指标的因素影响情况。由此，多级模糊综合评价过程综合了所有因素的影响，计算中对各因素进行不同权重赋值，突出了评价项目的重要性程度，具有方便性、直观性和科学性，能够最大限度地反映电商物流生态化实际情况。

三、模型检验分析

为了使本书的研究成果更具有实践指导意义，本书以宁波某电商企业为研究对象，通过调研完成了对这个样本的电商绿色物流生态度评价，从而为下一步电商绿色物流生态体系目标优化奠定良好条件。以下为 10 位专家对一家电商企业绿色物流生态度评价，以此来检验本书所构建的评价体系及其相关模型的科学性和可应用性。

（一）绿色物流生态指标权重计算

$$A_i = [U_{31} \quad U_{32} \quad U_{33} \quad U_{34}] = \begin{bmatrix} 1 & 1 & 2 & 3 \\ 1 & 1 & 2 & 3 \\ \frac{1}{3} & \frac{1}{2} & 1 & \frac{1}{3} \\ \frac{1}{2} & \frac{1}{2} & 2 & 1 \end{bmatrix}$$

由表3-5中的计算结果得到指标权重为：

$$A_i = (a_{31}, a_{32}, a_{33}, a_{34}) = (0.35, 0.35, 0.11, 0.19)$$

表3-5　　绿色物流生态指标权重的计算

U_3	U_{31}	U_{32}	U_{33}	U_{34}	A_i	$\lambda_{max}=4.02$ $CI=0.00358$ $RI=0.8895$ $CR=0.00406<0.1$
U_{31}	1	1	2	3	0.35	
U_{32}	1	1	2	3	0.35	
U_{33}	1/3	1/2	1	1/3	0.11	
U_{34}	1/2	1/2	2	1	0.19	

同理，得到其他指标的权重值如下：

$$A = (a_1, a_2, a_3, a_4, a_5, a_6) = (0.22, 0.20, 0.10, 0.16, 0.22, 0.10)$$

$$A_1 = (a_{11}, a_{12}) = (0.53, 0.47)$$

$$A_2 = (a_{21}, a_{22}, a_{23}) = (0.23, 0.45, 0.32)$$

$$A_4 = (a_{41}, a_{42}, a_{43}) = (0.15, 0.53, 0.32)$$

$$A_5 = (a_{51}, a_{52}) = (0.62, 0.38)$$

$$A_6 = (a_{61}, a_{62}) = (0.61, 0.39)$$

（二）评价因素集

根据10位被访专家对二级目标的各项指标打分评价得到一个考

评矩阵，将考评矩阵归一化处理后得到单因素考核矩阵。10 位专家组评价情况为：优秀（0）；良好（2）；中等（8）；及格（0）；差（0）。模糊隶属度分别为：

$v_1=0/10=0$；$v_2=2/10=0.2$；$v_3=8/10=0.8$；$v_4=0$；$v_5=0$。

其他指标的打分情况，如表 3－6 所示。

表 3－6　　其他指标的打分表

指标	考核等级				
	v_1(100)	v_2(80)	v_3(60)	v_4(60)	v_5(20)
包装材料循环利用率（U_{31}）	0/10	2/10	8/10	0/10	0/10
包装减量化水平（U_{32}）	0/10	0/10	3/10	7/10	0/10
运输工具碳排放量（U_{33}）	0/10	0/10	3/10	7/10	0/10
仓储利用率（U_{34}）	0/10	0/10	10/10	0/10	0/10

将表 3－6 转化为单因素隶属度矩阵：

$$R_3=\begin{bmatrix}0 & 0.2 & 0.8 & 0 & 0\\0 & 0 & 0.3 & 0.7 & 0\\0 & 0 & 0.3 & 0.7 & 0\\0 & 0 & 1 & 0 & 0\end{bmatrix}$$

单因素模糊评价结果为：

$$B_3=A_3\cdot R_3=(0.35,0.34,0.10,0.11)\cdot\begin{bmatrix}0 & 0.2 & 0.8 & 0 & 0\\0 & 0 & 0.3 & 0.7 & 0\\0 & 0 & 0.3 & 0.7 & 0\\0 & 0 & 1 & 0 & 0\end{bmatrix}$$

$$=(0,0.07,0.522,0.308,0)$$

由计算结果得到电商物流中的包装、运输和仓储的生态化指标单因素模糊评价结果（B_3）中模糊评价向量最大值是 0.522，为“良好”等级。运用同样的方法可以计算出其他单项指标的分值，结果如下：

$$B_1 = (0.116, 0.59, 0.252, 0.042, 0)$$

$$B_2 = (0, 0.436, 0.357, 0.207, 0)$$

$$B_4 = (0, 0.211, 0.789, 0, 0)$$

$$B_5 = (0, 0.45, 0.55, 0, 0)$$

$$B_6 = (0.1, 0.736, 0.164, 0, 0)$$

（三）综合模糊评价

电商绿色物流综合生态度的关系矩阵为：

$$R = \begin{bmatrix} 0.116 & 0.59 & 0.252 & 0.042 & 0 \\ 0 & 0.436 & 0.357 & 0.207 & 0 \\ 0 & 0.07 & 0.522 & 0.308 & 0 \\ 0 & 0.211 & 0789 & 0 & 0 \\ 0.1 & 0.736 & 0.164 & 0 & 0 \end{bmatrix}$$

则得到电商企业绿色物流生态度的模糊层次综合评价结果为：

$$B = A \cdot R = (0.20, 0.22, 0.16, 0.10, 0.24, 0.08) \cdot \begin{bmatrix} 0.116 & 0.59 & 0.252 & 0.042 & 0 \\ 0 & 0.436 & 0.357 & 0.207 & 0 \\ 0 & 0.07 & 0.522 & 0.308 & 0 \\ 0 & 0.211 & 0789 & 0 & 0 \\ 0.1 & 0.736 & 0.164 & 0 & 0 \end{bmatrix}$$

$$= (0.031, 0.513, 0.436, 0.02, 0)$$

（四）检验分析结论

从单项指标分值评价结果可以看出，社会绩效和生态文化评价指标属于“优秀”，其他指标均为“中等”水平。从上式中可以得到0.513为隶属度最大值，则调研样本电商企业绿色物流生态化综合评价属于“良好”的等级。

因此，我们可以得出，目前该宁波电商企业在实施绿色物流过程中的包装、运输和仓储的生态化程度良好，社会绩效和生态文化为优秀，其他指标为中等，这些对于该电商企业进行绿色物流优化能够起到很好的指导作用。也进一步得到，模糊综合评价方法在电商绿色物流生态目标优化中取得较好的运用，值得推广和进一步深入研究。

第四章　跨境电商物流

第一节　跨境电商物流的构成

一、基本概念

作为国际贸易的重要补充，跨境电商业务随着跨境电商综试区的大量扩容，其规模迅速膨胀，对其专项物流的诉求也越来越强烈，跨境电商物流的地位也愈来愈重要。

跨境电商物流，一般是指在跨境贸易电子商务发展与需求的引致下，物流企业采用计算机网络技术、自动化物流设备和先进的管理信息系统，进行一系列的编码、分类、采购、仓储、配送等物流活动，按照指定的时间将确定数量、质量的商品传递给电子商务消费者的过程。具体来说跨境电商物流的实际含义就是跨（关）境的供需双方通过平台完成交易后，将商品由一个关境区域运送到另一个关境区域的物流活动。

在国际贸易形势逐步严峻的情况下，跨境电商无形中架起了一座联系国内、国际两个市场的便捷桥梁，这座桥梁的地位变得越来越重要。与之相适应的跨境电商物流的作用也更加凸显。跨境电商物流体系不仅涵盖国内物流、国际物流和保税物流等环节，还要涉及口岸海关的多个监管环节。由于跨境电商物流与跨境电商平台的业务相关性，其运费的结算、保险费的支付等事项与平台存在紧密关联。

二、跨境电商物流运作的环境要素

（一）运营环境

跨境电商启动的初期，其对应的物流模式主要包括：海外仓模式、保税区模式和直邮模式。这些模式正在随跨境贸易电商综试区的规模扩大而不断创新。不论哪一种模式，均涉及生产商、消费者、物流商、平台商、支付商、海关、口岸办等多个节点。

如果放到全球采购供应链这个大背景下分析，跨境电商物流过程又可划分为境外节点、平台节点、口岸监管节点和境内节点四个板块。跨境电商综试区规模的扩大，为跨境电商物流的运作提供了更多改革创新、融合发展的空间，海外式、保税区和直邮相互融合，专业物流对跨境电商的支撑更加高效。

（二）影响要素

但是，随着中美贸易摩擦或者说中美贸易战愈演愈烈的现状，跨境电商物流在国际政策（包括贸易政策、货币政策、产业政策、贸易壁垒等）、园区环境（包括保税仓设置、海外仓布局、园区规模、外联运输方式等）、平台服务（包括交易平台、结算平台、货代平台、资讯平台等）、口岸监管（包括通关监管、检验检疫、监管仓服务、关税收缴等）等方面正面临新的严峻挑战，如图 4－1 所示。为此，我国跨境电商物流更加密切地依托各跨境电商综试区，进行流程再造，为跨境电商业务提供高质量服务。

图 4－1　新时代跨境电商物流高质量运作的影响因素

三、跨境电商物流影响因素分析

（一）国际政策因素

国际政策在宏观层面对跨境电商物流施以影响，主要体现在：

一是贸易政策对跨境电商贸易产生巨大影响，进而传导至跨境电商物流，造成诸多环节的不确定性。

二是跨境电商物流费用的结算涉及两个或两个以上国家的货币，各国的货币政策直接导致汇率波动，如果跨境电商物流企业不能有效控制汇率风险，未来必然面临企业之间利用汇率波动展开的价格战。

三是产业政策对跨境电商物流的影响是相互的，调整产业政策会引导跨境电商物流企业涉足不同的行业领域，为促进跨境电商转型升级起到了极其重要的作用，同时面对跨境电商消费者多样化、多层次的需求，跨境电商物流必须与供应链各节点企业加强合作，构建完善的服务体系，进而引发生产方式、产业组织方式的变革，成为产业政策调整的推动者。

四是跨境电商物流不仅会面临传统国际贸易中的贸易壁垒，还会因门槛低、碎片化、零散化的特点，受国际物流网、物流信息标准化、物流信息系统等方面形成的新壁垒的影响。

（二）园区环境因素

保税仓和海外仓是相辅相成的。作为跨境电商物流集货的关键节点，实现科学的保税仓设置与海外仓布局既是节约跨境电商物流成本的重要途径，也是防控贸易摩擦风险的应对手段。

除了保税仓和海外仓，跨境电商物流也需要有完善的跨境电商园来支撑其服务效率，园区规模的大小，直接影响到跨境电商的产业集聚效应，进而影响园区所在地跨境电商物流企业的集群发展。

外联运输是跨境电商物流企业应对贸易摩擦风险的重要突破，跨境电商物流企业通过外联运输的方式可实现共同承担跨境电商物流产业链协同发展的重任及风险，并对现有资源进行整合、分配、完善及优化，形成抱团合作的良好局面。

(三) 平台服务因素

跨境电商物流涉及境内、境外两个阶段，物流配送涉及环节多，情况复杂。跨境电商物流企业积极参与交易平台、结算平台、货代平台、资讯平台等跨境电商大数据信息平台的建设，不仅可实现信息资源的共享及各类物流资源的合理调度和配置，提升跨境电商物流的配送效率和服务水平，还可以提高跨境物流企业的增值服务能力和供应链风险防控能力。

(四) 口岸监管因素

口岸是一个国家对外开放的门户，跨境电商物流作为国际贸易运输的一种，离不开口岸对进出口货物、运输工具、工作人员的监管、检验、检疫、缉私、征税。跨境电商物流与口岸监管一方面是管理和被管理的关系，同时也是相互支撑、相互促进的关系。

完备的口岸监管有助于“单一窗口”的发展和全国通关一体化的推进，进而实现进出口货物的便捷通关，提高跨境电商物流效率。反之，口岸监管的短缺或效率低下都将严重制约跨境电商物流的快速发展，跨境电商物流发展滞后又将降低口岸监管要素整合的动力和监管制度的创新。

第二节　发展现状

一、基本状态

发展跨境电商是推动外贸高质量发展的重要举措，党的十九大报告明确提出，拓展对外贸易，培育贸易新业态新模式，推进贸易强国建设。随着“一带一路”“互联网+”等一系列国家战略的实施，我国跨境电子商务发展迎来重大历史机遇，根据中国海关总署数据显示，近几年跨境电商行业经历了井喷式发展，跨境电商零售进出口总额从2015年的360.2亿元至2018年的1347亿元，激增了近4倍，如图4-2所示。作为全球规模较大、成长最快的跨境电商市场之一，我国跨境电商物流服务体系一直在不断完善。目前，我国跨境电商物流企业的国际网络、海外仓已覆盖50多个国家和地区，同时跨境电商物流企业还加快在海外重要节点城市构建物流集散枢纽，形成以海外仓、海外物流集散枢纽为核心的跨境电商物流综合解决方案。

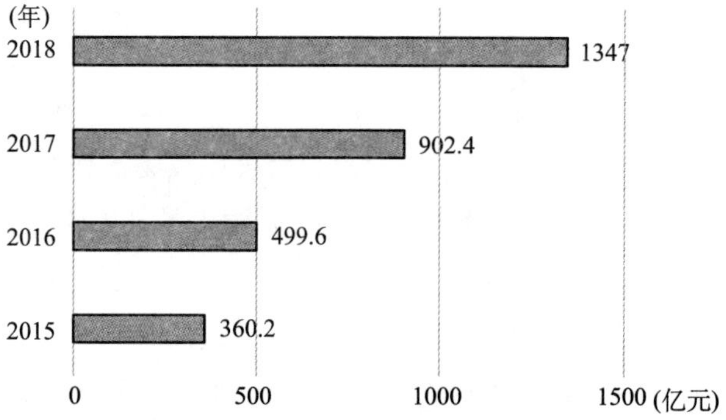

图4-2　2015—2018年我国零跨境电商零售进出口总额

数据来源：中国海关总署。

二、主要成就

（一）跨境电子商务综合试验区试点城市不断增加

作为推进跨境电商物流发展的最核心载体，党中央、国务院高度重视跨境电子商务综合试验区的建设工作。2015年3月7日，我国首批跨境电商综试区——中国（杭州）跨境电子商务综合试验区获批。2016年1月6日，国务院批准在宁波、天津、上海、重庆、合肥、郑州、广州、成都、大连、青岛、深圳、苏州等12个城市设立第二批跨境电子商务综合试验区。2018年7月24日国务院批准了北京、呼和浩特、沈阳、长春、哈尔滨、南京、南昌、武汉、长沙、南宁、海口、贵阳、昆明、西安、兰州、厦门、唐山、无锡、威海、珠海、东莞、义乌等22个城市设立第三批跨境电子商务综合试验区。2019年12月15日，国务院同意在石家庄、太原、赤峰、抚顺、珲春、绥芬河、徐州、南通、温州、绍兴、芜湖、福州、泉州、赣州、济南、烟台、洛阳、黄石、岳阳、汕头、佛山、泸州、海东、银川等24个城市设立第四批跨境电子商务综合试验区。2020年4月27日，国务院同意在雄安新区、大同、满洲里、营口、盘锦、吉林、黑河、常州、连云港、淮安、盐城、宿迁、湖州、嘉兴、衢州、台州、丽水、安庆、漳州、莆田、龙岩、九江、东营、潍坊、临沂、南阳、宜昌、湘潭、郴州、梅州、惠州、中山、江门、湛江、茂名、肇庆、崇左、三亚、德阳、绵阳、遵义、德宏傣族景颇族自治州、延安、天水、西宁、乌鲁木齐等46个城市和地区设立第五批跨境电子商务综合试验区。通过6年多的试点，跨境电子商务综合试验区已探索形成了以“六体系两平台”为核心的管理制度，综试区内跨境电商贸易成交额连续两年增长1倍以上，已成为外贸创新发展的新亮点、转型升级的新动能，并为“一带一路”的建设提供了有力支撑。

（二）海关推进跨境电商物流优质发展的环境基本形成

2018年，通过将出入境检验检疫职责并入海关总署、口岸核验证件从86种精简到46种、推进全国通关一体化，国际贸易“单一窗口”标准版拓展至12大基本服务功能，并构建进出境邮递物品信息化管理系统，实现98%的跨境电商报关单无纸化，从源头上提高了通关效率，有效地压缩了跨境电商进出口通关时间，根据海关总署统计显示，2018年进口、出口通关时间分别压缩了56.4%和61.2%，增加了跨境电商物流的畅通度，提升了跨境电商的服务效率。

（三）跨境电商物流企业积极拓展物流渠道

目前我国跨境电商主要的物流配送方式有四种：一是利用万国邮政联盟系统的邮政小包、国际 E 邮宝和 EMS；二是国际商业快递，如 DHL、UPS、TNT、FedEx 等；三是跨境电商或第三方物流企业的海外专线；四是跨境电商自营物流集货服务，如亚马逊、京东等。每种跨境电商物流配送方式各有利弊，根据物流中的二律背反理论，高水平的物流服务就意味着较高的物流成本。比如，速度最快的是国际商业快递，但物流成本也是最高的，邮政小包物流成本虽然最低，但速度和安全性是最差的。

三、存在问题

通过对我国跨境物流研究分析，目前现有的跨境电商物流模式尚不能满足跨境电商产业需求，存在着诸如物流配送期长、时效不稳定等问题。

（一）物流配送期长、时效不稳定

跨境电商物流渠道长、货代公司层层转包等问题导致跨境电商物流时效性降低，特别是电商购物节时更是凸显跨境物流运能严重不足，配送期长达数天或数周，不但降低了消费者的跨境电商购物体验，还增加了商品在漫长的配送流程中出问题的概率，削弱了跨境电商商品竞争优势。

（二）贸易政策多变、货源不稳定

由于美国推行贸易单边主义和霸凌思维，受其影响，世界多个国家或地区不断调整贸易政策，原有的国际化采购供应链被打乱，整个供应体系面临重构。在这个背景下，跨境电商物流企业的货源受到极大影响，浮动幅度较大，继而影响跨境电商物流企业的计划性。

（三）跨境物流环节多、安全环境不稳定

由于跨境电商物流涉及国际物流、保税物流、国内物流多个环节，在经营过程中海外仓、保税仓、监管仓等手续繁杂，国际汇率变化较快，结算系统存在滞后风险，加上商品质量问题需要退货或者逆向物流问题，平台间对接协调问题，海关、国检、海事、码头等数据共享问题，等等，诸多因素无形中为跨境贸易电子商务物流系统带来一系列安全隐患，需要及早防控。

第三节　跨境电商物流的发展路径

一、创新海外仓和保税仓的运营模式

截至2020年4月，国家级跨境电商综试区已达105个，经过跨境电商试点城市到跨境电商综试区的试点试验，跨境物流的B2C模式也由起初的小额邮包（行邮）、海外仓、聚集后规模化运输，走向规模化、专业化和成熟化。

一开始采用的国际小包方式主要通过中国邮政小包、香港邮政小包和新加坡邮政小包等运行，一般运输时间都长，违背了物流快速响应的初衷。而国际快递如DHL和EMS等，尽管时效有所提升，运作成本又较高。相比之下，跨境电商物流绩效最高的方式还是海外仓和保税仓。

（一）海外仓

海外仓顾名思义就是企业建立在海（关境）外的仓储设施。对跨境电商而言，海外仓是指国内跨境电商企业将商品通过大宗运输的

形式运往目标市场国家（或地区），在当地建立仓库、储存商品，然后再根据当地的消费者的需求订单，即时响应，及时从该仓库直接进行分拣、包装和配送，送达消费者手中。国家为支持跨境电商及其物流企业的发展，跨境电商综试区启动了在海（关境）外建立公共海外仓的计划并已付诸实施，这就使海关的监管模式进行了巨大创新。这一创新为跨境贸易电商物流企业的发展注入了新活力，其运作流程更加高效。如图 4－3 所示。

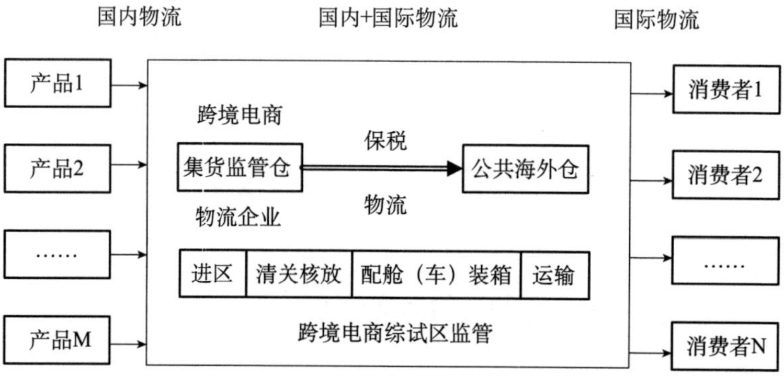

图 4－3　跨境电商综试区支撑模式下公共海外仓货物出口物流运作流程示意图

从理论上来说，海外仓也可以被视为境外采购、储存的场所，就像运输工具来回满车运输一样。海外仓模式显然是跨境电商物流企业发挥物流中心或物流仓库集疏增值功能的一种方式。在跨境电商综试区的支持下，跨境电商企业受到国家专项政策的保护和支持，在通关、检验检疫、税收减免或退返诸方面均享受高效便利化支持。

（二）保税仓

与海外仓相对应的就是保税仓。它是由跨境电商企业申请并由海关批准设立的供进口货物储存而无须缴纳关税的仓库，储存于该仓库内的进境货物可进行流通加工作业，这些货物享受保税和免税政策，如真正进入国内市场则须缴纳关税。从理论上说，也可以赋予保税仓出口监管仓的功能，将其视为出口集货的场所，为跨境电商物流企业提供更加丰满的业务运作。在跨境电商综试区内的保税仓，为跨境电商物流企业和消费者带来极大的便利。境外商品存入保税仓后，不必缴纳进口关税，可自由出口，只需缴纳存储费和少量管理费用，也就是商品全部由海（关境）外批量采购，将货物通过较为廉价的运输方式集中囤积在跨境电商综试区批准设立的保税仓内，当跨境电商平台的网上订单产生时，再直接清关发货进行国内物流配送。

（三）海外仓和保税仓的地位

政府支持跨境电商物流企业建设出口产品海外仓或进口商品的保税仓，既推动了新时代跨境电商发展全球供应链采购模式的创新，也是在中美贸易摩擦复杂化背景下实现对外贸易稳增长和优化产业升级的一项重要举措。

对跨境电商物流企业而言，海外仓和保税仓建设极大地降低了成本。传统商品进出口模式需经过境内外进（出）口商、批发商、零售商、国内物流和国际物流、海关、检验检疫等多个环节，才能将商品送到消费者手中。而海外仓和保税仓可以让跨境电商物流企业将货物批量发送至境外（内）仓库，不仅扩大了商品种类、节约了成本，还减少了中间环节，实现销售和配送的当地化。

另一方面，海外仓和保税仓已成为展示品牌、售后服务和业务咨询的窗口。据宁波跨境电商综试区的数据显示，海外仓和保税仓的物流环节成本比零售直邮方式降低了20%～50%，物流运输和配送时间更是从20天左右缩短到了3～5天。而对于口岸海关监管环节而言，随着海外仓和保税仓的设立，跨境电商物流企业实现了清关的规模化和规范化，在大数据和智能技术环境中，更有利于提高通关效率、降低监管成本，避免偷税漏税。

二、以保税集货促进货物进口跨境电商物流协同发展

（一）保税集货模式

在从事货物进口的跨境电商物流运作中，最常用的一种模式就是保税集货模式。这种模式是指跨境电商物流企业根据境内消费者在跨境电商平台上产生的订单，先在境外采购货物，以跨境电商综试区在海外设立的公共海外仓为集中点，统一集聚打包，然后以集货方式进境，在跨境电商综试区（或保税物流中心）按照相关通关便利化流程，接受海关、检验检疫等口岸海关监管，清关后由电商物流企业配送到消费者手中。如图 4－4 所示。

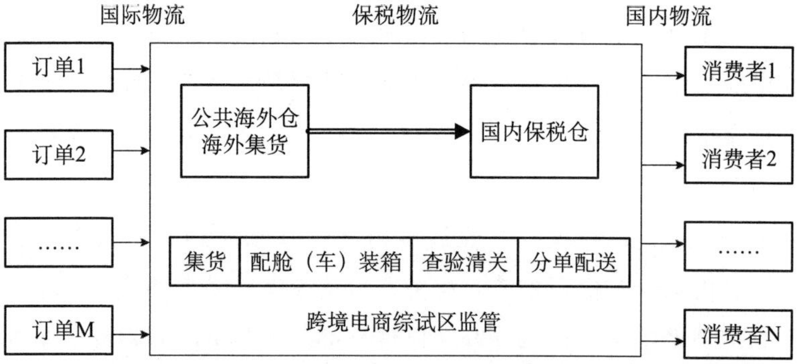

图 4－4 跨境电商综试区支撑模式下海外集货进口物流运作流程示意图

（二）保税集货模式的特点

跨境电商物流企业在应用集货模式运营时，往往能准确把握海外供应商供货的时间节点，缩短货物在公共海外仓的停留时间，避免将未出售的货物预先囤积在仓库内，既可降低运营成本也可规避销售风险。

受中美贸易摩擦持续发展的影响，全球供应链体系必然受到冲击，跨境电商物流企业采用保税集货模式供货的风险也在增加，因

此，电商物流企业在为客户提供价廉优质服务的同时，还要将风险的预防、控制和分担机制提升到新的高度，谋划迎接市场变化的预案，以应对突发事件的冲击。

三、以保税备货支撑货物进口跨境电商物流敏捷发展

（一）保税备货模式

当前，在跨境电商综试区通关监管政策的支撑下，货物进口的跨境电商物流企业应用最多的一种模式就是自身备货模式，它是指跨境电商物流企业根据市场和用户需求规律，从海外供应商那里批量采购一定数量的商品通过保税物流方式运至国内保税仓（保税物流中心），一旦跨境电商平台上产生订单后货物就可直接从保税仓发货，在进行清关后及时送到消费者手中，具有快速敏捷性。如图 4－5 所示。

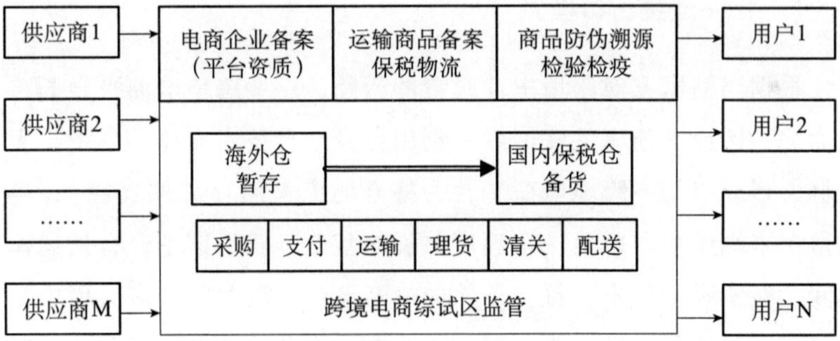

图 4－5 跨境电商综试区支撑模式下保税备货进口物流运作流程示意图

（二）保税备货模式的特点

根据目前海关监管政策，保税备货模式由保税仓发货，配送时效最快，但需承担商品过期的销毁成本和退货成本。因为保税备货模式下商品未进行缴税，且无法缴纳行邮税，所以退货商品无法退回保税

仓进行二次销售，只能是自建退货仓存放退货商品，承担着较大的退货成本。所以，跨境电商物流企业在利用保税备货模式时，一般把进货范围划定在标准品、受到市场检验认可的热款商品以及大众商品等。

在现代科技创新环境下，大数据和智能系统足以支撑跨境电商物流的优质运作。因而，规模较大的跨境电商物流公司通过保税备货进口模式，可以进一步拓展市场占有率，增强自身的规模经济能力，压缩同行中小企业的运营空间。

在中美贸易摩擦持续发展过程中，跨境贸易电商物流企业必然受到与美方深度关联的供应链节点企业的制约，因而，在全球供应链采购过程中要及时调整、优化合作伙伴，保持供应链节点的稳定性，以确保跨境电商物流保税进货模式可持续、高质量地发展。

四、以一般进出口模式为对象推进综合发展

（一）一般进出口模式

根据当前国家对跨境电商政策的激励，一些跨境电商平台与跨境电商综试区或其他海关联网后，利用自身平台技术支撑，广泛扩大用户群，形成以某一跨境电商平台为核心的庞大用户“朋友圈”，再利用每个末端用户可减免一定额度关税的政策，获得该平台有效运作的空间。在实际操作中，符合条件的电商平台与海关联网后，境内个人就可以通过该网站进行跨境网购，该电商平台再将电子订单、支付凭证以及电子运单等传输给海关，该平台或其代理人向海关提交清单、运送方式，通过海关设立的邮件、快件监管场所入境，并依据跨境电商零售进口商品征收关税，完成商品通关程序。或者与通过跨境电商综试区建立紧密联系，跨境电商平台企业与综试区海关密切协作，向跨境电商综试区申请采用“简化申报、清单核放、汇总统计”方式通关，这也就是跨境电商综试区通常实施的一般进出口模式。这一模

式下，跨境电商物流公司与该平台和综试区必须密切关联，才能形成跨境电商链的健康有序运作。这种模式也是跨境电商物流企业综合发展可选择的一条重要路径，如图 4－6 所示。

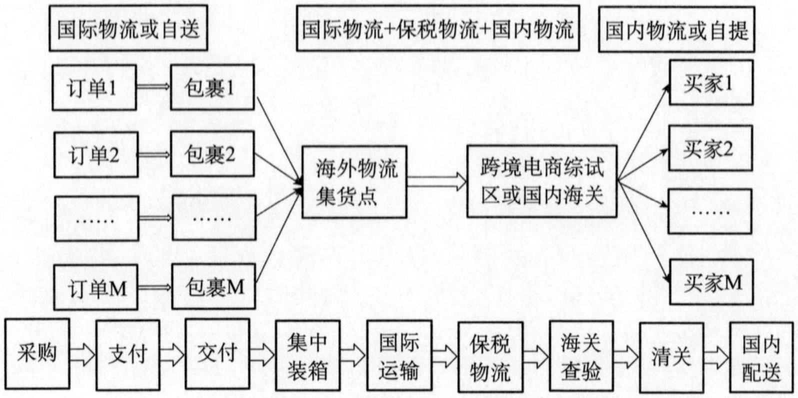

图 4－6　一般进出口模式下跨境电商物流运作流程示意图

（二）一般进出口模式的特点

一般进出口模式下跨境电商业务集中度不高，尤其是受中美贸易摩擦的影响，货单量上下浮动较大，这种模式一般有利于中小型跨境电商物流公司的发展，由于公司规模小，灵活性强，服务末端用户也将更加灵活。

第五章　跨境贸易模式下的电商物流

第一节 概念辨析

一、基本论点

（一）跨境电商

目前，学术界关于跨境电商的定义比较一致，众多学者认为跨境电商的实际含义就是不同国家的经济主体通过电子商务平台进行资源交易，实现资源跨境、合作跨境；或者说跨境电商是借助互联网的手段，将所交易的项目环节电子化，通过跨境运输来实现交易的一种手段。孟祥铭等（2014）认为跨境贸易电子商务是指分属于不同国家或地区的交易主体，通过电子商务手段将传统进出口贸易中的展示、洽谈和成交环节电子化，并通过跨境物流及异地仓储送达商品、完成交易。曾望（2017）进一步强调跨境电商是通过电子商务平台达成交易、进行支付结算，并通过跨境物流送达商品、完成交易的一种国际商业活动。

据阿里研究院《2016 中国跨境电商发展报告》显示，跨境电商的概念可分为广义和狭义：广义的跨境电子商务概念是指不同国家的交易主体通过网络形式进行传统的国际贸易，从而实现产业链条的资源交换、互动，是一种新的贸易方式；狭义上来说，国际上把跨境电子商务通常称为 Cross-border E-commerce，基本上相当于跨国零售，主要是指两个不同的主体进行小批量、小包形式的跨境物流交易，它具有交易金额小、交易频次高的特点。蔡庆辉（2001，2002）站在国际贸易税务协调的视角，明确指出了一系列数字化信息利用国际互联网渠道，通过电子方式交付以代替传统的交付方式，使人们实现“足不出户”就可以开展跨境服务活动成为可能，这就产生了跨境贸易电子商务活动。鲁振纲（2003）指出电子商务的“无址化”和

"无纸化"突破了国界和地域，单证的数字化、电子化、无形化，促进了国际化的商务活动，构成了跨境电子商务网络。方少林（2011）强调跨境电子贸易综合平台是指参与国际贸易及其运输的各方均通过单一的电子平台提交满足要求的标准化信息和单证。

一般说来，跨境电商至少要分属两个不同的国家或者跨国经济组织，通过电子商务网络平台进行交易，并且采用线上支付。本研究认为：跨境贸易电子商务是指分属关境内外的交易双方，基于注册备案的电商平台，依托口岸资源的协同监管，高效实施跨境货物商品交易、网络支付和跨境物流的国际商务活动。

与传统外贸相比，由于跨境电商与口岸资源要素的良性互动，跨境电商的交易成本更低、物品通关更便捷，跨境电商供应链各节点的协同配合更顺畅，跨境电商业务总流程更优化。如图 5－1 所示。

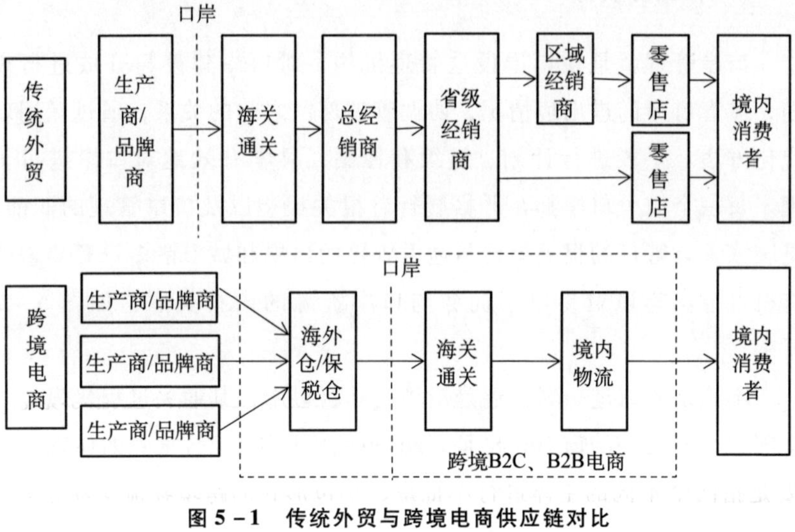

图 5－1　传统外贸与跨境电商供应链对比

（二）跨境电商物流

跨境电子商务物流是指，在跨境贸易电子商务发展与需求的引致下，物流企业采用计算机网络技术、自动化物流设备、先进的管理信息系统，进行一系列的编码、分类、采购、仓储、配送等物流活动，按照指定的时间将确定数量、质量的商品传递给电子商务消费者的过程。具体来说跨境电商物流的实际含义就是跨区域的供需双方通过平台完成交易后，将商品由一个关境区域运送到另一个关境区域的物流活动。

目前所涉及的跨境电商物流模式主要包括：海外仓模式、保税区模式和直邮模式。这三种模式和国际贸易习惯、法律政策以及市场导向结合起来，可以更好地与跨境电商的实际情况结合在一起，发挥跨境物流的最大效用。

二、口岸资源及管理

（一）口岸资源

口岸管理就是在口岸设立管理机构，对口岸建设与开放进行规划，监管口岸的进出境情况，协调管理部门之间的关系，通过运用现代化方法、手段进行计划、组织和控制，科学有效地对口岸进行管理。每一个通关口岸都在严格履行着报关报检以及口岸管理的职能，是国家垂直管理的报关报检与地方管控的口岸和城市诸多资源要素的有机融合。跨境贸易电子商务与口岸资源的内在关联，如图 5 - 2 所示。

不论是沿海港口城市还是沿边的陆路口岸，其通关过程代表着一个国家文明发展的窗口，也是其现代化、科学化综合素养的体现。在关检融合和区域通关一体化的大趋势下，口岸通关资源的协同发展是新时代的呼唤，是市场经济与国家发展的必然诉求。

（二）物流支撑

物流支持电子商务的完整交易，是通过服务信息流、资金流及商流完成的，电子商务的发展促进了物流的发展，同时也对物流提出了

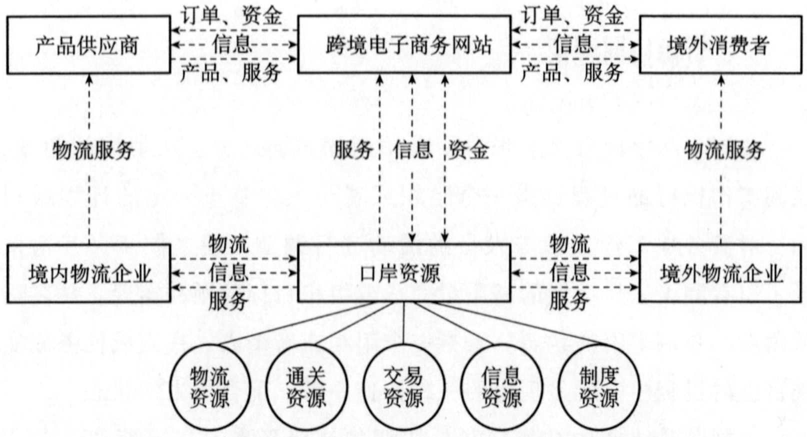

图 5-2　跨境贸易电子商务与口岸资源内在关联示意图

更高的要求。而物流作为电子商务交易过程组成部分，已成为目前电子商务良性发展的竞争要素之一，物流服务水平的高低直接影响电子商务能否打破瓶颈。所以，物流的有效支撑对于电子商务是十分重要的。

从特点来看，物流支撑体系的目的是通过整合物流资源要素完成物流功能从而实现与电子商务的一体化发展，因此，除了拥有电子商务的本质特点，如信息化、网络化等外，电子商务物流还具备自动化、智能化和柔性化的特点。在电子商务物流日常运作中已经表现出信息化，即信息共享程度越来越高、信息化技术越来越成熟、信息化设备越来越完善。网络化依赖信息化设备与工具，借助信息化手段，通过建设物流网络体系整合资源，提高物流管理水平和电子商务作业效率，而电子商务物流的作业过程从自动化向智能化的转变，是借助现代高阶的数据分析技术，不断优化物流管理流程，使业务人员决策更加精准。柔性化则体现在电子商务物流较以往物流配送模式而言，突出个性化，注重满足客户的实际需求。智能化也是电商物流未来着力方向，加之柔性化的特点使得电商物流运作效率及灵活度都有所提升。

三、资源协同理论

协同，从字面意义上来看，有动词和名词之分。从动词的角度，强调工作执行的过程，指一个组织或者个人，基于一定的计划或目标，对其各项工作及参与人员的活动进行调节，使之同步，互为依托，以有利于工作计划的高质量完成或组织目标的顺利实现。从名词的角度，强调事物的状态，是指一个组织或者个人，在完成任务或实现目标的过程中，所呈现出的一种协作一致、配合得当的状态。

协同既是协调的结果，又是协调的高级形态。从字面意义上来说，我们可以认为协同就是协调、同步。人们在此基础上，衍生出“协同论”和“协同效应”的概念。

协同论诞生于20世纪70年代，是由赫尔曼·哈肯（Haken H.，1976）首先提出的。他认为，自然界可以被看作一个统一体，这个统一体就是一个大系统，这个大系统又是由许多小系统组成的。它们之间既相互支撑又相互制约，形成平衡。一旦平衡被打破，就会形成新的系统。在旧系统向新系统转变的过程中，往往具有规律性，研究这个规律的科学就是协同论。

协同论是在系统论、信息论、控制论、突变论等现代理论的基础上发展起来的，它借鉴了结构耗散理论的一些原理，融合统计学和动力学方法，提出了多维相空间理论，揭示了物态从“旧结构”的不稳定性，到新物态的相关变化驱动力，到“新结构”取代“旧结构”的一般机理及规律性。

（一）协同理论

1. 协同效应

协同效应（Synergy Effects），是指在一个系统中，通过系统元素的协同，可以产生“1+1>2”的效果，从而产生巨大的效应。协同效应有外部协同和内部协同之分，外部协同是指一个区域内众多的资源载体相互整合，形成了比整合前具有更大影响力的新资源载体；内部协同则指资源载体内设部门或内部流程因整合协作而形成的整体效应。

2. 伺服原理

伺服原理强调序参量在系统临界点的关键地位和作用，序参量决定着系统的实现结构，支配着系统的其他变量。对于末端配送系统来说，要找出关键环节，这是降低配送成本、提高配送效益的重点，也是推进物流配送模式创新的关键所在。

3. 自组织原理

自组织原理是指在一个开放的环境下，即使一个系统没有受到外部力量强力改变，其内部子系统之间也在接受外部环境的影响，这时其内部结构或功能也会出现一定规律性的改变，形成新的结构、空间模式或增添新的功能。

（二）资源整合理论

资源整合理论是由资源基础理论发展而来的，资源基础理论是指企业通过识别调配各种资源形成的独特竞争优势。Barney（1986；1991）从企业层面角度分析认为企业内部资源配置比外部背景优势更有利于促进企业健康快速稳定地发展；Peteraf（1993）站在市场的角度认为使企业占据一定市场地位的因素来自企业特殊的不可流动的资源。Wemerfel（1984）则在两者基础上通过进一步分析资源，发现企业对特殊性、不可流动性的资源开发程度决定了企业的市场竞争优势。因此企业在市场中的定位离不开资源基础理论的支持。

资源整合是指企业利用计划、组织、协调控制等方式，对信息资源、能力资源及客户资源进行整合，不断契合市场需求与客户要求，实现企业整体利益最大化。作为企业的日常经营活动，资源整合不仅是战略调整手段，也旨在提升企业的综合竞争优势。资源整合具有动态性、价值增值性、系统性和可激活性等特点。

从整合视角，将跨境贸易电子商务和物流及口岸通关资源纳入一个网络整体来进行资源合理配置，供应链上的各个节点企业拓展了可以使用的物流资源，提高了物流服务能力，提升了其竞争优势。

（三）协同增效理论

协同增效又称协同效应，最初指物理或化学反应中整体效应大于组成成分单独作用产生的效应之和，即得到“1 + 1 > 2”的效果，2000 年时安德鲁·坎贝尔等在《战略协同》中认为协同效应产生于公司的其他部门无成本地使用某部门的资源，尤其是隐性资源。因此现多用来描述企业发生并购业务后，企业的经营效益和市场价值远高于作为独立个体时所创造的，具体体现为此时企业可以更大程度上合理调配规模范围更广的资源、资本、人才、信息等要素，能够激发更强的发展潜力，逐渐缩小管理能力差距，有效改善企业经营效率，实现管理模式多元化，降低外部融资和财务协同的风险，促进整体业绩的提升，从而巩固企业的核心竞争力并扩大企业的社会影响力。

第二节　跨境电商与口岸资源的协同态势

伴随互联网技术的发展，大数据、云平台将国际贸易、国际商务、电商平台、口岸监管等事项紧密地连接在一起，形成了全球视野下产品与用户之间的有效对接，全球化采购日益便捷，跨境电商产业异军突起，口岸资源的协同地位愈加凸显。

一、跨境贸易电子商务的发展态势

（一）B2B 模式成为主力军

随着我国的跨境贸易电子商务业务的拓展，跨境电商的业务重点正在从跨境零售（B2C 和 C2C）走向跨境贸易（B2B），其运营内容，如表 5－1 所示。

表 5－1　　当前跨境贸易电子商务主要模式

模式		参与主体	模式特点	主要盈利方式	代表企业
跨境零售	B2C	企业与消费者	用户群数量巨大，小批量、多批次	销售商品、会员制、广告等	亚马逊、京东、兰亭集势等
	C2C	个人对个人	小额商务交易	店铺费用、交易服务费等	eBay 易趣、淘宝网
跨境 B2B	B2B	企业对企业	交易对象相对固定，大批量、小批次	会员费、广告费、竞价排名等	阿里巴巴国际站、敦煌网等

B2B 的交易额一般都比较大，这是跨境电商业务拓展的重点。通过海关监管体制和机制的改革创新，B2B 商务模式将更加便捷，成为推进国际贸易的重要力量。

（二）跨境电商规模迅速攀升

近年来，受到经济全球化和信息技术快速发展的双重影响，跨境贸易电子商务在世界贸易中的地位日益凸显。全球电子商务市场不断扩大，用户数量也呈现出递增趋势。资料显示，2015 年，全球通过移动终端进行购物用户普及率达到 46%；2016 年，中国跨境电商交易规模为 6.7 万亿元，同比增长 24%，其中跨境出口交易规模达 5.5 万亿元，跨境进口交易规模达 1.2 万亿元，进出口结构中出口占比 82.08%，进口比例为 17.92%。如图 5－3 所示。

（三）产品品类和销售市场更多元化

随着跨境电商的发展，交易产品向多品类延伸，交易对象向多区域扩展。从产品品类看，数据显示，2016 年中国手机海淘用户主要购买商品类别为美容彩妆类，占比为 43.2%，位居第一。超过

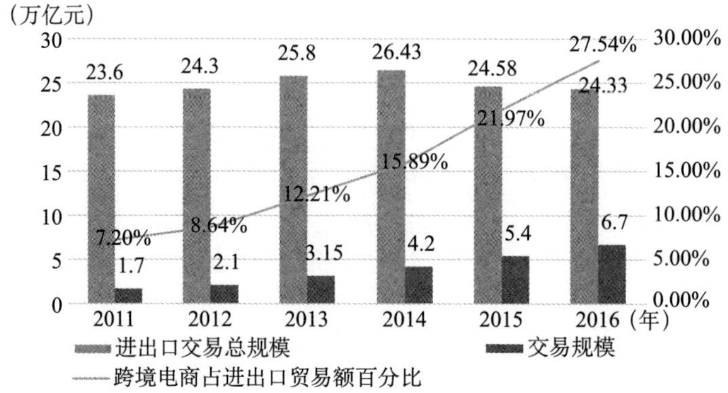

图 5-3　2011—2016 年中国跨境电商交易规模

数据来源：中国电子商务研究中心。

30.0%手机海淘用户主要购买商品类别为母婴用品、朋饰鞋靴和箱包配饰。跨境电商企业销售产品的品类从服装服饰、3C电子、食品药品、计算机配件等便捷运输产品向家居、汽车等大型产品扩展；从销售市场来看，美国等发达国家市场较为成熟，今后仍然是跨境电商的主要目标市场，同时，新兴市场的发展潜力也不可小觑，是未来跨境电商发展的新动力。

(四) 商品交易成本进一步降低

首先，随着移动终端的应用推广，其不受地域限制、互动性、传播效率高、转化率高等特征愈加明显，对商家和用户来说都更为便捷，总成本逐步走低。其次，跨境电商技术不断创新，跨境电商及相关企业与海关呈现出集聚、协同合作的趋势，整个行业体系更加完善健全，交易成本逐步降低。最后，品牌直采业务模式在跨境电商企业中备受青睐，它既保证了产品的品牌产品质量，又能大幅度减少中间环节，节约时间与成本。

二、口岸及其资源要素

口岸是国家对外开放的门户，是对外交往和合作的桥梁，是国家安全的重要屏障。口岸的地位不容小觑，国际社会都非常重视口岸工作的布局与协调。作为境内外人员交往、对外贸易货物和交通工具出入境的场所，按照出入关境的交通方式划分，口岸可分为港口口岸、陆地口岸和航空口岸。对港口口岸来说，口岸资源既包含岸线、码头等空间实体资源，也包括海关、国检、边检、海事、船代、金融、保险等多种组织资源。

对一般意义上的口岸，其组织资源可划分成以下几类：

（一）口岸监管组织资源

它包括海关、国检、边防、海事等资源要素，负责对进出境货物商品、运输工具及其人员的监管、检验、检疫、检查等工作。它的主要任务是监管物品、检验检疫、缉私征税、守护国门、保障安全。

（二）交通运输组织资源

它包括机场、港口、车站以及与之相联系的铁路、公路、航空、水运、管道运输方式，主要任务是完成进出口物资的仓储、装卸及集疏运工作。

（三）外贸组织资源

它包括从事或参与外贸活动的各类企业，主要任务是完成产品制造、外贸交易、货源组织等工作，为口岸提供货运及监管基础。

（四）服务组织资源

主要包括为进出境货物提供服务的咨询服务、货运代理、仓储企业、运输企业、信息服务提供商、平台结算商、金融商、保险商等组织资源，主要任务是为进出口货物提供咨询、交易、物流、支付、保障等服务。

三、跨境电商对口岸资源的诉求

（一）对口岸资源完备性的诉求

大力发展跨境电商，首先必须完善口岸资源要素。口岸资源要素总体上由基础设施、相关监管和服务部门以及配套设备设施构成。一次完整高效的通关需要这三部分配合完成，缺一不可。提升口岸资源效率，加强交通基础设施建设是关键，要对口岸站场、码头、道路交通进行科学规划布局、扩能升级，并注重体系化建设，提升口岸多式联运能力。

（二）对口岸资源协同性的诉求

跨境电商的发展必然要求口岸资源的协同合作。口岸资源要素的协同合作对于提高口岸的工作效率、节约通关时间、降低通关成本起着非常重要的作用。口岸资源协同合作，实现客户订单、物流信息单和支付单“三单信息”整合，将大幅简化通关流程，提升跨境电商的绩效。其具体流程变化如图 5－4 所示。

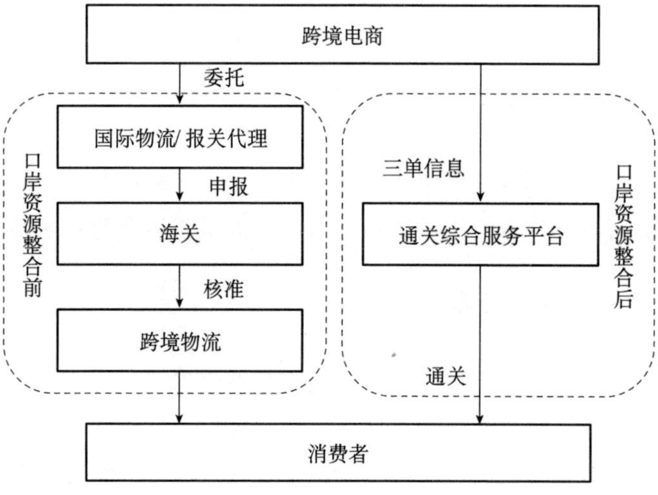

图 5－4　口岸资源整合后通关流程变化

为提高口岸要素资源的协同性，提高口岸工作效率，可以根据实际情况选择不同的对策。如我国近几年推行的“大通关”制度，推进了口岸物流、单证流、资金流、信息流高效顺畅运转，优化了跨境电商投资环境。在口岸管理部门开展的“三互”合作，即实现口岸管理相关部门信息互换、监管互认、执法互助，有效地推进了“大通关”工程。以宁波为例，2012 年 12 月成为全国首批跨境贸易电子商务试点城市，2016 年 1 月获批成为跨境电子商务综合试验区，跨境购、京东全球购、网易考拉 O2O 旗舰展示厅等跨境电商相继入驻，2016 年全市跨境电子商务交易总额为 270.1 亿元，占全市外贸进出口总额的 4.0%，比上年提高 3 个百分点，均居全国前列。在口岸资源要素管理方面，宁波口岸综试区综合信息平台（单一窗口）于 2016 年 9 月正式上线，涵盖“申报服务、备案服务、海外仓服务、无水港服务、商务信息平台、物流信息平台”等 10 方面服务，为企业提供关、检、汇、税、融“一站式”服务，增强了口岸资源的协同。

（三）对口岸资源创新性的诉求

跨境电商的发展强烈要求口岸资源的创新。运用现代信息技术对口岸资源要素进行创新，能够扩大跨境电商的提升空间。电子口岸是贸易现代化的重要标志，中国电子口岸改变了原有的通关模式，很大程度上促进了跨境电商的发展。电子口岸运用现代信息技术，一方面能够增强管理执法部门执法的透明度，另一方面又能便利企业，使企业能够通过网络完成一系列进出口手续的办理。相比于传统模式，更加安全高效。另外，将物流信息系统运用到口岸中，应用计算机技术、网络技术及相关的数据库、条码技术、EDI 等先进的信息技术，通过对共用数据的采集，整合物流信息资源，不仅为口岸相关物流企业提供基础支撑信息，而且有利于满足监管部门和跨境电商企业对物流信息的需求。以深圳口岸为例，为更好地服务于进出口贸易，深圳口岸秉承“信息化、自动化和智能化”理念，全面优化通关流程，运用X光机、红外防跟车系统、IC卡等先进技术，实现了国际快件包裹的“智能分拣、集中查验、分区操作”，使跨境电商包裹通关时间缩短1/3，实现跨境商品的快速通关。

四、口岸资源对跨境电商的助推

（一）助推全程时效提升

通过完善集成管理，创新融合口岸资源要素将大幅度提高口岸工作效率，也就意味着跨境商品能够以更短的时间、更简便的手续、更低廉的成本予以通关。因此，跨境贸易电子商务的整个链条上的时间将大幅缩短。以深圳口岸为例，通过加大口岸基础设施建设投入，完善相关硬件配套设施，改善口岸通关环境，提升口岸通关服务质量，深圳口岸加速形成了“单一窗口”、关检“一次申报”系统与“一站式”通关新模式，即将海关、边检、检验检疫等口岸资源要素集成管理，实现通关活动的最简化，缩短了通关时间。加大口岸资源要素的建设投入，并进行协同管理，能够在一定程度上简化通关流程，提高通关效率，提升通关货物的时效性，进而促进跨境电商的快速发展。

（二）助推空间效应集聚

所谓黄金口岸，意味着口岸的空间资源贵似黄金。因而，加速口岸资源的整合将助推跨境贸易电子商务更好地发挥空间效应。跨境电商平台占据的空间虽小，但与其联动的海外仓、保税仓以及国际物流和国内物流所占据的空间是巨大的。加强口岸资源的协同必然拉近跨境贸易电子商务各个节点的时空连线，强化空间效应的集聚。

加快口岸资源建设，能够在空间维度上推进跨境贸易电子商务的发展。口岸发展需要外联内接，增强综合服务能力。尤其与国内外其他口岸及保税物流中心、综合保税区等相关产业集聚区的连接，将形成一个辐射范围更加广阔、综合能力更强的对外开放体系，为跨境贸易电子商务营造一个健康发展的良好环境。

（三）助推业务领域拓展

跨境贸易电子商务综试区监管体制改革的推进，将逐步形成包括企业、金融机构、监管部门等信息互联互通的信息共享体系，集成平台支付、金融支持、保险监测的一站式在线资金收付体系，综合国际物流、口岸站场物流和国内物流的全程可验可测可控的智能物流体系，集报关、检验检疫和安全监护于一体的通关服务体系。这些体系的建立，将极大地促进跨境贸易电子商务业务领域的拓展。

展望未来，将会出现越来越多的定制化、性价比较高的跨境产品订单，如汽车产业、婚纱定制等贸易都在迅速增长。不仅如此，近几年跨境生鲜电商发展势头迅猛，生鲜食品对物流的时间及温度要求极高，通关的时效性与口岸冷链仓储的状况很大程度上决定了生鲜产品的质量。在对口岸设施及相关服务部门进一步完善整合后，生鲜产品能够以最快的速度、最安全的方式通关，确保生鲜产品的新鲜度。在口岸通关服务不断提升的基础之上，跨境贸易电子商务的业务范围势必会越来越广，使得买全球卖全球的地位逐步增强。

口岸资源要素支撑并推动着跨境贸易电子商务的发展，跨境电商也促进着口岸要素的演化和进步，二者相互促进、彼此支撑。口岸资源要素要注重联动发展，不仅要求内部资源要素相互协调、集成管理，还需要与其他口岸与产业集聚区相连接，形成辐射范围广、布局合理、效率高的口岸对外开放体系，从而带动跨境电商的快速发展。与此同时，在跨境电商蓬勃发展的现阶段，口岸要把握规律、抓住机遇，充分利用一切有利条件，通过主动发展、全力协同、积极创新来完善内部资源要素，提高口岸通关效率、降低通关成本，加快推动跨境电商的发展，实现口岸资源要素与跨境电子商务的正向互推的良好态势。

第三节　跨境电商与口岸资源的内外关联

一、跨境电商与口岸资源的外在关联

对于电商企业而言，口岸资源要素的完备与功能的高水平发挥，能够为跨境电商的发展创造优越的环境，进一步促进跨境贸易电子商务的快速发展。对口岸资源要素来说，作为跨境贸易中的一个关键节点，随着跨境电商的进一步发展，有利于形成口岸资源要素功能发挥的规模效应。

一方面，口岸资源要素的完备有助于“单一窗口”的形成，使货物便捷通关，提高物流效率，彰显跨境贸易电子商务的应用绩效。目前，口岸建设正在走向“互联网＋通关”的智慧型口岸模式，这一模式充分利用已有的信息系统与互联网优势，降低通关成本，缩短通关时间，大幅度提高服务质量。另外，各口岸充分发挥辐射带动作用，将促进产业集群竞争力的提高，形成口岸资源要素集约发展，进而带来更大的进出口需求。

另一方面，跨境贸易电子商务的快速发展能够带动口岸资源要素趋向完善。口岸建设需要口岸城市提供土地、基础设施等硬件的支持，同时也需要政府部门及货代、保险、咨询等服务性行业的保驾护航。跨境贸易电子商务活动的顺利完成，要求电商企业、物流企业、海关、国检和边检等部门的协调合作，这就需要口岸基础设施与服务能够连通整个供应链，使各个环节与功能更好地衔接。随着跨境贸易电子商务业务规模的扩大，地方政府必然会配合国家相关监管部门，加大基础设施建设，进而使口岸服务功能不断得到拓展，口岸资源要素也随之臻于至善。

二、跨境电商与口岸资源的内在制约

跨境贸易电商与口岸资源是服务和被服务的关系，同时也是管理和被管理的关系。口岸资源要素的短缺或效率低下将严重制约跨境电商的发展；反之，跨境电商发展滞后也将降低口岸资源要素整合的动力。

随着互联网技术的发展和经济全球化进程的加快，基于互联网平台和保税物流政策，以快件或邮件为物流方式的小额跨境电子商务业务得以产生和发展。起初，国家出于对跨境贸易电子商务这个新生事物给予了支持和激励，并于2012年批准上海、重庆、杭州、宁波、郑州五个城市开展跨境电商业务服务试点。由于境外商品通过跨境电商平台仅需经过工厂、在线平台、海外商人即可到达消费者，这种模式下的外贸净利润可能达到传统贸易的数倍。随着该业务市场规模的迅速扩大，2016年4月，海关总署开始强化对跨境电子商务零售进出口商品有关事宜的管控，明晰了《跨境电子商务零售进口商品清单》，并给出了一年的缓冲期，后又将缓冲期延长至2017年底。事实上，跨境贸易电子商务与传统意义上的一般进出口有很大的不同，如货物的来源、原产地证书、购销合同等在传统路径上会自然提供，而在电商渠道上就难以获得。这需要口岸监管部门创新监管方式，适应跨境电商平台的诉求。

从另一个角度来看，与国内电子商务相比，跨境贸易电子商务涉及海关的监管与征税，口岸各资源要素需要密切配合才能顺利完成货物的通关活动。很多跨境电商企业都面临关、检不同步，二次开箱难以快速通关等问题，这些都将阻碍跨境电商的进一步发展。对口岸而言，跨境贸易电子商务发展缓慢就难以形成规模效益，服务于跨境电商的各要素就很难集约化发展，信息化、自动化程度就很难提高。

三、跨境贸易电商与口岸资源的有机融合

口岸与跨境贸易电子商务是相互依存、相互作用的统一体。口岸是实现国际国内两种资源、两个市场对接的关键节点，跨境贸易电子商务要依托口岸资源才能完成。口岸各资源要素协同发展才能保证出入境货物能够顺利通关，这对刺激外贸需求量和优化跨境电商物流能够起到积极作用。另外，跨境电商的发展也会反作用于口岸资源要素。随着跨境电商的发展，口岸资源要素集聚能力进一步提升，信息化程度将得到进一步提高。以宁波跨境贸易电子商务综试区为例，2016 年被国务院批准之后就提出了构建“三大平台、四大服务体系、五大保障体系、六大创新突破”的发展目标，通过跨贸生态圈建设创新、海外分销渠道创新和产业联动机制创新，推进商流、物流、资金流以及交易信用流的多维融合，推动“海外仓备货”“外贸综合服务平台”和“大宗商品跨境电商”三类出口新模式的打造，以实现跨境贸易电子商务与口岸资源的有机结合。

第四节　跨境电商与口岸资源的协同性评价

跨境电商作为一种新型贸易方式，与传统对外贸易相比，有着成本更低、效率更高、过程更为便捷等明显优势，现已成为我国对外贸易的一种发展趋势。近几年，国家大力支持跨境贸易电子商务，出台一系列扶持政策支持跨境电商的发展。从统计数据来看，我国跨境电商呈现出持续高速发展的良好局面。2016 年，中国跨境电商交易规模为 6. 7 万亿元，同比增长 24%。跨境电商交易额处于逐年递增状态，占进出口贸易额的百分比也稳步增长。

随着跨境电商市场需求的不断提升，对整个供应链节点的要求也

在不断提高。尤其是口岸通关作为跨境电商物流中的一个重要环节，其效率高低在一定程度上决定着跨境电商物流的成本与绩效。对口岸资源来说，跨境贸易电商与物流的绩效最大化需要遵守 TOE（Technology-Organization-Environment）理论、协同论和最优化理论的指导，在摸透影响因素的基础上，科学选择协同机制，最终实现协同目标。其原理架构，如图 5－5 所示。

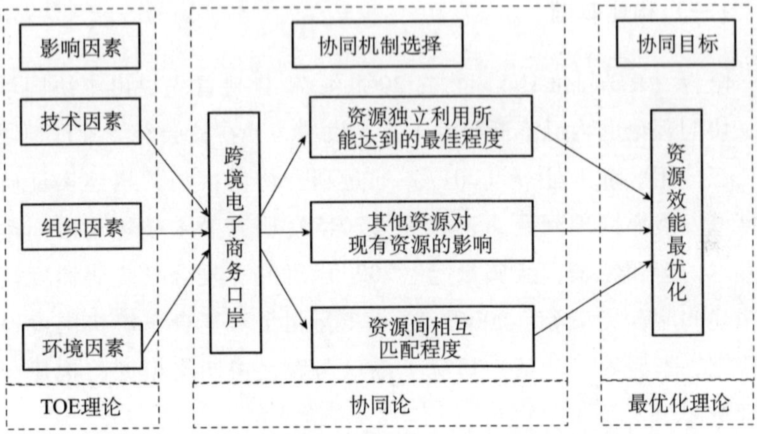

图 5－5　跨境贸易电子商务口岸资源协同原理

跨境贸易电子商务与生俱来的小批量、高频率的特点对口岸通关部门提出了新的挑战，一些电子商务企业在跨境贸易方面已经出现了一些问题，特别是难以快速通关与规范结汇。在跨境电商与通关环节协同关系的研究领域，早期的一些学者围绕口岸资源整合提出了诸多有价值的论点，例如，徐秦（2006）以浙江省为例提出港口资源整合是提升港口经济的必然趋势；崔会芬和王瑛（2007）认为建立口岸物流快速反应系统有利于高效利用口岸物流资源。近几年，跨境电商与物流系统协同发展的研究不断引起人们的重视，如张夏恒、郭海玲（2016）基于物种、环境、供应链、地理空间等不同视角探索跨境电商与跨境物流之间的协同机理；刘有升和陈笃彬（2016）利用灰色关联理论，给予符合系统协同模型，对跨境电商与现代物流协同状态进行评价。从已有文献研究结论来看，对跨境电商与口岸通关资源的协同效应的研究还不够系统全面，定量研究较少。本研究将在已有成果的基础之上，以宁波口岸数据为研究样本，构建跨境电商与口岸通关资源协同系统模型，并进行实证分析。

一、协同度测度模型

（一）构建基础

哈肯（Hermann Haken）在 20 世纪 70 年代首先提出了协同学概念，协同理论的内涵不断得到丰富和发展，并在社会经济管理领域得到广泛应用。郝玉柱等（2017）通过耦合协同模型的构建实证研究了区域发展协同度问题，朱耿等（2015）研究了末端物流协同运作的基本内涵和特征，孟庆松等（2000）研究了复合系统协调度模型的构建问题，樊华等（2006）进一步深化了对复合系统协同度模型的研究，李谭等（2012）研究了港口与腹地协同度模型的构建和实证分析问题。

跨境电商和口岸资源系统一般既具有人造系统的特征同时又受到自然系统的限制，所以人们常常将其视为复合系统。一个复合系统的协同需要其子系统及其要素由无序或者弱序逐步实现有序、优化和协调的状态。本研究站在复合系统的视角，深入梳理跨境贸易电子商务与口岸资源要素之间的相互联动，进一步剖析两者之间在发展演化中彼此呈现出的和谐一致的程度即协同度，从而得出跨境贸易电子商务与口岸资源复合系统由无序走向有序的态势。协同度评价的基础在于模型的建立，而模型建立的依据是系统协同序参量的选择和有序度模型的构建。

（二）基本模型

1. 确定序参量

现将跨境电商与口岸资源系统视为一个复合系统 $S = \{s_1, s_2\}$，

其中 s_1 为跨境贸易电子商务子系统，s_2 为口岸通关资源子系统。对于子系统 s_i，$i \in [1,2]$，设 $\varepsilon_1 = \{e_{11}, e_{12}, \cdots, e_{1n}\}$ 为跨境电商子系统的序参量，$\varepsilon_2 = \{e_{21}, e_{22}, \cdots, e_{2n}\}$ 为口岸资源子系统的序参量，根据协同学原理，当系统完全无序时，序参量为零，当系统完全有序时，序参量就会达到取值区间的最大值，换句话说就是系统的有序度与序参量的变化成正比，这时，人们有时也把这类参量称为慢弛豫参量；反之，即为快弛豫参量。若设 β_{ji}、α_{ji} 分别为序参量分量 e_{ji} 的上、下限。利用文献［209］的定义，可得出序参量的有序度 $\mu_j(e_{ji})$：

$$\mu_j(e_{ji}) = \begin{cases} \dfrac{e_{ji} - \alpha_{ji}}{\beta_{ji} - \alpha_{ji}}, & i \in [1,k] \\ \dfrac{\beta_{ji} - e_{ji}}{\beta_{ji} - \alpha_{ji}}, & i \in [k+1,n] \end{cases} \tag{5-1}$$

由以上定义可知，$\mu_j(e_{ji}) \in [0,1]$，其数值越大，则说明序参量分量 e_{ji} 对复合系统有序的贡献程度越大，k 为慢弛豫参量和快弛豫参量的分界点。

2. 子系统有序度模型

一般来说，人们可通过 $\mu_j(e_{ji})$ 的集成和整合来实现各序参量变量 e_{ji} 对子系统有序程度的贡献。通过对各序参量变量之间的重新组合和集成，可提升其有序度。集成的方法往往采用几何平均法与加权求和法，其数学表达式为：

$$\mu_j(e_j) = \sqrt[n]{\prod_{i=1}^{n} \mu_j(e_{ji})} \tag{5-2}$$

或者：

$$\mu_j(e_j) = \sum_{i=1}^{n} \lambda_i \mu_j(e_{ji}), \quad \lambda_i \geqslant 0, \quad \sum_{i=1}^{n} \lambda_i = 1 \tag{5-3}$$

其中，λ_i 为各序参量指标的权重，$\mu_j(e_j)$ 为子系统 s_j 的有序度。$\mu_j(e_j) \in [0,1]$，其数值越大，说明子系统的有序度越高，反之亦然。

3. 协同度测度

由于复合系统的协同状态始终处于不断变化发展的动态过程中，所以需要以动态分析过程衡量各子系统在不同时间段内的相互作用状态。假设在给定的初始时刻 t_0，跨境电商子系统的有序度为 $\mu_1^0(e_1)$，口岸资源子系统有序度为 $\mu_2^0(e_2)$，当复合系统不断演化发展到 t_1 时刻时，跨境电商子系统的有序度为 $\mu_1^1(e_1)$，口岸资源子系统有序度为 $\mu_2^1(e_2)$，若设复合系统协同度大小为 C，则可参照文献［209］的推理得出计算公式：

$$C=\omega\sqrt{|\mu_1^1(e_1)-\mu_1^0(e_1)|\times|\mu_2^1(e_2)-\mu_2^0(e_2)|},$$
$$w=\begin{cases}1,\mu_j^{t_1}(e_j)\geqslant\mu_j^{t_0}(e_j)\\-1,\mu_j^{t_1}(e_j)<\mu_j^{t_0}(e_j)\end{cases}\tag{5-4}$$

复合系统的协同度 $C\in[-1,1]$，其值越大，表明复合系统协同发展的程度越高，反之则越低；C 为正值说明复合系统处于协同演进的状态，C 为负值则表明复合系统不协同。ω 存在的意义就是只有当确保 t_1 时刻有序度不小于 t_0 时刻，跨境电商子系统与通关资源子系统之间才具有正向协同效应。系统协同度 C 是从子系统的序参量有序度变化来反映整个复合系统的协同状况，当出现一个子系统的有序程度变化较大，另外一个子系统有序程度变化很小或者基本没有变化的情况时，复合系统协同度虽然为正值，但数值很小，就说明整个复合系统不能够处于较好的协同状态。基于以上分析，复合系统协同度模型综合了子系统的运行状况对整个系统进行协同状况评价，因此，如何选取科学合理的序参量在度量评价中极为重要。

二、实证分析

在模型构建之后，需要依据一定数据对跨境电商与口岸资源进行协同评价，具体步骤如图 5－6 所示。

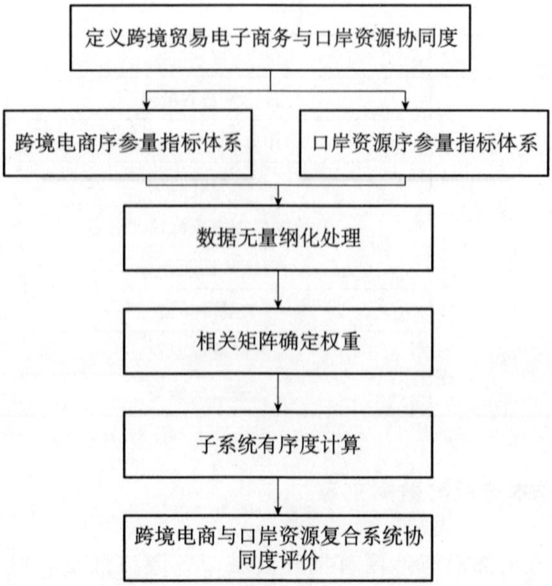

图 5-6　跨境贸易电子商务与口岸资源协同评价流程

（一）评价指标体系

构建科学合理的序参量指标体系是有效测评跨境电商与口岸资源协同发展水平的重要环节。为科学、准确地评价子系统之间的协同关系，通过采用咨询专家、借鉴相关前期成果，以及综合衡量子系统的特性及各项指标的可获得性与可量化性，本书选取反映跨境电商发展能力的 6 项指标和反映口岸资源状况的 8 项指标构成二者协同度评价的指标体系，如表 5-2 所示。

表 5-2　跨境贸易电子商务与口岸资源协同度测度指标体系

序参量	指标	变量
跨境电商发展能力 X	跨境电商交易总额	X_1
	居民人均生活消费支出	X_2
	跨境电商占外贸进出口总额比重	X_3
	跨境电商进口规模	X_4
	电子口岸平台注册用户数量	X_5
	国际互联网用户	X_6

续表

序参量	指标	变量
口岸资源状况 Y	口岸货物吞吐量	Y_1
	口岸外贸货物吞吐量	Y_2
	集装箱吞吐量	Y_3
	万吨级以上码头泊位拥有量	Y_4
	海铁联运业务量	Y_5
	航空货邮量	Y_6
	港区堆场面积	Y_7
	保税园区数量	Y_8

（二）样本选取与数据来源

宁波作为东部沿海地区首批开放城市，港口散货吞吐量已连续 9 年位居世界第一，集装箱吞吐量 2017 年位居世界第四。它是全国首批跨境电子商务试点城市和第二批国家跨境电商综试区，跨境电商发展迅速，口岸建设也位居全国前列。因此，本研究过程以宁波口岸为依托，进行跨境贸易电子商务能力与口岸资源协同度测度评价。数据样本采自宁波市 2011 年至 2016 年的年度数据，主要来源为《宁波统计年鉴》（2011—2017 年）和《宁波市交通物流业发展白皮书》（2013—2016 年），所得指标数据，如表 5－3 所示。

表 5－3　跨境电商与口岸资源协同度测度指标数据

	2011 年	2012 年	2013 年	2014 年	2015 年	2016 年
X_1（亿元）	0.01	0.01	0.01	3.7	81.95	270.1
X_2（元）	21779	23288	17894	24324	26056	27891
X_3（%）	0.0001	0.0001	0.0002	0.06	1.3	4.3
X_4（亿元）	0.01	0.01	0.01	3.7	29.28	53.65
X_5（家）	12654	13735	14267	14712	15159	15633
X_6（户）	1900000	2360500	2500000	2810000	3020000	3360000
Y_1（亿吨）	4.33	4.53	4.96	5.26	5.1	4.96
Y_2（亿吨）	2.3	2.45	2.76	2.97	3.02	3

续表

	2011年	2012年	2013年	2014年	2015年	2016年
Y_3（万标准箱）	1451.2	1567.1	1677.4	1870	1982.4	2069.6
Y_4（个）	85	93	99	102	105	106
Y_5（万标准箱）	4.67	5.95	10.53	13.51	17.06	25.04
Y_6（万吨）	5.78	6.17	6.61	8.16	8.76	11.67
Y_7（万平方米）	105.74	213.72	399.37	721.81	806.17	857.38
Y_8（个）	0	0	1	2	5	12

（三）实证过程

由于各指标的单位不同，无法直接进行统一的比较测量，需对各项评价指标的原始数据进行标准化处理以消除量纲，计算公式为：

$$X'_{ij} = \frac{X_{ij} - \overline{X}_j}{S_j} \quad (i = 1,2,\cdots,n;\ j = 1,2,\cdots,p) \qquad (5-5)$$

其中，$\overline{X}_j$ 为变量 X_{ij} 的期望；S_j 表示变量 X_{ij} 的标准差。

利用处理后的标准化数据计算各指标权重，现采用相关矩阵赋权法确定权重。具体做法如下：假设系统中含有 m 个指标，构造相关矩阵 N 为：

$$N = \begin{bmatrix} n_{11} & n_{12} & \cdots & n_{1m} \\ n_{21} & n_{22} & \cdots & n_{2m} \\ \cdots & \cdots & \cdots & \cdots \\ n_{m1} & n_{m2} & \cdots & n_{mm} \end{bmatrix} \qquad (5-6)$$

因子影响之和：$N_i = \sum_{j=1}^{m} n_{ij}(i = 1,2,\cdots,m)$，$N_i$ 的值越大，表明第 i 个指标在指标体系中对其他因子的影响越大，关联程度越高，应赋予较高的权重，最后经过归一化处理得到各指标的权重 $\lambda_i = \frac{N_i}{\sum_{i=1}^{m} N_i}(i = 1,2,\cdots,m)$。通过计算得出各指标的权重，如表5－4与表5－5所示。

表 5－4　　跨境电商子系统各项序参量指标权重

λ_{11}	λ_{12}	λ_{13}	λ_{14}	λ_{15}	λ_{16}
0.1650	0.1692	0.1649	0.1704	0.1616	0.1689

表 5－5　　口岸资源子系统各项序参量指标权重

λ_{21}	λ_{22}	λ_{23}	λ_{24}	λ_{25}	λ_{26}	λ_{27}	λ_{28}
0.1102	0.1284	0.1331	0.1287	0.1293	0.1246	0.1320	0.1137

根据公式（5－1）计算出跨境电商能力与口岸资源状况子系统序参量各分量的有序度，并将所得结果代入公式（5－3），得到2011—2016年宁波市跨境电商与口岸资源子系统的有序度，结果如表5－6所示。

表 5－6　　宁波市跨境电商与口岸资源子系统有序度及协同度结果

年份	跨境电商子系统有序度	口岸资源子系统有序度	复合系统协同度
2011	0	0	0
2012	0.1380	0.1598	0.1485
2013	0.2071	0.407	0.1307
2014	0.3387	0.6576	0.1816
2015	0.5941	0.7686	0.1684
2016	1	0.9609	0.2794

将所得出的跨境电商与口岸资源子系统有序度结果代入到公式（5－4）中，求得2011—2016年宁波市跨境电商与口岸资源间协同度，$C = (0.1485, 0.1307, 0.1816, 0.1684, 0.2794)T$，如图5－7所示。

三、评价结论和建议

（一）评价结论

在2011—2016年测评区间内，宁波市跨境电商与口岸资源子系

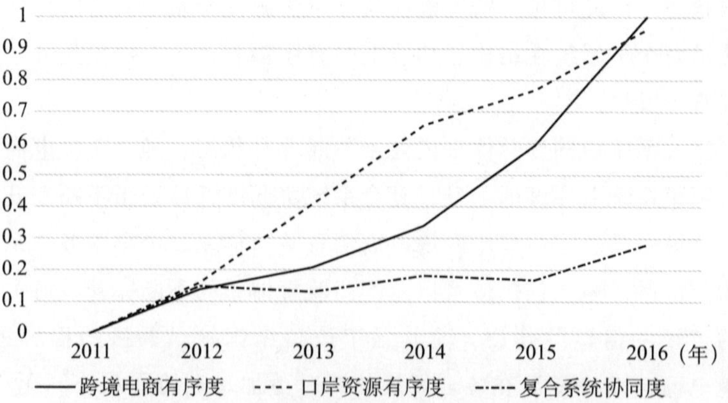

图 5 -7　宁波市跨境电商与口岸资源协同趋势

统的序参量有序度呈现上升趋势，符合宁波跨境电商市场的发展规律。宁波从 2012 年 12 月成为全国首批跨境贸易电子商务试点城市以来，跨境电商业务实现高速增长，于 2016 年 1 月又获国务院批复成为第二批跨境电子商务综合试验区，2016 年跨境电商交易总额达 270. 14 亿元，是 2015 年的 3. 4 倍，出口总额约 216. 48 亿元，均居全国前列。因此，2016 年跨境电商有序度也同样实现了快速增长。在港口口岸建设方面，2015 年国务院与浙江省人民政府先后出台《关于改进口岸工作支持外贸发展的若干意见》《浙江省人民政府关于改进口岸工作推进大通关建设的实施意见》，旨在有效改进口岸工作，推进口岸建设与发展，提升口岸服务整体水平。宁波市深入贯彻落实改进口岸工作意见，全面落实“三互”和推进口岸大通关建设，促进了口岸通关便利化。2016 年宁波舟山港货物吞吐量达 9. 2 亿吨，集装箱吞吐量 2156. 1 万标箱，港口口岸运力的明显提升与口岸加大建设力度、口岸单位的协同合作是密不可分的。由得出的结果看，口岸通关资源的有序度逐年递增，符合宁波口岸资源协同发展的现实。

子系统有序度的提升并不一定能明显带动整个复合系统协同度的提升。从图 5 -7 可看出，2012 年跨境电商子系统与口岸资源子系统的有序度都以较快的速度增长，但复合系统的协同度却处于小幅度的递减状态。由此可见，跨境电商与口岸资源复合系统的协同合作更需要的是两个子系统在结构、功能上的有序耦合，而不仅仅是各子系统内部有序发展。

复合系统协同度总体来说处于不断上升状态。随着跨境电商与口岸资源子系统有序度的上升，复合系统协同度整体处于不断上升的趋势，这说明随着宁波口岸跨境电商信息共享体系、金融服务体系、智慧物流体系、电商信用体系以及部门监管体系的不断完善，海关、国检的“单一窗口”建设，尤其是宁波口岸国检试验区的揭牌运行，跨境电商与口岸资源在各自发展的同时更加呈现协作和协同化趋势，两个子系统间形成了不断正向互推的良好局面。

跨境电商与口岸资源之间存在协同关系，但还处在较低水平。根据计算结果和图 5－7 可知，宁波跨境电商与口岸资源之间的协同发展水平仍处于初始阶段，且协同水平具有波动性，因而具有较大的改善和提升空间。目前，宁波市跨境电商口岸资源建设与整合还不够完善，尤其在海关、检验检疫、海事等相关部门的协调方面，其协同效率虽然在不断提升但面对快速变化的市场需求仍有较大的改善余地。

（二）评价建议

1. 加强基础设施建设

首先，加强跨境贸易电子商务软硬件能力建设，包括物联网、云平台等信息技术创新的支持，优化保税仓库、保税物流系统的合理布局；其次，扩大对口岸通关基础设施资源的投资，扩大保税仓建设规模，对口岸站场、码头、道路交通等集疏运体系进行扩能升级，提升口岸多式联运能力；最后，发挥口岸通关资源优势，强化口岸跨境电商基础设施建设。将跨境电商企业、相关口岸通关部门、跨境物流服务企业有机结合，产生集聚效应，从而提高通关效率、推动跨境电商业务增长，使两者之间形成相互促进、相互带动的良好局面。

2. 增强“单一窗口”地位

构建集成通关服务平台，包括电子政务、监督管理、风险防控等平台在内的综合通关服务平台，是整合口岸通关资源的重要举措。赋予“单一窗口”更多的职权，构建口岸协同运作平台。利用平台加强对跨境电商与通关资源协同发展运行状况的动态监控，协调海关、检验检疫、海事等各个部门，并与跨境电商企业、跨境物流服务企业、货代等保持紧密联系，集通关业务办理、检验检疫、风险预警以及企业信誉评级差别化于一体，并针对不同跨境电商企业、不同货物设计不同的通关流程，简化通关手续，降低贸易风险。

3. 健全政策及法律体系

面对国际上多变的跨境电商运营环境，为保证跨境电商与口岸通关资源健康协同发展，需要不断创新运营和管理机制，细化相关调控政策，适时完善相关法律体系，形成由部门规章、政府法规和国家法律组成的立体化的跨境电商与口岸资源协同运作的法治体系，以营造出高效、规范并且安全的整体环境。

第六章　跨境电商物流供应链金融的风险

第一节　跨境电商物流供应链金融体系

供应链金融目前已经成为当今经济领域的热词，也是当前各类金融机构的重点业务。在短短十年间，供应链金融依托实体物流载体的支撑，统合线上线下资源，迎来了日新月异的发展和变化。回顾供应链金融发展的历史，大数据、物联网、云计算、区块链以及金融科技这些领域的飞速发展，促使供应链金融快速地从 2.0 时代转向 3.0 时代并迈向 4.0 时代。如何基于现代供应链物流的实体优势，推进供应链金融科学有序创新发展，不断强化供应链金融的风险识别，弱化供应链金融的风险传导，提升其风险防控的有效性，正成为供应链金融的创新求索之路。

一、供应链金融的基本内涵

20 世纪后期，伴随经济全球化浪潮，物流界以满足顾客需求为目标，逐步加强了对资金流、信息流、物品流的协调，使供应商、制造商、批发商、零售商和最终客户形成了一条高效的链条，进而促进了供应链概念的产生。随着经济社会需求的拓展，供应链管理迅速扩展到了供应链运输、供应链采购、供应链金融等领域。

基于供应链理念的金融实践活动的相关研究，其标志性成果包括：Hartley Urquhart（2000）最早将供应链管理与融资结合在一起，并设计了供应链融资系统，继而成功申报专利。Berger 和 Udell（2004）将供应链融资作为技术手段研究了中小企业融资渠道问题。Lamoureux（2007）以核心企业生态圈构建为切入点研究了供应链金融问题。

根据中国知网的记载，国内学者对供应链金融的研究，开始于 21 世纪初期。2005 年首次出现 2 篇以供应链金融为主题的会议论文和报纸报道；2006 年共计 20 篇报纸报道选择供应链金融为主题；2007 年已有 4 所大学的 5 名硕士首次通过了以供应链金融为主题的硕士论文答辩；2008 年两所大学 2 名博士首次完成了以供应链金融为主题的博士毕业论文。至此，我国供应链金融理论和实务研究进入新阶段。

关于供应链金融的定义，至今尚未达成一致。不论是从供应链核心企业的角度，还是从现代信息平台的角度，以及商业银行和金融企业的角度，各有侧重。但核心观点均认同供应链金融关注的是整体供应链的综合实力，其融资水平取决于该供应链核心企业的信度以及核心企业信用的传递质量，这个供应链一般关联物流企业、融资企业、平台企业、商业银行等节点。在实际运作过程中，它不仅仅呈现核心企业的信用传递，还牵涉多方之间的风险传导效应。

二、跨境电商物流供应链金融系统架构

随着对供应链金融理论研究的深入，供应链金融商业模式实践也日益增强。通过理论研究和实务操作的有机结合，模式创新不断被应用和刷新。总体说来，供应链金融系统是指金融机构为促进供应链产、供、销链条的稳固发展与流畅运作，通过金融资本与实体经济的协作，依托供应链上下游企业之间交易项下的商流、资金流、物流和信息流，以交易项下的未来现金回笼为还款保障，向供应链上的单个企业或者上下游的多个企业提供的全面金融服务。

尤其是基于国际物流的供应链金融系统的供应商和采购商之间，深度关联着金融商、外贸代理商和保险商，通过信息共享的国际物流（商）综合平台，以实体物流（商品流）和应收账款为融资保障，在有效实施国际物流供应链管理的过程中，积极发挥该供应链系统的信用水平，统筹了国际贸易未来预期的资金流这一还款来源以及商品实体物流的风险控制抓手，最大限度地为该供应链系统内中小企业节点

提供综合性物流金融服务，实现全球采购供应链与供应链金融资源的无缝整合。其系统框架，如图 6－1 所示。

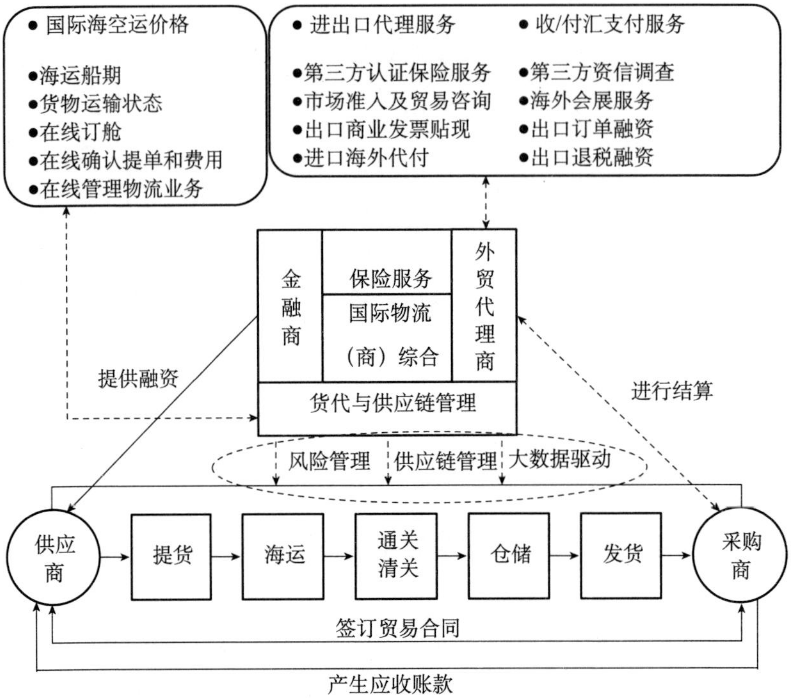

图 6－1　跨境电商物流供应链金融系统架构

三、跨境电商物流供应链金融风险的特点

供应链金融系统的发展必然滋生相关风险，这一领域也引发了众多学者的研究。冯晓玮等（2016）从初始授信、合作放款和贷后回款三大运营阶段以及线下、线上两大操作过程的角度，总结了传统供应链融资方式中相关信用风险和操作风险，同时根据感知层、网络层和应用层确定物联网下的新生风险。夏同水等（2016）以探讨供应链金融演变进程为基础，从营运管理等四个角度整理了供应链金融及风险管理等领域的研究，认为供应链金融在短期内会呈现一种平衡的

收支方式，但长期存在大量风险诱发因素可能导致风险更高。谢世清等（2013）、田江等（2016）均基于第三方物流研究了供应链金融风险问题。陈畤镛（2017）在此基础上，构建了多指标风控体系，进一步强化了供应链金融风险掌控的抓手。

跨境电商物流供应链金融体系风险与其他金融风险相比具有如下特征：

（一）复杂性

国际贸易供应链环境复杂，金融风险受到各种因素的综合影响，包括汇率和国际贸易政策等，导致风险源错综复杂，何时何节点会发生金融风险，金融风险何时会传导至其他企业，以及金融风险所产生的损失大小的偶然性与不确定性大大增加。

（二）传导性

供应链上企业密切关联，风险会在供应链上传递，并且各企业金融风险会相会作用，相互关联影响，当风险耦合度超过一定的限度时，风险性质会发生改变，如果风险没有得到及时的控制，一家节点企业金融风险的迸发，可能引起整条供应链的断裂与瓦解。

（三）自偿性

跨境电商物流供应链金融针对中小企业在国际贸易中无法提供固定资产抵押、信用担保和授信额度不足的融资困境，打破传统的资产担保模式，改以供应链金融体系中核心企业的信用、国际实体物流以及应收账款作为担保。自偿性指企业通过金融支持促成国际贸易，并且该交易的销售收入能够为自己还清金融贷款。

四、跨境电商物流供应链金融风险要素分析

供应链金融体系风险要素的构成主要包括三个方面：一是内部要

素，这些风险要素聚集在企业内部，相互作用演变后达到一定的程度就会突破企业内部，在供应链上传递，扩散至供应链的上下游合作企业，导致供应链经营收益和预期目标发生偏离，产生金融风险；二是外部要素，外部环境的变化也会增加供应链金融的不确定性，在国际贸易、国际物流和全球采购背景下，如汇率、利率、货币政策等经济环境，市场供求波动的市场环境，产业与投资环境、政治与自然环境等，都有可能引发供应链金融风险；三是交易本身，国际贸易交易作为质押资产的应收账款和存货类融资，直接关系到投资能否收回，诸如产品的特点，是否容易损坏、缺失，物价波动等关系信贷回收的因素，最终体现在贸易流、资金流、信息流与物流四流是否达到有机统一，如图 6－2 所示。

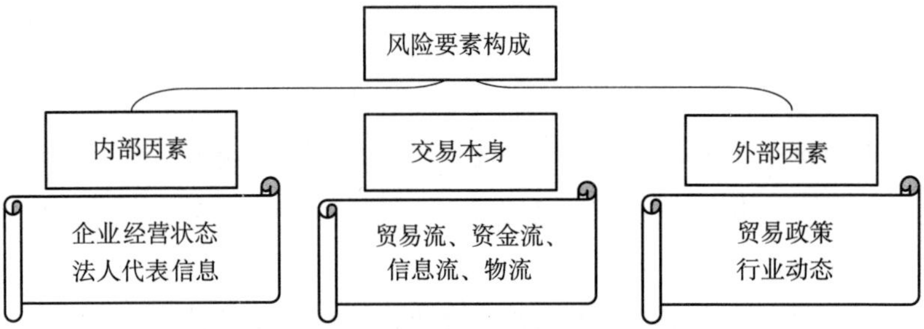

图 6－2　跨境电商物流供应链金融风险要素构成

第二节　跨境电商物流供应链金融要素的风险形成和传导

随着后工业社会的来临，国际合作日益紧密，“成本洼地”成为各大跨国企业获取成本优势的重要追求，国际的分工合作促进了跨境电商和口岸资源要素的发展。尤其是供应链管理思想的推广，口岸资源要素与跨境贸易电商之间的供应链管理体系日益规范。基于贸易流、物流、资金流和信息流的供应链金融日益为人们所重视。随之，口岸资源要素金融风险传导问题也就变为供应链金融传导问题。

为了满足口岸运作供应链各个环节对于资金和资源的需求，银行开发了各种保障供应链运行的金融手段。进入新时代，供应链融资已经成了国际性银行流动资金贷款领域最重要的业务增长点之一。但随着供应链金融业务发展的加速，相伴而生的供应链金融风险已引起人们的高度关注。由于全球采购和国际贸易、国际物流受制于多个国家（地区）的综合环境，供应链面临的不确定因素较多，这形成了供应链金融风险的复杂性和隐蔽性，一旦迸发，将对供应链融资业务中各方参与者带来巨大损失和破坏，使得供应链金融业务的实际收益和预期收益产生较大的偏差。越来越复杂的风险危害已成为制约供应链金融健康发展的关键问题，如何在复杂的供应链金融发展中合理地规避金融风险，对供应链金融风险实行有效的防控，这需要对供应链金融风险传导的影响要素及其互动关系进行深入剖析。

随着 21 世纪供应链金融融资体系的初步建立，Barsky C（2005）开创了供应链金融融资风险研究，并对融资过程、信息技术、人力资源、环境和基本结构等领域的风险进行了界定。王灵彬（2006）重点研究了供应链融资过程中所面临多种信贷风险。弯红地（2008）则从“道德风险”的角度，分析了供应链金融风险的产生和规避方法。于瑞峰等（2007）通过 BP 神经网络法的应用开发，建立了供应链节点企业信贷风险评估指标体系及其风险评估模型。谢江林（2008）研究了供应链金融中的还款风险问题。郑颖等（2013）基于对木材加工业的实证调查，研究了降低供应链金融风险的措施。

关于供应链金融风险传导的研究，从总体来看一开始有两个主要切入点：一是供应链节点企业间金融风险的传导研究；二是供应链风险传导研究。叶建木等（2005）针对企业风险传导机制设计了创新性研究架构。邓明然等（2006）深入剖析了企业风险传导的路径。刘朝刚等（2008）研究了大规模定制供应链的风险因素。程国平等（2009）研究了供应链风险传导的构成要素和传导模式。闫秀霞等

（2016）利用仿真技术深化了供应链金融风险的传导问题。这些成果在一定程度上揭示了影响供应链金融传导的诸多因素。

互联网技术的发展，进一步推进了供应链金融规模的迅速膨胀，也增大了供应链金融风险传导的概率，尤其在国际物流背景下，一些新的影响要素逐步被揭示出来。毕家新（2010）探讨了供应链金融风险的自发扩散性问题。储雪俭等（2017）从生态系统的角度探索供应链金融的本质是信用创造与信用扩张，供应链金融信用风险扩散的机理是信用风险在供应链金融网络中的传播性与传染性。孙薇（2017）研究了原材料价格与风险传导的关系。面对国际贸易环境的诡谲多变，全球采购供应链的金融风险传导的路径更加错综复杂，其风险传导影响要素及其传导方式不断变化，需要深入梳理，认真应对。

一、金融风险传导的影响要素

在国际物流运营背景下，供应链金融风险传导受制于多重因素，总体来说，主要有四大类：节点要素、法人要素、环境要素和贸易要素。其基本架构如图 6－3 所示。

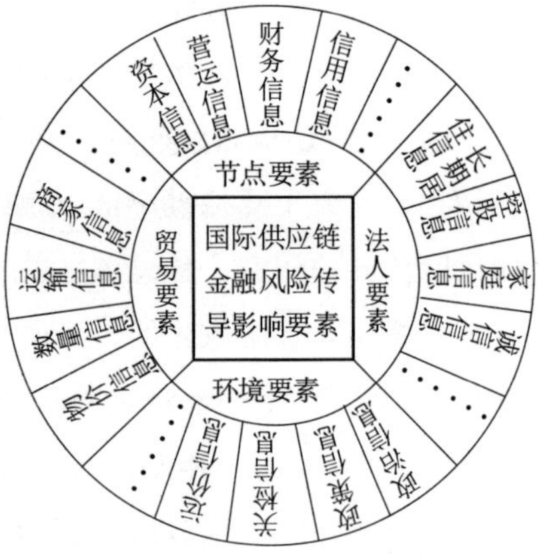

图 6－3　国际供应链金融风险传导影响要素基本架构示意图

（一）节点要素

节点企业要素包括：资本信息、营运信息、财务信息和信用信息等。

1. 资本信息

资本信息主要由注册资本、股权结构、投资、债务及质押担保等内容构成。注册资本是公司成立时按照有关法律规定并依照公司章程在市场监管部门登记的公司发起人或全体股东的出资总额。股权结构是公司股本中各类持股人所占的比例。投资情况主要指项目投资信息，包括项目行业、内容、地点、必要性和可行性、所需资金、现状、前景等。企业债务是指企业所承担的能以货币计量的，将以资产或劳务偿付的负债。对于企业来说，债务的来源主要有以下三种：战略性发展需要而筹措的长期债务、短期资金不足而借入的短期借款、日常经营活动产生的应付项目。抵押是指企业和债权人以书面形式订立约定，将企业固定资产作为债权的担保。担保是指在借贷、买卖、货物运输、加工承揽等经济活动中，债权人为保障其债权实现，要求债务人向债权人提供担保的合同。担保方式为保证、抵押、质押、留置和定金五种。

2. 营运信息

在企业经营过程中，基于国际物流供应链管理理念，推进供应链节点企业及相关交易是一种重要的交易模式。关联交易是企业关联公司之间发生的各类交易，一般来说，这类交易具有节约成本和提升效率等特点。由于关联企业联系较紧密，一旦一方出现风险，极有可能传导给另一方。企业社保人员清单是企业营运过程中又一要素，它是指按照《中华人民共和国社会保险法》规定，企业在录用员工上班后一月时间内应向社保机构登记缴费的人员名册。因此，企业社保人员清单能够准确反映企业正式签约雇员情况。企业是否正常运营，其房租水电是否正常缴纳也是一个特征指标。水电用量大幅降低，或者拖欠房租，意味着企业经营很可能存在问题。企业在经营过程中有时会出现裁判文书，与企业有关的裁判文书记载了人民法院审理过程和结果，它是人民法院确定和分配当事人实体权利义务的唯一凭证。裁判文书不仅影响企业的经济利益和声誉，也对企业的运营产生重要影响。

3. 财务信息

在国际物流供应链风险传导系统中，财务信息主要由财务报表、年度报告和审计报告体现。财务报表作为反映企业资产负债、损益、现金流量的重要文书，显示企业在会计准则规范要求下的经营和财务状态。年报制度是国家因应市场经济和改革深化，对企业规范约束的重要一环，尤其是股份制企业，年度报告有利于信息透明化，降低风险传导。年度报告是指企业按财务年度在规定的期限内，通过相关规定的公共平台，向社会公示的公司法要求的诸多内容。如果企业不能按时依规公示，市场监管部门会将其载入经营异常名录。审计报告是指审计人员根据审计计划对被审计单位实施必要的审计程序，是站在第三方立场对企业主体运营以及财务管理等诸多事项所下的客观结论，也是评价一个企业是否正常运营进而分析其风险高低的规范文书。

4. 信用信息

企业信用信息与企业风险传导密切相关，尤其是供应链金融系统，对企业的信用信息更为关注。在国际物流系统，企业信用信息主要看重企业信用报告、企业账户流水、银行流水、企业缴税记录和相关行政处罚等内容。企业信用调查报告是在深入探究公司的经营发展状况和财务成果基础之上，结合股东及领导层的背景，对企业进行的信用评级。目前，企业信用报告对外查询服务方式包括在线查询和离线查询两类。企业账户流水指的是开设基本对公账户的银行企业客户在一段时间内与银行发生存取款业务的清单。银行流水的进项主要表现方式：进项表现于贷方，出项表现于借方，主要有卡存、现存、转入、工资、续存、网银转账、货款、劳务费等。企业的缴税记录是企业认缴企业所得税等各项税费的历史记录，它不仅体现了企业的历史业绩，也能够反映出企业的诚信情况和应对市场风险的能力。企业如果受到行政处罚将给企业经营带来不同程度的风险，狭义的行政处罚是指行政机关或其他行政主体依法定职权和程序对违反行政法规但尚未构成犯罪的相对人给予行政制裁的具体行政行为。广义的行政处罚除了包含上述狭义的内容外，也包含企事业单位规定的一些行政人事处罚内容。

（二）法人要素

法人代表要素主要包括长期居住信息、家庭信息、控股信息和诚信信息等。

1. 居住信息

法律规定，法人代表离开住所地后连续居住一年以上的地方，称为经常居住地。由其户籍所在地迁出后至迁入另一地之前，无经常居住地的，仍以其原户籍所在地为住所。法人代表的经常居住地与风险传导有着密切关系。法人代表的国籍在一定程度上与企业运营也有着紧密的关联。在我国现行立法中，主要采用注册成立地作为确定法人代表国籍的标志，法人代表国籍与企业性质无关。如果企业法人代表的经常居住地异常，则预示该企业持续经营的动向值得关注，出现风险的可能性将会增加。

2. 家庭信息

大数据显示，在企业经营过程中，法人代表的家庭信息与企业运营有着重大关联，一般说来，配偶及子女情况、法人代表身体状况、家庭成员是否存在不良嗜好等是家庭信息的主要构成。他（她）们的从业、居住、司法约束等情况，在一定程度上与企业运营相关联，也是风险产生和传导的温床。身体状况决定着法人代表能否正常行使各项权利和管理职能。家庭成员的不良嗜好是指对个人身心健康或者事业发展带来严重影响的爱好，包括赌博、毒品、酗酒、网瘾等。这些因素，对民营企业，尤其是家族企业的风险传导影响更大。

3. 控股信息

法人代表是否为企业最大股东或实际控制人紧密关联着供应链金融风险的传导。对公司而言，实际控制人是指对企业有控制权的单位或个人，如果是国有企业，实际控制人就是对该企业行使出资权的那一级国资委；如果是民营企业，实际控制人就是最终能控制企业的自然人个人。对于法人代表并非企业最大股东或者实际控制人的情况，应了解其中的原因，并评价由此带来的风险。

4. 诚信信息

企业法人代表个人债务是诚信信息的重要构成。它包括个人名义的银行贷款、民间借贷、个人为他人提供的担保等情况。个人债务不能等同于公司债务，公司不应对法人代表的债务承担连带责任。法人代表的信用卡消费额度和还款记录，能够反映法人代表的经济状况和信用状况，这可从侧面反映出企业的经营状况和风险水平。芝麻信用是依据方方面面的数据而设计的信用体系，尽管只是一些微小细节，有时却能反映出企业法人代表的表里是否一致，因而，有利于评判其所经营企业在供应链金融系统中是否具有稳定性。

（三）环境要素

环境要素主要包括：政治信息、政策信息、关检信息和运价信息等。

1. 政治信息

最近一个时期，国际政治舞台的兴替状况表明，第二次世界大战后延续数十年的政党执政格局正在打破，诸多国家呈现“异常治理”现象。尤其是美国新一届政府推翻诸多往届政府签署的政府间协议，为国际贸易、国际物流、国际金融等带来诸多不稳定性，对供应链金融造成巨大风险，甚至放大了供应链节点风险传导的能力。这就是国际政治信息对全球供应链金融造成的冲击。事实上，贸易国政治信息往往包含其政权信息、执政党信息、军队信息以及法律、法规、文化和意识形态等内容。

2. 政策信息

基于国际物流的供应链金融体系易受贸易国经济政策和经济形势的影响。贸易国经济形势是指该国宏观经济的运行状况和走向，它可以从总供给与总需求的状况、投资与消费的关系，一、二、三产业之间的关系，城乡关系以及地区发展协调关系、经济发展趋势、国际经济发展环境等去判断，必要时还可以借助数量模型方法，比如时间序列方法、计量经济模型分析法、投入产出分析法等去分析。宏观经济政策是一个国家从全局出发或应对国际经济环境的变化，对其产业结构、经济结构进行优化调整所做出的重大举措。国家的宏观政策对于企业运营产生影响，继而波及供应链金融领域。

3. 关检信息

全球供应链与口岸资源紧密相关，关检政策的变化直接影响供应链金融，甚至造成供应链中断，引发风险传导。当前的中美贸易摩擦过程显示，关税税率的变化对供应链企业的影响是巨大的，引发金融风险传导的概率也在增大。关检政策除口岸关税、进出口环节税税率调整，口岸管理费增减之外，还有直接影响进出口贸易的检验检疫政策，这很容易对供应链运营效率带来冲击。当前美国政府向诸多国家发起的贸易纠纷，正蔓延到货币领域，加大了诸多货币汇率的动荡，进而影响到国际供应链节点间结算的稳定性。这说明，汇率风险直接影响供应链金融，是关联其风险传导的重要影响因素。在实际运作中，汇率风险又体现在交易风险、折算风险（会计风险）、经济风险（经营风险）等领域，因而，汇率变化是国际供应链运营中一个十分重要的影响因素。

4. 运价信息

基于国际物流的供应链金融，必然与货物的运输价格密切相关。

由于水运、铁运、公运、空运、管运五种运输方式的运价差别甚大，贸易商在选择物流商时需要在价格、时间、效率、质量等诸方面进行权衡，尤其是滚装运输和多式联运能力的大小，也是物流商综合服务能力的一个标志。运费的变化将对贸易商、物流商甚至整条供应链的利润率以及风险防控能力产生影响。

（四）贸易要素

贸易要素主要包括：物价信息、数量信息、运输信息和商家信息等。

1. 物价信息

货物价格波动影响全球采购供应链的稳定，它一般分为出厂价、经销价、市场价、需求价；对于一些特殊品种的价格，如小麦等农产品，有产区收购价、产区出库价等，均以出厂价对待，各个粮食批发市场的价格以市场价对待。对于外贸商品，其计价方式多样，常见的包括离岸价和到岸价等。货物价格变化趋势，根据货物的生命周期来确定其价格变化趋势的时间区间，可以参考货物的价格指数或者历史成交价格来分析其价格的变化趋势。实际使用中应优先选取权威部门或者期货市场发布的价格指数。

2. 数量信息

货物总价值，也反映了货物总风险的最大值。贸易额是指一定时期内企业与国外贸易货物的全部价值。计算方法为企业当期贸易额减去办理延期报告的不在当月收汇的金额，加上预收款报告，在当期收汇的金额，加上特殊登记报告贸易额后的数据。货物的数量和票数，是反映货物数量的指标。

3. 运输信息

运输状态是指货物运输当前的状态。提货地点是指双方约定的提货地点，委托方在提货地点提货的视为被委托人的义务履行完毕。在途货物票数是指已经承运但尚未交付的货物的票数。是否 HBL（无船承运人提单），即是否使用了无船承运人。运费金额，体现运输所能接受的风险最大值。

4. 商家信息

商家信用等级是指商家的信用、品质、偿债能力以及资本等指标级别，是评判商家综合水平的重要指标。国际上采用“四等十级制”评级等级，具体等级分为：AAA，AA，A，BBB，BB，B，CCC，CC，C，D。商家信用等级同时也是衡量企业财务能力的重要指标体系。国际公认的评级机构包括标准普尔、穆迪、惠誉等。

二、金融风险传导影响要素的互动关系

供应链金融风险传导影响要素之间存在互动关系，有些要素是初始变量，有些要素是中间变量。节点企业、法人代表、环境资源以及贸易环节分别呈现出的子系统风险传导度，最终复合成供应链金融系统的风险传导度。

（一）节点企业风险传导要素的关系

在供应链风险传导系统中，节点企业尤其是核心节点企业风险传导的影响力更大。在实务操作中，节点企业的资本信息、营运信息、财务信息和信用信息一方面是风险传导的主要载体，另一方面也是容易察觉进而防控的重要抓手。

节点企业风险传导有多个要素变量，它们之间存在互动关系，其相互作用动力原理如图 6－4 所示。其中，投资失败率、资产抵押率、企业债务率、员工社保率、关联交易率以及注册资本、股权结构等可以看作初始变量。以初始变量为基础，影响到资本信息和营运信息的变化，继而影响财务信息和信用信息，通过财务报告、审计报告、年度报告、缴税记录、银行流水、信用报告展示出来，决定该节点企业的风险传导度。

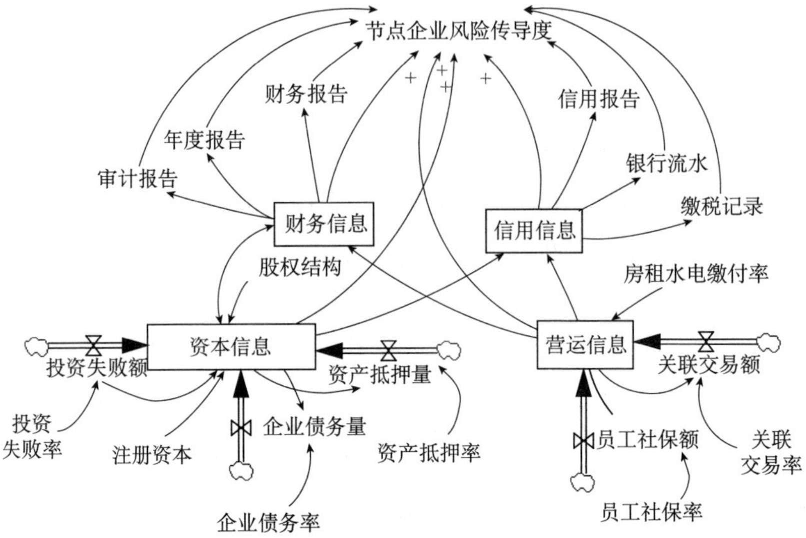

图 6-4 节点企业风险传导要素变量的关系

（二）法人代表风险传导要素的关系

每一个成功的企业均有一个伟大的企业家，企业的法人代表在一定程度上决定了企业未来的发展。

在法人代表风险传导子系统中，可将起始变量定为个人债务、不良嗜好、长期居住地和法人代表国籍，中间变量分别为信用卡还款记录、身体状况、配偶及子女情况和芝麻信用分，最终形成法人代表子系统的风险传导度的互动关系，如图 6-5 所示。

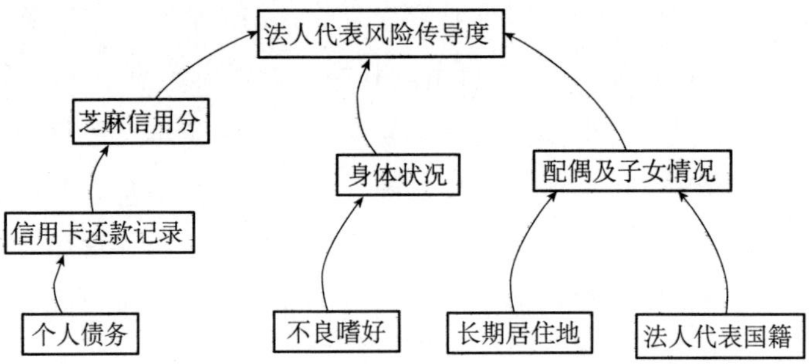

图 6-5 法人代表风险传导要素变量的关系

（三）环境资源风险传导要素的关系

当前由美国发起的贸易摩擦对全球采购供应链的冲击，已造成诸多节点企业甚至整条产业供应链中断，甚至造成一系列货币金融风险的传导，这再次显示出经济环境资源风险传导的破坏性。

在环境资源风险传导子系统中，起始变量包括贸易国经济形势、宏观政策、贸易国政治稳定性和汇率风险，这些变量将影响关税税率、运输费用和商品价格，最终影响环境资源的风险传导度发生变化，其作用原理如图 6－6 所示。

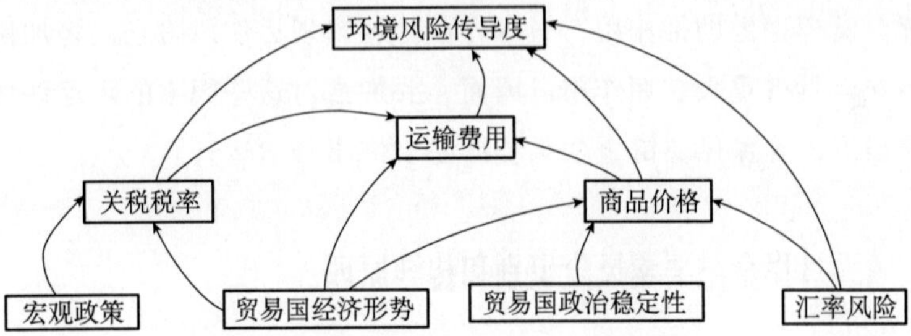

图 6－6　环境资源风险传导要素变量的关系

（四）贸易环节风险传导要素的关系

国际贸易与国际物流互为支撑，贸易环节子系统的风险传导对国际物流支撑的供应链金融传导影响巨大。

在该子系统中，起始变量包括商家信用等级、商品价格、提货地点和货量、票数，中间变量有在途货物票数、货值、是否 HBL 贸易和运费，最终通过贸易额影响贸易环节的风险传导度，其互动原理如图 6－7 所示。

调研和实证数据显示，在供应链金融风险传导系统中，基于国际物流的供应链金融风险体系，风险防控的重点在节点企业、法人代表、环境资源和贸易环节诸方面。这四个领域诸多要素在风险传导过程中具有互动关系，一方面，在健康运作时它们可以稳定供应链金融

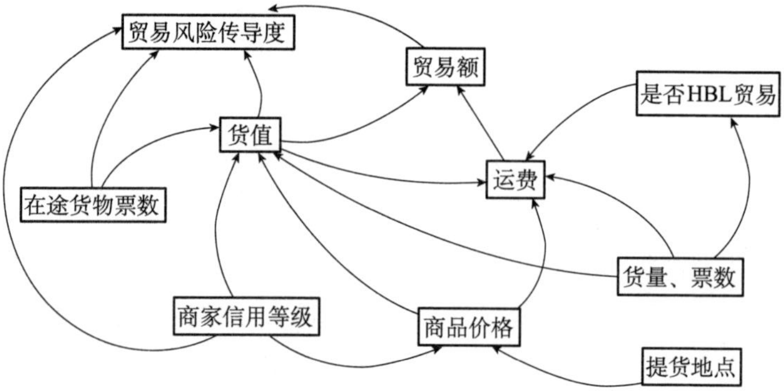

图 6-7 贸易环节风险传导要素变量的关系

系统，发挥稳健助推作用；另一方面，若出现运作风险它们将加快风险传导，具有重大破坏作用。因而，要加强对这些因素的跟踪评估和监控预测，确保供应链金融系统的稳步健康科学运行。

三、口岸金融要素风险识别和传导原理

（一）供应链金融风险要素识别

1. 供应链金融风险识别的路径

风险识别路径就是要分析基于国际物流的供应链金融体系的风险源是什么，是怎样通过风险载体传播到达风险宿主的。从探寻风险源到风险载体，再到风险宿主，其识别路径如图 6-8 所示。

风险源是指滋生风险的温床，它包括内部风险源和外部风险源。内部风险源主要是由于企业生产与贸易运作过程中，决策管理、资源整合、管理领导等具有较大不确定性而产生的各种风险，在基于国际物流的供应链金融体系中，内部风险源表现在企业经营情况和法人代表情况两个方面；外部风险源主要是指因国际贸易环境的不确定性而产生的各种风险，主要包括市场动态、贸易政策、关税税率、汇率变化、经济政治、突发事件等不确定因素。

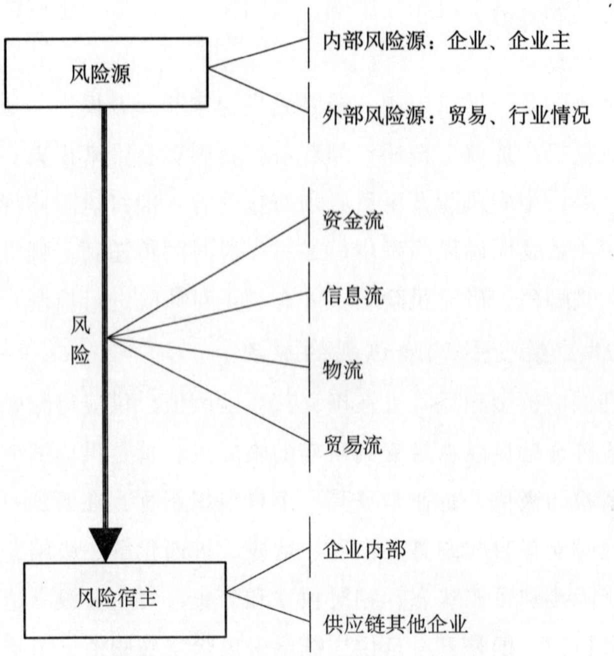

图6-8　供应链金融风险识别的路径

对于国际物流供应链，各节点企业是紧密关联的，各节点企业之间的风险源也是相互联系、相互作用的，从而形成了金融风险在供应链上的传导。金融风险在供应链上传导一般是借助某种载体蔓延的。第一，商品申报要素，如价格、出口额、买家信息、国别、数量、频次等的贸易流如果出现问题，就会涉及交易活动的重新调整，就无法按照原合同要求完成贸易；第二，在供应链上一旦哪家企业出现金融风险，其上游企业就会因为回款不及时而不能正常生产，下游企业就会因为供应不及时而无法正常销售，风险就会借助资金流载体在供应链上传播；第三，商品如果不能很好地仓储和运输，不能按照规定的时间运达指定的地点，也会成为风险的载体，直接影响到上下游的生产与销售；第四，供应链各个节点企业为了加强合作，推进优化决策，就必须充分掌握合作企业的相关信息。各节点企业如果隐瞒对自己不利的信息甚至作假，对供应链带来的风险也是巨大的。贸易流、物流、信息流、资金流相互影响、共同作用，已成为供应链风险传导的主要载体。

金融风险是一把双刃剑，最终表现为收益或者损失，如果风险没有转变成危机，那就会按照计划获益，否则就会带来损失。不论表现为哪种结果，金融风险发生后必须有接受者才能将风险体现出来。研究风险宿主就是明确风险发生后经过一段时间传递到了哪里，风险的最终去向是哪里，确立风险宿主才有利于对风险进行控制。

2. 供应链金融风险识别的原理

识别供应链金融风险重在确立其风险阈值。供应链金融风险阈值是指供应链金融风险从量变到质变的临界点，也是供应链节点企业所能承受风险的极值。企业本身是一个自组织系统，在遇到一定范围的金融风险时能够自我调整、恢复、适应，进而化解、吸纳，这时各风险源处于隐藏和可控状态，相对独立和静止，对企业没有造成负面影响和重大损失。但是，一旦供应链金融风险突破阈值，节点企业将无力承载、吸纳和化解，这时就会给企业带来巨大财务损失，甚至造成金融危机，因而，需要强化对供应链金融风险的识别，其识别原理如图6－9所示。

风险识别过程中一个重要判断就是风险中断，它是指供应链金融风险没有突破风险阈值，由于风险源的客观条件忽然消失，以及供应链节点采取了积极的预防和控制措施而被迫中断。比如，国际贸易中，核心企业考虑到某一供应商的供货能力不足，而提前选择了多个优质供应商，防止货物短缺贻误商机。又如采购商提前检测到生产商上游企业原材料存在一定的质量问题，从而降低了供应链产品质量风险。

金融风险超出了阈值，又没有采取中断措施，风险就会释放出来，在供应链上传递。这时风险流量、风险动力超过供应链节点企业阈值，该节点企业无力化解风险，风险的潜在能量迸发出来，借助风险载体，在供应链上扩散和蔓延。传导出来的风险会进入上下游企

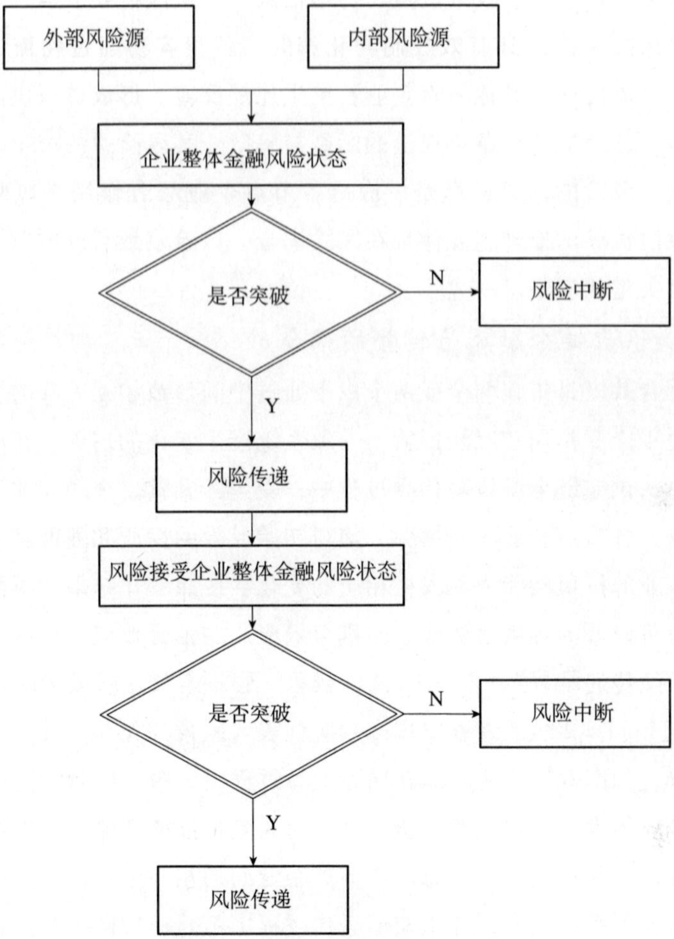

图 6－9　供应链金融风险识别原理

业，风险能量如果未达到这些节点企业的阈值，风险会中断，如果超过接受节点阈值，或进一步更大范围传导，给供应链节点企业造成更大破坏。

（二）供应链金融风险传导分析

基于国际物流的供应链是一个由供应商、制造商、贸易商、采购商和消费者等构成的紧密联系的复杂网络，各节点企业通过业务往来，相互贸易投资、投入资金、传递信息。当供应链某节点企业产生的金融风险无法得到有效控制与化解时，就很容易通过物流、资金流、信息流传递到其他节点企业，产生连锁反应，形成整条供应链金融风险，甚至造成整条供应链的断裂与解散。其风险源的产生、风险的传递、风险的凸显，都是供应链各节点企业综合作用于风险的结果。风险传导的原理主要体现在风险耦合、风险收敛与发散以及风险迸发等关键效应中。

1. 供应链金融风险传导的耦合

耦合效应是指在两个或两个以上通过中间环节相互关联的子系统中，由于交互作用和互相影响，导致系统产生变化的现象。在国际物流支撑的供应链金融风险传导过程中，受国际经贸、金融和政治环境的影响，各节点企业相互博弈，使得初始风险的性质和强度随着传导节点企业的抗风险能力而发生相应的变化。按照变化结果的不同，耦合效应可以分为纯耦合效应、强耦合效应、弱耦合效应。纯耦合效应代表风险传递结果产生 $1+1=2$ 的效果，强耦合效应代表风险传递结果产生 $1+1>2$ 的效果，弱耦合效应代表风险传递结果产生 $1+1<2$ 的效果，如图 6－10 所示。在国际贸易过程中，由于国际物流综合平台有效应用大数据挖掘和分析，其应对风险传导的智能化水平快速提升。首先，通过畅通的信息增进节点企业间的相互了解，夯实供应链合作伙伴关系。其次，在供应链运作过程中不断推进链上节点企业组合的优化，提升抗风险能力。最后，建立供应链风险化解共同体，实现供应链金融风险弱耦合的效果。

2. 供应链金融风险传导的收敛和发散

在供应链金融风险传导管理过程中，必须重视对收敛式传导和发散式传导的辨析。收敛式传导，是指风险以某一节点企业为中心，各个方向的风险同时向中心节点企业汇聚传导，中心企业成为风险的最终接受者。这种传导模式由于路径清晰，化解风险的策略相对容易制定。发散式风险传导，是指风险以某一节点企业为中心，向所有业务

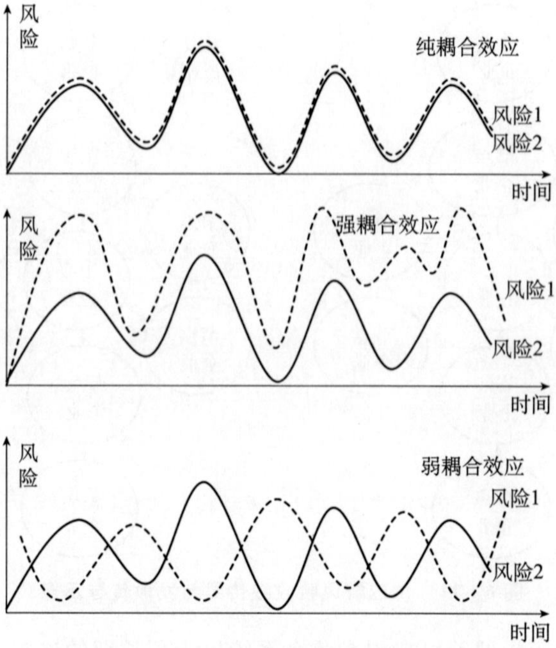

图 6－10　供应链金融风险传导耦合示意图

相关联的节点企业传递散发。在这一传导模式中，中心企业是风险的释放者，因而风险传导路径较为复杂，风险处于扩散与不断叠加的动态变化之中，对供应链影响较大。两种传导模式如图 6－11 所示。基于国际物流的全球采购供应链，要加大对发散式风险传导模式的控制，确保国际供应链金融的健康发展。

3. 供应链金融风险流的迸发

在全球采购供应链金融风险传导的控制过程中，要特别关注风险流的迸发。风险流的迸发指的是某一风险的微小变化，导致一系列风险流的出现或者放大，这一风险的微小变化起到了推波助澜的作用。常见的风险流迸发效应包括蝴蝶效应与多米诺骨牌效应，这将直接影响到供应链金融的绩效。

一只蝴蝶扇动翅膀可能引发一场龙卷风。蝴蝶效应最早应用在气象学中，由于事物在复杂系统中具有相关性，初始状态下某一事物的

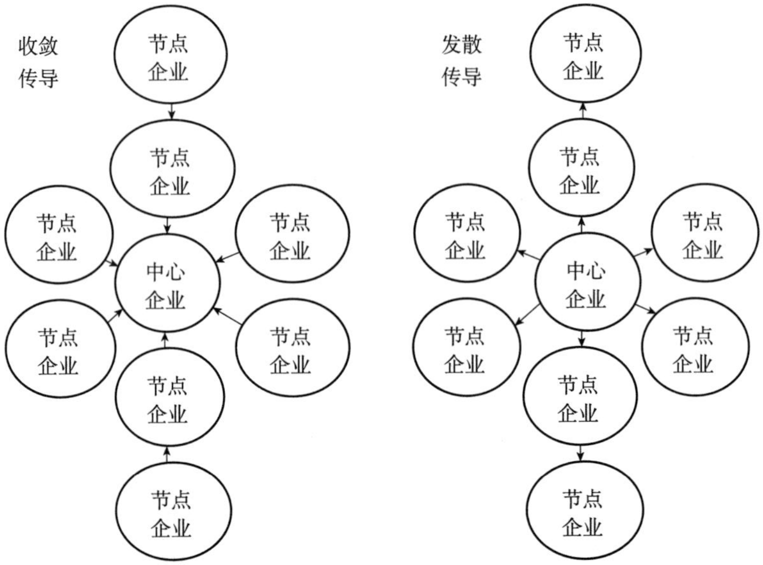

图 6－11　供应链风险收敛传导与发散传导示意

微小变化与运作偏差可能引发整个系统巨大而长期的连锁变动。在国际贸易供应链金融风险传导过程中，同样存在蝴蝶效应，尤其是在供应链业务关联度较大的时候。供应链某一节点企业一个微小的风险源，如果处理和控制得不及时，有可能导致供应链上下游企业甚至更远的企业连续遭受损失。例如，供应链某节点企业出现融资问题，资金周转困难，不仅本企业的生产和质量难以保证，连上游企业的货款也无法支付，下游企业需要的产品也得不到保障，造成下游企业停工待料，出现经济、信用方面的损失，还会扩散到更远的节点企业，产生更大的不良影响。因而，供应链管理要做到防微杜渐，以免微小的风险源带来难以估量的金融风险。

多米诺骨牌效应是 20 世纪 30 年代由海因里希（Heinrich. H. W.）提出的，用一系列因果的连锁反应来解释 20 年代美国工业事故的频发。在人为推倒第一张多米诺骨牌后，后面的骨牌墙会发生连锁反应，接连倒下。如果拿掉其中一枚骨牌，连锁反应就会停止。多米诺骨牌效应说明，人为因素起到了极大的作用，一个很小的力量就会带来翻天覆地的变化。国际贸易供应链中，各节点企业借助商流、物流、信息流、资金流紧密联系，初始时刻某一节点企业引发的风险，很可能通过利益链的传导引发供应链企业产生多米诺骨牌效应。实际上，供应链风险的传导最大的因素是人，因而人员的规范操作在抵制风险中能起到重要作用。

风险的产生与传导会直接影响供应链金融的绩效，按照供应链金融绩效指标三要素——融资周期、融资量、融资费率，融资周期越长，资金的风险越大；融资量代表资金的占用程度，融资量越大，风险也伴随增大；融资费率代表融资的代价，一般来说，融资周期越长、融资量越大，费率越高。这三个指标与供应链风险密切相关，供应链越是稳定，合作持续时间越长，融资越频繁，融资费率就越低。相关要素的关系如图 6－12 所示。

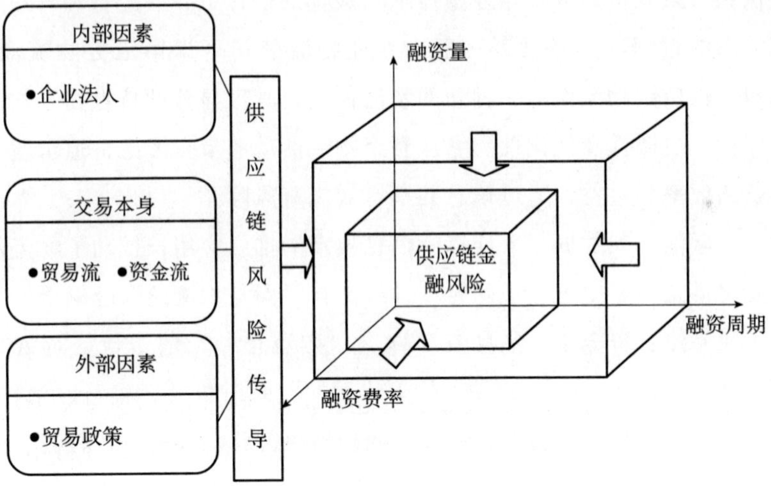

图 6－12　风险传导对供应链金融绩效的影响

在全球采购和国际物流背景下，供应链金融运作地位特殊。由于国际市场和供应链节点状态瞬息万变，加强对供应链金融风险的管理意义重大。供应链金融风险管理重点在于对风险识别和风险传导的把握，要准确掌握供应链金融的风险源、风险载体和风险宿主，洞察风险传递的路径，积极应对供应链风险的耦合，避免或降低供应链风险流的迸发。

第三节　一种跨境电商物流供应链金融风险评估的方法

一、技术背景

供应链物流是与“第一方物流”“第二方物流”“第三方物流”所不同的一个概念，主要是看待问题的视角不同。它不是依据从事物流活动企业或部门的身份去定义，而是从价值链的视角，充分考虑在产供销一条龙上的各个企业整体绩效最优的条件下，去经营和管理物流活动的过程。其经营者一般由专业物流公司（即第三方物流商）承担。供应链物流作为一种新的物流模式，其最显著的特点在于它的一体性、协调性和优化性。它从整个物流活动的节点考虑，追求整个链条的效率和效益，通过信息共享有效规避风险。

互联网、大数据、云计算等信息技术的推广应用，推动了物流产业发展模式乃至中国经济的转型升级。互联网与物流的深度融合，加快了贸易流、资金流、信息流和物流“四流合一”的步伐。而2017年5月12日，WannaCry病毒在全球暴发，政府机关、银行、学校、机场、港口等机构包括个人一夜之间均惊恐万状，物流、资金流、贸易流均因信息流渠道出了问题而被殃及。这个事件再次表明，在现代“多流合一”的社会，供应链、生态链、价值链等将行业、企业和自然人紧紧地联系在一起，这些链条的汇聚既提升了各链上节点抗御风险的能力，同时，若某一链条或其中的节点出了问题，其他链条或节点就将被迅速波及。因此，加强多流合一的供应链金融风险的防控具有十分重要的意义。

供应链平台风险可能来自方方面面，基于国际物流的供应链金融体系的风险分布可以厘定为企业信息隐含的风险、企业法人代表隐含的风险、交易信息隐含的风险以及行业和市场动态隐含的风险。在互联网+环境下，供应链平台的地位越来越重要。多源信息融合、多渠道资源汇聚、撮合交易整体推进、平台“资金池”的作用等均在不断加强，风险防控问题的紧迫性日益强烈，对风险管理的诉求越来越大。

风险管理是指在经营运作过程中，在具有风险的环境里，把风险可能造成的不良影响减至最低的管理过程。一般来说，对风险的管理包括风险的识别、风险的度量、风险的控制和风险的规避等环节。目前对小企业融资常用的风险识别方法主要有“要件法”和“风险评级法”。要件法是按照现行的信贷管理制度规定办理贷款的基本要件的一种方法。小企业要想得到金融机构的融资，就必须具备符合金融机构规定的各种要件。风险评级法是指资金提供机构设置一套风险评价指标体系，用这套体系对企业的信用进行综合评估，得出信用等级，只有高于一定等级的企业才能获得金融机构的贷款。目前我国大部分商业银行的信用评价体系是按照规范、成熟的大中型企业经营管理来设置的，和小企业的实际特点相差较大，在一定程度上形成了对小企业的歧视。另一方面，很多小企业财务信息质量差、可信度不高，通过信用体系评价得出的级别也得不到金融机构的认可。小企业先天的基础资料不健全、财务数据不准确、信息不透明等特点，导致传统商业银行难以用常规方法评估小企业信用，因而在风险评价法下，小企业同样难以获得融资。

如何在错综复杂的供应链金融风险中有效识别风险，需要借助风险科学的风险识别技术。对于“四流合一”的平台（即集成了贸易、金融、信息和物流的平台，例如海空网）而言，其金融风险防控体系需要考虑企业信息、法人信息、交易信息和行业及市场动态4个一级指标，每个一级指标包含了若干变量，共63个变量，每个变量记录了若干历史数据；构建风险函数一般是利用数据的内敛性并采用聚类分析，将不同风险等级的数据聚类，从而判断未来数据属于哪一类，进而判断未来数据的风险等级，但这种方法相对于具有 63 维数据的风险评估存在一定困难，尤其是在距离函数的选择上，不同的距离函数会导致不同的风险等级评估结果。

因此，在应对“四流合一”的物流供应链平台的多维数据的风险评估时，传统的风险评估方法在计算量以及结果稳定性等方面均不能胜任。

二、方法要点

本方法可应用于“四流合一”的物流供应链平台的多维数据分析，并且具有总体计算量小、计算精度和一致性好的特点。

步骤如下。

数据读取的步骤：将样本的基本信息和业务信息数据以格式化的数据格式读入。

更佳地，基本信息包括企业名称、营业期限开始日期、成立时间、营业期限结束日期、注册资金、经营异常次数、行政处罚次数、严重违法次数、失信次数、被执行次数、芝麻信用分数、合作时间；业务信息包括实际开航日、TEU、申报单价、申报总值、报关单总值、币种、运杂费、账期、实际付款天数、超期付款天数、超期付款金额。传统方式需全面计算 63 个变量，计算量巨大，需要在此基础上精简但又不能影响最终计算得到的风险等级的精确度；上述的各项具体信息很好地平衡了这两者间的关系。

数据预处理的步骤：对样本的数据进行清洗、整合，形成 p 项数据，其中，p 为正整数。

数据矩阵组建的步骤：将预处理后的数据组建为样本数据矩阵 X。

$$X=\begin{pmatrix}x_{11} & x_{12} & \cdots & x_{1p}\\ x_{21} & x_{22} & \cdots & x_{2p}\\ \vdots & \vdots & \vdots & \vdots\\ x_{n1} & x_{n2} & \cdots & x_{np}\end{pmatrix},$$

其中，$p=13$，p 为风险要素个数，n 表示样本个数。

若个别数据缺失，则使用其他所有样本的该项数据的平均值填充该缺失值，并在评估结果中予以注明。

更佳地，数据矩阵组建步骤之后还包括标准化处理步骤：对经过预处理的数据矩阵中的数据进行标准化处理，将各指标值转换成标准化指标。具体来说，

$$x_{ij}^{*}=\frac{x_{ij}-\bar{x}_j}{\sqrt{\operatorname{var}(x_j)}}\quad(i=1,2,\cdots,n;j=1,2,\cdots,p),$$

其中 $\bar{x}_j=\frac{1}{n}\sum_{i=1}^{n}x_{ij}$,

$$\operatorname{var}(x_j)=\frac{1}{n-1}\sum_{i=1}^{n}(x_{ij}-\bar{x}_j)^2\quad(j=1,2,\cdots,p);$$

标准化处理可以减小某一样本数据偏差或误差导致的计算结果偏离。

相关系数矩阵计算的步骤：按以下公式计算样本的相关系数 r,

$$r_{ij}=\frac{1}{n-1}\sum_{t=1}^{n}x_{ti}x_{tj}\quad(i,j=1,2,\cdots,p),$$

并将得到的各相关系数组建为相关系数矩阵 R,

$$R=\begin{bmatrix}r_{11} & r_{12} & \cdots & r_{1p}\\ r_{21} & r_{22} & \cdots & r_{2p}\\ \vdots & \vdots & \cdots & \vdots\\ r_{p1} & r_{p2} & \cdots & r_{pp}\end{bmatrix}。$$

特征值和特征向量计算的步骤：求相关系数矩阵 R 的特征值 λ_1, $\lambda_2,\cdots,\lambda_p$ 和相应的特征向量 $a_i=(a_{i1},a_{i2},\cdots,a_{ip})$，$i=1,2,\cdots,p$。

综合变量构建的步骤：根据特征向量 $a_i = (a_{i1}, a_{i2}, \cdots, a_{ip})$，$i = 1, 2, \cdots, p$ 将变量（$x_1, x_2, \cdots, x_p$）构建为综合变量 F_p，

$$F_p = \begin{cases} F_1 = a_{11}x_1 + a_{12}x_2 + \cdots + a_{1p}x_p \\ F_2 = a_{21}x_1 + a_{22}x_2 + \cdots + a_{2p}x_p \\ \cdots \\ F_p = a_{p1}x_1 + a_{p2}x_2 + \cdots + a_{pp}x_p \text{。} \end{cases}$$

风险决策函数构建的步骤：根据特征值 $\lambda_1, \lambda_2, \cdots, \lambda_p$ 和综合变量构建风险决策函数 Z，

$$Z = \sum_{i=1}^{r} F_i,$$

即，

$$Z = \sum_{i=1}^{r} F_i = x_1 \sum_{i=1}^{r} \lambda_i a_{i1} + x_2 \sum_{i=1}^{r} \lambda_i a_{i2} + \cdots + x_p \sum_{i=1}^{r} \lambda_i a_{ip},$$

其中，$\sum_{i=1}^{r} \lambda_i a_{ij}$ 为第 j 个指标赋的权重。

风险值计算的步骤：按构建的风险决策函数计算各样本的综合得分。

聚类分析的步骤：对各样本的综合得分进行聚类分析分级从而得到各样本的风险等级或参考风险等级。

该方法通过处理原始数据而得到科学的风险决策函数，以此计算各样本（即各企业）的综合得分并经聚类分析而得到其最终的风险等级或参考风险等级，避免了传统方法中因经验赋权不合理或赋权过程中的人为因素而导致的风险等级偏离；对于个别企业的个别数据缺失，其亦可以基于行业平均值进行补缺并给出参考的风险等级；该方法所得的结果相对于人为赋值更具有一致性，也更科学。

优选地，所述特征值和特征向量计算的步骤包括以下步骤：

步骤 1：令 $k = 0$，$R^{(k)} = R$

步骤 2：求整数 p_k，q_k，使得 $\left| r_{p_k q_k}^{(k)} \right| = \max\limits_{1 \leq i < j \leq m} \left| r_{ij}^{(k)} \right|$

步骤 3：计算旋转矩阵，由 $\cot 2\varphi = \frac{a_{p_k p_k}^{(k)} - a_{q_k q_k}^{(k)}}{2a_{p_k q_k}^{(k)}}$，$|\varphi| = \frac{\pi}{4}$，计算 $\cos\varphi$，$\sin\varphi$，并得到旋转矩阵 $U^{(k)} = U_{p_k q_k}(\varphi)$

步骤 4：计算 $R^{(k+1)}$：$r_{ij}^{(k+1)} = r_{ji}^{(k+1)} = r_{ij}^{(k)}(i,j \neq p,q)$，$r_{pq}^{(k+1)} = r_{qp}^{(k+1)} = 0$

$$r_{pi}^{(k+1)} = r_{ip}^{(k+1)} = r_{pi}^{(k)}\cos\varphi + r_{qi}^{(k)}\sin\varphi,(i \neq p,q)$$

$$r_{qi}^{(k+1)} = r_{iq}^{(k+1)} = -r_{pi}^{(k)}\sin\varphi + r_{qi}^{(k)}\cos\varphi,(i \neq p,q)$$

步骤 5：令 $E(r^{(k+1)}) = \sum_{i \neq j}(r_{ij}^{(k+1)} - r_{ij}^{(k)})^2$，

若 $E(r^{(k+1)}) < \varepsilon$，则 $r_{ii}^{(k+1)}$，$(i = 1,2,\cdots,m)$ 为特征值，$Q = U^{(0)}U^{(1)}\cdots U^{(m)}$ 的各列为相应的特征向量；

否则，$k++$后返回步骤 2 并不断重复步骤 2 至步骤 5 直至得到特征值和特征向量。

优选地，所述聚类分析包括以下步骤：

首先，从 n 个样本的综合得分中任意选择 m 个对象作为初始聚类中心，剩下的其他样本的综合得分，则根据它们与这些聚类中心的相似度（即其与聚类中心的距离），分别将其分配给与其最相似的聚类中心所代表的聚类。其中，n 为参与聚类的样本的个数，其为正整数并且小于等于 p；m 为聚类分析分级的风险等级数，亦为正整数，一般为 3～5。

其次，计算每个所获新聚类的聚类中心中所有对象的均值，不断重复这一过程直到标准测度函数开始收敛为止。

进一步地，所述标准测度函数为均方差。

优选地，所述数据预处理的步骤包括：将读入的样本的基本信息和业务信息清洗、整合成 13 项数据的步骤（即 $p = 13$）。所述的 13 项数据包括：存续年数、合作年数、注册资金、经营异常次数、行政处罚次数、失信次数、被执行次数、总货量 TEU、出货次数、出货月份数、运杂费总金额、超期付款金额、超期付款次数。上述的企业信息和业务信息的 23 项参数直接计算时仍具有较大的计算量，因此，本发明在上述23项参数的基础上对其进行进一步的清洗和整合，将其整合成上述的13项数据，并在此13项数据的基础上进一步进行风险等级的计算。该13项数据具体意义为：

存续年数："营业期限开始日期"距当前时间的年数，不足一年按一年计；

合作年数："合作时间"距当前时间的年数，不足一年按一年计；

注册资金：即"注册资金"；

经营异常次数：即"经营异常次数"；

行政处罚次数：即"行政处罚次数"；

失信次数：即"失信次数"；

被执行次数：即"被执行次数"；

总货量TEU：某一公司的所有交易的"TEU"总和，TEU是指标准箱；

出货次数：某一公司的交易次数总和；

出货月份数：某一公司交易时间横跨月份的个数；

运杂费总金额：某一公司所有交易的"TEU"总和，其货币单位与币种对应，例如人民币/元；

超期付款金额：某一公司所有交易的"超期付款金额"的总和，其货币单位与币种对应，例如人民币/元；

超期付款次数：某一公司超期付款金额大于0的次数。

三、应用说明

本风险评估方法，特别适用于"四流合一"的物流供应链平台，其通过对原始数据的挑选，选择最有代表性和最有价值的基本信息和业务信息，将数据进行清洗和处理后得到各项数据的权重，并据此计算各公司的总分值，通过聚类分析的算法由某公司在平台所有企业中的分级而确定其金融风险；少量数据缺失的个别企业也可以使用平台上其他企业的均值补缺并算出参考的风险值和风险等级。

本风险评估方法从63项风险因子中挑选与企业信息相关的12项和与业务信息相关的11项共计23项风险因子，在保证计算精度的同时极大地减少了计算量。在此基础上进一步将上述23项风险因子清洗、整合为13项风险因子，并将原始的13项风险因子 $x_1,x_2,\cdots,x_p$ 变换产生正交的向量 $F_1,F_2,\cdots,F_p$；由于 $F_1,F_2,\cdots,F_p$ 是线性无关的，$F_1,F_2,\cdots,F_p$ 相对于 $x_1,x_2,\cdots,x_p$ 主次更分明，更能反映数据结构，而对应的特征值 $\lambda_1,\lambda_2,\cdots,\lambda_p$，则反映了 $F_1,F_2,\cdots,F_p$ 的重要程度，于是用 $\lambda_1,\lambda_2,\cdots,\lambda_p$ 作为 $F_1,F_2,\cdots,F_p$ 的权重，进而 $\sum_{i=1}^{r}\lambda_i a_{ij}$ 反映了第 j 个因子的权重。其优点在于风险因子的权重是数学计算得出的，而不是通过经验赋权，更具合理性。

第七章　电商物流与农业的融合

第一节　融合发展的基础状态

随着中国全面实现现代化目标的接近，农村、农业这块短板必须抓紧时间补上，以确保全民生活水准的整体提升。根据实践探索，“三农”发展是一个极其复杂和重要的系统，其发展方案的制定、实施和优化，需要深入探究物流业与农业融合的媒介，摸清农村、农业、农产品与电商、物流、供应链之间的深层联系，探究其互动规律和理论体系，进而高效地推进“三农”问题的解决，实现乡村振兴。

一、基础概念

（一）农村物流、农业物流与农产品物流

现代物流业是一个复合性产业，有时也被称为生产性服务业。随着经济的发展和社会的进步，物流业的基础性地位显著增强，战略引领性、先导性等特性逐步被人们认可。物流业不仅仅与生产制造业联系密切，随着电商平台的普遍应用，快递物流、冷链物流等与第一产业的结合度与日俱增，对农村发展、特色农业打造和农产品上行的助推力迅速增强。

曾几何时，农村，甚至包括城市的郊区，物流配送都十分困难，当时诸多公司只好出台内部规定，对郊区和农村的快递费用另有增加。随着5G通信技术和互联网络在乡村的覆盖率大幅提升，村村通公路工程取得阶段性成效，农村物流系统基本完善。农村物流包括农产品上行和工业消费品、日常生活用品、生产资料等产品的下行等诸多内容，尤其是通过推进产村融合、乡村振兴、美丽乡村、数字治理等专项工程，农村物流供应链得到加强，末端存取、服务点布局逐步走向网格化，农村物流市场也成了各大物流连锁公司的争抢目标。东部发达地

区，城乡产业一体化布局相当完善，城乡物流市场也走向了趋同化管理。中西部地区与东部发达地区的产业阶梯形状态尽管还十分明显，但是由于国家持续的转移支付和专项扶持，其交通运输和信息化网络也在日趋规范，全国范围内的农村物流市场迈上了一个新台阶。

农业物流是农村物流的重要组成，它是围绕农业生产活动而展开的一系列物流活动，主要包括农资产品、农业设备、农业工程建设的原材料等的运输。事实上，在农业生产过程中，也会呈现出诸多废弃物件、作物废料等，需要逆向运出，这也涉及逆向物流问题。

农产品物流包含于农村物流外延之内，是农村物流的一个重要组成部分。它是农产品从种子采购、秧苗培育、作物管理、果实采摘，到整理储存、流通加工、运输配送等环节的物流活动的泛称，从广义上说，也包括海产品的捕捞、加工、贮存、冷藏、配送等内容。农产品物流在推进特色农业打造上具有重要作用，因为农产品物流的效益在于规模、质量和市场，如果缺少特色，农产品的销售市场就很难持续化发展。所以，农产品物流在现代物流服务业与特色农业的融合进程中占有极其重要的地位。

（二）物流业与农业的融合

农业与物流业的融合是我国物流实践活动最早呈现的形式。早在刚有文字记载的夏末商初，商祖王亥就带着剩余的谷物和其他产品进行以物易物，当时的牛车实际上就是物流工具，这种活动就是物流与农业融合的最早形态。后来农业的每一次进步，都离不开物流活动的支撑，不论是肥料的运送，还是果实的收割采摘，以及到集市的交易，没有物流活动是没法完成的。

随着经济全球化的深入发展，信息技术爆炸式的增长促使了新兴业态异军突起，农村、农业、农民、农产品与城市和现代产业相互交融，尤其是现代物流业渗透到了经济社会的方方面面，对满足城乡居民的生活诉求，拉动城乡产业融合发挥的作用愈来愈明显，因此，着力推进物流业与农业的融合发展已成为乡村振兴、农村繁荣、农业兴旺的必由之路。

当前，我国在推进现代物流业与特色农业融合发展领域取得一定的成效。在积极推动物流企业服务下乡，主动对接农业产业服务需求方面，尽管以往物流服务要素与资源主要集聚在大城市，各路资本逐利竞争行为加剧了各种物流服务要素向人口密度高、经济更发达的城市地区转移，但是，随着电商专业村、电商示范村、电商示范服务点的持续建设，大型物流公司向农村布点的意向已十分明显。

中央提出三次分配问题，就是要解决全国视域的公平。在不影响效率的前提下，通过体制机制的创新，引领中西部地区、乡村区域快速发展、高质量发展。农村的发展一是要素集聚问题，在保证农业耕地红线下，充分利用闲置的空间资源，集聚资本、人才、项目，开发农村、转型农业、创新农产品，这需要电商平台和物流体系的配套支撑。

农村人口密度低，尤其是东北地区和西部地区，地广人稀，物流节点构建难度较大，物流配送成本在不成规模的条件下难以承受。生鲜农产品从田地到餐桌的设想遭遇瓶颈，廉价的运输方式需要探索。所以，农村物流与农业发展是一个系统工程，需要国家政策的顶层设计，也需要基层政府的密切配合。

当前，西部地区的通信网络与东部发达地区还是无法同日而语，这就影响到电商网络销售系统的运行效率。数字乡村战略是一个大工程，覆盖全国需要时间。但现代物流服务业对特色农业的支撑作用已不容置疑。相信通过二次分配、三次分配的调节，西部特色农业发展的未来美好的前景是可期的，其融合绩效也将是显著的。

二、基础探索

（一）城乡融合

在 20 世纪 50 年代，以城带乡的发展模式盛行。发展经济学家刘易斯曾因此获得了诺贝尔经济学奖。以城带乡的基本要义是以城市为主导，将优越的城市资源要素下沉到农村，引领农村的协同发展。同时，城市要扩大自身的影响力，主动接纳拓展农村要素，尤其是农产品的上行通道，逐步形成强大的城乡结合体。这种融合城市是中心，农村是外围，乡村的发展依赖城市的辐射带动，如图7－1所示。

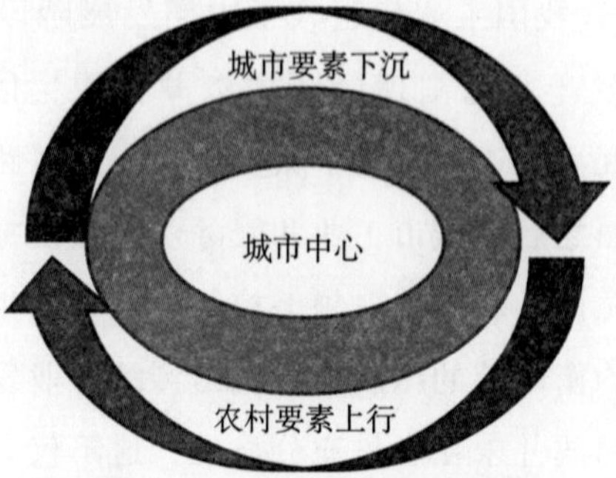

图7－1　城乡要素融合互动

进入城乡全面融合期，必然是城乡各类资源进入良性互动阶段。以城乡一体化高质量发展、城乡收入差距逐步缩小为追求，形成科技要素、物流服务、人力资源、土地空间、生产资料下行、农副产品上行、资本要素互动、城乡规划统筹的良好局面。城乡的设计充分考虑交通、游憩、居住、就业这四大传统构成，同时有利于发挥电商的纽带作用和物流的配套能力，以实现网上交易和实体物流配送的相互支撑。近几年，国家推行的特色小镇、专业小镇、电商村落、淘宝村等工程建设项目，增添了美丽乡村建设的内涵和抓手，特色农业、生态环境快速发展，乡村美丽开始展现，城乡融合进入新阶段。

城乡融合发展在一定意义上意味着城乡资源的重构。改革开放四十余年，城市空间尤其是大城市空间的超负载运行，为城市居民的工作生活带来诸多不便。出行拥堵、环境污染，尤其是各种内卷式改革更增加了青年人的心理负担，城市化带来的欢乐的边际效应逐步减退，甚至荡然无存。在这种状态下，大力推进城乡融合，势必拓展人们的快乐空间，既为城市产业释放了发展的空间，也为农村产业的转型升级带来了活力。在这个过程中，现代物流服务业扮演着特殊的角色，沟通了城乡供需，减轻了人们的采购负担，增添了生活现代化的色彩，形成了更大范围的快乐共同体，如图 7－2 所示。

（二）产业融合

进入 21 世纪，我国工业化迈入了中期发展阶段，根据工业化发展一般规律，城乡产业分割理应向“以共促农，以城带乡”转变，我国也顺应历史规律，逐步转变了城乡产业布局思路。主要是因为在城市产业发展成熟之后，城市工业和服务业已经占据了经济体系的绝对话语权，在资源调动和需求引领上控制着农业的生产方向，但农村地区长时间受不均衡政策的压制还未跳出传统农业发展路径，改革开放对于生产力的释放并未在农村充分显现，这不仅导致城乡居民收入和生活水平产生巨大差异，进而造成人口安全问题，而且会因农业生产力不足限制产业结构转型升级。正如前文所述，改革开放之前我国的城乡产业关系是建立在资金资源严重不足的条件下，农业是单纯的农副产品供给方，改革开放之后农业的支持方式向资金、土地和劳动力等多渠道转变，这在生产力解放的过程中加大了城乡差距。在此背景下，城市支持农村、工业反哺农业势在必行。

产业融合是城乡融合的进一步发展。城市融合首先以空间规划和建设为重点，是个形象工程，是外在融合。而产业融合是内涵建设，只有在产业上深度融合，城乡一体化发展才有可持续性。事实上，最近几年美国政府在高端芯片领域推行极端单边主义行为，暴露出我国产业链在深度融合上存在明显的薄弱环节，需要加快补充短板。现代农业与第二、第三产业之间的融合具有特殊性，因为农村空间有严格的农耕地红线，这是硬性规定。农村的集体用地性质在一定程度上也制约着产业的发展。历史数据表明，农民如果仅仅依靠传统农产品，不论怎样精耕细作，升值的空间都非常有限。这就是说，农业的发展必须走与生产加工业、现代服务业合作发展之路。利用乡村特色，推

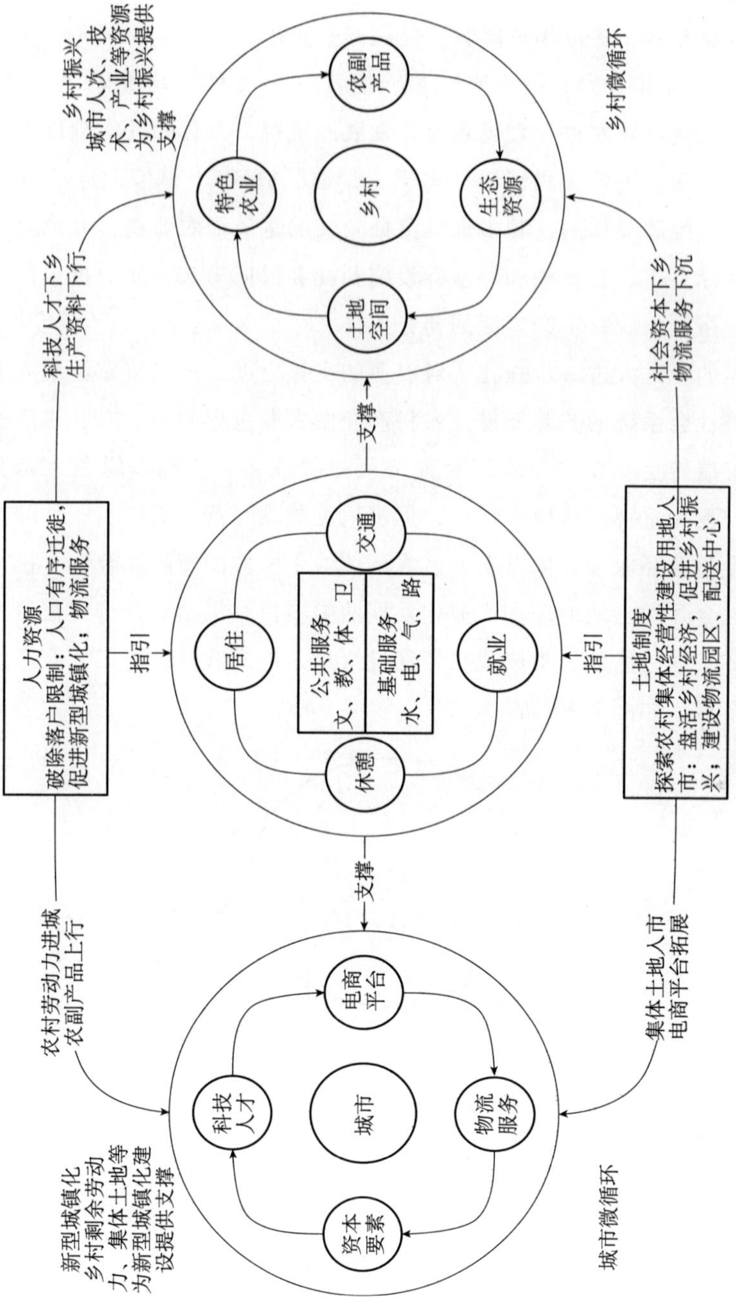
乡村振兴
城市人才、技术、产业等资源为乡村振兴提供支撑
乡村微循环
特色农业
农副产品
乡村
生态资源
土地空间
科技人才下乡
生产资料下行
社会资本下乡
物流服务下沉
支撑
人力资源
破除落户限制：人口有序迁徙，促进新型城镇化；物流服务
指引
居住
交通
公共服务
文、教、体、卫
基础服务
水、电、气、路
休憩
就业
土地制度
探索农村集体经营性建设用地入市；盘活乡村经济，促进乡村振兴；建设物流园区、配送中心
农村劳动力进城
农副产品上行
集体土地入市
电商平台拓展
科技人才
电商平台
城市
物流服务
资本要素
新型城镇化
乡村剩余劳动力、集体土地等为新型城镇化建设提供支撑
城市微循环

图 7-2　城乡全面融合

行现代农业，培育农产品品牌，拉长农产品产业链，联通信息网络，推行电商经济，建设物流园区，便利产品进出。

从 2004 年开始，中央连续 17 年的“一号文件”均聚焦“三农”问题，反映出对农村、农民和农业发展的重视，其目的是实现城乡产业统筹协调，主要方式则为“多予、少取、放活”。国家对于农业的支持是多维和具体的，其中最具象征意义的是免征农业税，并加大对农村医疗卫生、教育培训、基础设施和社会保证等多方面的投入，从根本上扭转了农村生产生活的弱势条件。

党的十九大进一步强化了对农业的支持力度。提出将农业纳入农村经济社会系统的统筹安排，农村产业由农业主导向一、二、三产业融合发展转变。在“三农”补贴方面持续改革，明确以绿色生态为导向，更加重视耕地地力保护，促进适度规模经营，支持有条件的地方建设集循环农业、创意农业、农事体验于一体的田园综合体。推动农业综合开发土地治理和产业化发展两类项目有机结合，构建覆盖全产业链条的一体化、集成式扶持建设格局，推进农村一、二、三产业融合发展，如图 7－3 所示。

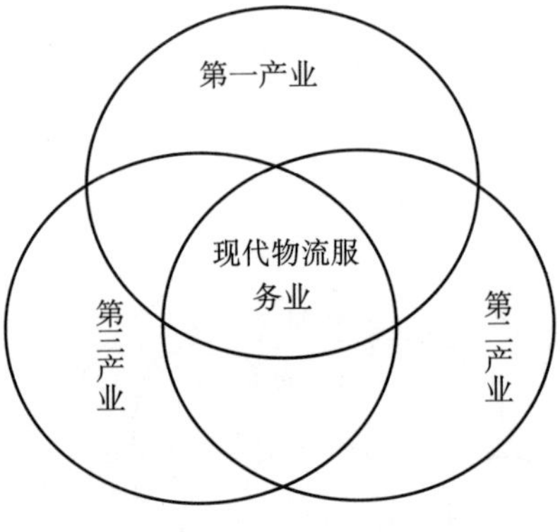

图 7－3　三大产业融合发展

城乡产业融合是解决城乡产业二元结构、城镇与农村生产互相分离的重要途径。由于视角不同，城乡产业融合这个概念在学术界没有形成一个固定的说法，根据不同的研究背景和研究目的，不同的学者对城乡产业融合有不同的认知。一般说来，它是指在一个信息对称、互相依赖的区域空间范围内，人口、资本、通信、金融、知识、技术等生产要素在城乡两个地区的空间范围自由流通，实现合理有效的配置，使城市与乡村之间的产业在分工与布局中互相关联、相互影响、相互促进，进而形成产业之间的相互支撑，造就城乡居民共同发展的物质基础，最终实现共同富裕。

城乡产业融合并不是一个简单的静态过程，而是对一个现存不成熟的产业结构进行调控和扶持。从国家历史层面分析：产业是社会生产力和社会分工的产物，是一系列相互激烈竞争、生产的产品可以高度替代且无较大差异的厂商所组成的集合，主要的微观载体就是各种生产同类产品的企业。由于历史体制的原因，城乡的各类产业在一个区域空间内曾相互分离，生产要素、资源禀赋等发展要素在产业新形态的演变发展过程中并没有得到充分的配置，城乡之间的二元结构日益显现，严重地扭曲了我国城乡产业形态的空间结构。社会主义市场经济体制确立之后，城乡之间各类产业主体之间的交流、沟通也开始变得“活跃”起来，从原本单一的个体变得联系紧密起来，逐步扭转了我国之前城乡二元结构的局面。

从相互作用的方式来看，一方面，由于人口红利、地理位置等优势，城市可以为乡村提供新进的生产设备、技术等一些高端的生产要素；另一方面，农村也可以为城市提供生产的原材料、劳动力等，两者相互关联，互相供给。在此过程中，城乡产业分工显得十分重要，无论是城市还是农村，企业内部不同部门之间的分工将影响城乡产业价值链的空间布局，这会直接体现在产品价值链的“微笑曲线”上，最终将影响城乡协同联动发展。

从发展结果看，城乡产业融合最终会消除阻碍城市与乡村生产要素自由流通、产业之间互相联动发展的“绊脚石”，充分发挥主城市对周边乡村的影响辐射力，促进乡村形成合理有效的产业空间布局，利用产业的集聚效应和扩散效应，逐渐缩小城市与乡村之间的发展落差，最终实现城乡共荣。

不同产业具有不同的行业特征，为了实现城乡产业耦合的科学可持续性，政府应该坚持以下原则。

第一，城乡产业一体化必须重视第一产业。农业，须加快农村土地的规模化集中，充分利用好农村自省的生产要素和禀赋资源，提高农产品成产率，实现农产品产量增加。要强有力地推进农产品产业化，利用好乡村地区“大分散、小集中”的产业布局结构，适当在增量的基础上开发附加值比较高、质量比较好的种植、畜牧、养殖等农产品，实现农产品加工价值链升值，重点培育出一些有特色、效益好、成本低的产业，走出一条农业增效、农民增收、农村稳定的发挥发展道路，为更有效促进第二、三产业发展奠定良好的基础。

第二，充分利用我国的社会主义市场经济政策，采取市场优化配置资源和政府适当干预调控的方式，促进城乡工业发展。城市和乡村结合自身的经济实力和资源禀赋，在一定的空间产业布局里形成合理有效的分工。城市可以将大部分劳动密集型的产业、农产品加工等处于价值链低端的产业向周边的乡村、小城镇转移，而乡村、小城镇根据自身的资源要素来“承接”来自城市的劳动密集型产业。

第三，协调好第三产业即服务业配置。在当今以高科技网络为载体的信息时代，服务业是我国市场经济中占比最大的产业，也是三种产业中最为重要的产业。要想实现城乡产业融合自然得优化服务业配置，以商业、信息、金融、科技、电商、物流为重点。就商业而言，建设城乡商贸交流中心，在广大乡村构建覆盖全区、局部集中的商业网络。在信息领域，以信息网络为载体，提升乡村地区的网络技术水平，加快推进乡村网络化进程。在金融方面，鼓励各大金融机构开展农村融资业务，同时支持政策性银行在乡村地区开展惠民的金融服务，帮助乡村农民解决借款难的问题，最终实现城乡之间金融业的均衡发展。至于科技领域，城市应积极主动利用自身实力，培养创新意识，尽可能开发出一些科技水平高、价值含量大的产品，通过产业溢出、扩散效应，将生产、加工高科技产品零部件等价值链低端产业转移到乡村，形成合理有序的产业链布局，最终使得城乡共享科技成果。

（三）现代物流业的融合

现代物流业以传统的运输、仓储等七大功能、五种方式、三大效应为主要特色，但面对信息技术的快速发展，电商物流成为热门领域，甚至有些外行人士将现代物流与快递配送画上了等号，显然这是不科学的。现代物流业与石油化工行业融合，出现了危化品物流，并且影响力迅速扩展；与国家贸易、跨境电商融合，形成了以保税仓、海外仓为支撑的国际采购供应链以及国际物流业；与会展业融合，促进了会展经济的发展，形成了会展行业物流，等等。诸多案例表明，物流业作为复合性产业，其适应性、服务性以及复合性极强。

受农村道路交通条件的制约，过去的农村物流体系一直不够健全。近几年随着农村道路工程的升级换代，村镇面貌发生了根本性改变，物流配送体系迅速完善。物流业与现代农业的融合发展备受青睐，融合规模由小到大，由弱变强，管理体制、监管机制和风险防控逐步到位，融合发展的效果逐步彰显。农村物流的覆盖领域越来越广，农产品专项物流也逐步成型。

利用数字乡村建设的机遇，利用新一代信息技术，搭建更加完善、便捷、高效、安全的农产品物流配送体系，成为农业、农村发展的新时尚。由于新技术及供应链管理在物流业上得到广泛运用，大量生产流通型企业借此实现了成本越来越低、效率越来越高的多样化、精益化物流服务，形成了现代物流体系，物流服务能力及效率持续提升，社会物流规模也快速扩大。随之而来的，则是传统物流模式难以解决的能源消耗剧增、环境污染形势不断加重、城市交通压力加大等各种问题。因此，促进一体化运作和网络化经营，大力发展绿色物流，推动节能减排，切实降低能耗、减少排放、缓解交通压力的要求十分迫切，更是生态文明建设的重要要求。

三、基础瓶颈

（一）要素瓶颈

农产品电商供应链涉及农产品从生产领域到消费领域的全过程，常见的形式为：农户（供给方）→产地批发商→销地批发商→零售商→消费者。或：生产主体→网络平台→消费主体。综合分析，制约农产品电商供应链发展的主要要素可以分为产品品质、技术水平、平台创新能力、品牌建设或营销模式、物流配送五个方面。

1. 产品品质问题

农产品本身具有易腐性及笨重性，所以产品质量本身存在不稳定性，由此导致农产品价格波动较大。加上机械化水平不高，农产品再加工效率低，为了实现产品从原产地到消费者之间的快速供应，不得不提高产品在各个周转环节的效率，因此不恰当的包装材料对产品的保护失效，也影响产品品质。

2. 技术水平问题

农产品分布不均且市场集中度偏低，增加了农产品运输成本，提高了农产品生产再加工、运输等过程中保鲜技术和冷链物流技术的要求。无论是农产品的生产加工、存储物流，还是农产品电商的信息系统等，都十分依赖技术的支持和其他行业的发展。国外农产品电子商务的发展较为完善与他们成熟的互联网络、信息技术、金融市场、农业环境是分不开的。大数据资源目前被认为是电商盈利的最高层次，近年来，全球众多行业兴起了对大数据的研究，通过数据分析掌握客户消费习惯，能够更好地制定农产品电商发展决策。

3. 平台创新能力问题

随着时代快速发展，信息量大幅度增长，传统的电商发展模式已难以符合新时代发展需求，需要电商经营人员借助大数据技术对电商运营过程中产生的数据信息进行综合分析处理，建立数字化电商平台，促使农产品在种植、养殖、交易、物配供应、市场管理等方面实现数字化发展。

4. 品牌问题

资料显示，2019 年中国农产品电商不再只专注于价格，而是转向品牌与品质等服务体验，但农产品行业中品牌建设综合水平仍整体不高。从最初的 B2B 分销，到后来的 C2C、B2C，再到现在的 O2O、多模式融合，农产品电商商业模式随着行业的发展一直在演变和进步，以适应不断变化的市场环境。

5. 物流配送问题

电商平台的线上操作效率极高，但如果线下实体物流跟不上步伐，同样制约供应链系统运行。物流配送依赖于基础设施的完善程度，目前农产品的保鲜冷藏物流运输体系不够完善，加之受到交通等方面的影响，很多农产品未能在“新鲜期”内送至消费者手中，促使物流配送工作质量下降，难以满足新时代农产品市场发展需求。不同品种的农产品其保质期、存储条件等方面都不同，这也增加了物流配送难度，依据大数据分析结果制定合理的物流配送策略是当前解决及时配送的一个重要突破口。

（二）空间瓶颈

在空间地域视角中，除了行政区划之外还有自然地理的划分，依据农产品的来源将地区划分为山林地区、牧业地区、水产地区、耕作地区和社会资源密集区五个类型，不同类型的区域所适宜生长或生产的农产品种类跨度较大，因此从地理区位上来看，传统农产品供应链体系的空间格局分布杂乱，难以及时满足消费者的需求，农村地区物流基础设施不健全，信息传递受阻、效率低下，最终导致农作物损失严重。

近年来，从空间和地理角度研究农村电子商务的集聚问题受到学术界的关注，区域经济水平、人口受教育程度、物流业水平、信息技术应用水平等是影响电商产业分布的主要原因。随着互联网逐步渗透到广大城镇和农村，衍生出了农村经济与电子商务结合的产物，该产业集聚能否形成主要取决于运输成本、劳动力成本和经济牵引。从核心节点、紧密节点和外围节点的视角来分析，也存在物流园区规划设计不到位，电商平台功能不完善，农产品品牌打造刚起步，电商与物流的有效衔接不紧密等瓶颈问题。

（三）制度瓶颈

近几年，国家出台了一系列政策激励农业产业融合发展，但政策的扶持尚未能对电商企业形成完善有效的制度法律约束，还存在虚假合作、欺骗农户和信用侵害风险，而且当前我国农民合作社更多是自愿结成，规模较小、带动能力弱。部分虚假的合作社占用了大量资源，而且即使一些电商平台主动与小农户通过签订契约的方式来约束和保障双方合理的利益，实现双赢局面，但在实际生产运作中，仍然存在违约率偏高的问题，在相关农产品订单执行的法律规范条文不够明确且法规健全性有所欠缺的前提条件下，农产品电商平台即使违约了，所承担的成本并不足以改善履约交易量。

由于欠缺对农村合作社的规范性约束，即便是正常运营状态中的合作社也存在虚假行为，可能出于某些潜在利益的因素，导致其放弃与众多小农户之间的共生互助的利益联盟，难以起到保障作用。另外政府在实施某些政策举措时，也存在双面性的情况，良好的政策措施在执行的过程中会体现其对于小农户、合作社等农产品供应端的合法利益，但如果该政策偏离实际情况，在可行性和市场协调中都存在不可预估的风险性，那么则会对产品的合理调控造成巨大的障碍，严重损耗行业资源和农户的利益。因此统一有效的管理机制在规避农产品电商运营过程中的风险上起着至关重要的作用。

第二节　融合发展的原理

现代物流服务业与特色农业从切入到结合，从融合的纽带节点到结合构成，以及节点要素之间的相互支撑作用，都是有一定的规律可循，有着内在必然性。

一、融合的纽带

现代物流业与特色农业深度融合的最佳纽带是电商平台，包括电商示范镇、电商专业村和电商服务站点。以浙江为例，截至 2020 年底，电子商务示范村已达 362 个，农村电商示范服务站（点）564 个。在全省 27328 个行政村中，省级电商专业村占比 4.59%，省级电商示范村占比 1.32%。在全省 875 个乡镇中，省级电商专业镇占比 14.86%。其空间分布如图 7－4 所示。

（一）电商示范镇

电商示范镇是指辖区内农产品电子商务发展水平较高，“一镇一业”特色显著并且农产品电商具有一定销售规模，对其他地区的发展能起到较强示范作用的镇。随着农产品电商的深入发展，发展具有示范效应的电子商务进农村的电商示范镇，有利于电子商务在农村地区的创新发展，促进农产品流通的现代化，对推动当地经济乃至区域经济具有积极作用。以电商示范镇为依托，对物流园区建设的诉求不断增强。

在电子商务向农村地区普及的过程中，电商示范镇对于农村经济发展的改善起到了不可替代的作用，主要体现在以下四个方面。一是电商专业镇通过网络销售的辐射带动，诉求制造业和物流业的发展，

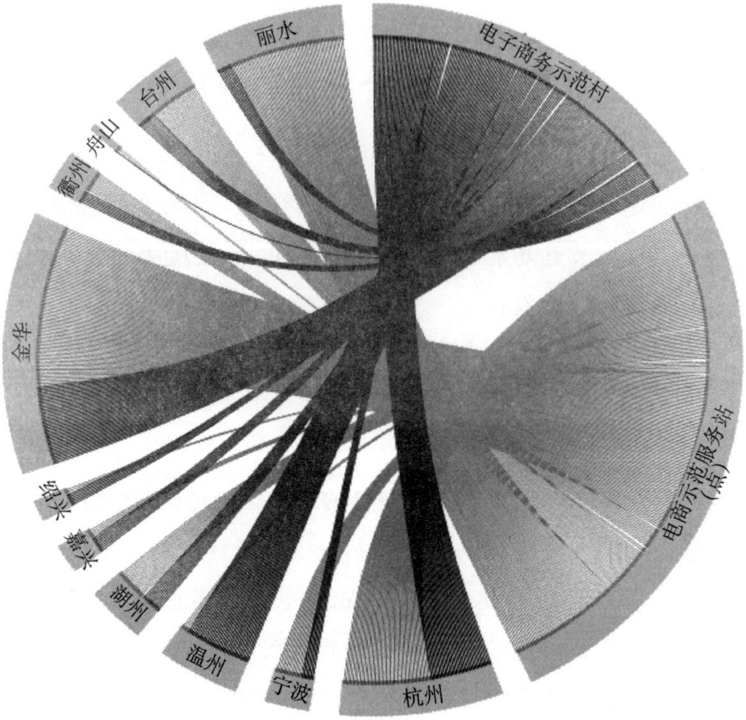

图 7-4　2020 年浙江省电商示范项目空间分布

形成相应的产业集群。在电商示范镇的建设过程中，农村地区的特色产业与电子商务模式进行融合，在电商示范镇的典型示范效应与电商的跨时空效应的双重作用下，当地产业升级优化、农产品电商化、产业结构完成转型向高质量发展，进而推动经济的增加。二是电商示范镇为满足电商发展的需要，大力发展基础实施与网络设施建设，建立完善的电商服务中心与公共服务体系，极大地提高了当地居民的生活水平。三是电商示范镇在国家大力发展农村电商的政策红利下，吸引更多的社会资本参与，形成多元化的投融资体系；加强金融机构对农产品电商的支持，提供农产品电商专项贷款，完善农村地区的金融服务体系。四是电商示范镇为当地创造大量的就业岗位，通过开展电子商务培训，培育出一批精通农产品电商运作的“新农人”，同时鼓励、吸引大学生返乡创业，增强当地的人才基础。

（二）电商专业村

电商专业村是指农村某地区的大部分农户商业性地从事农产品电商的生产或服务活动，从而使农产品电商活动成为这个村经济总量的构成主体。电商专业村是典型“互联网＋‘三农’”的产物，具有显著的示范作用。通过电商专业村建设，引出了现代物流业的发展市场，增强了物流业在农村、农业发展中的地位。

电商专业村的形成一般要经历三个阶段。首先是农村地区电商因素的引入，在电子商务环境的驱动下，由当地的产业经营者（新农人、小微企业主、创业能人、返乡创业大学生）主动引入，或在当地政府扶贫工作的协调规划下引入。电商因素被引入之后，当地不适宜发展电商的产业将被慢慢抛弃，电商专业村会结合当地及周边可以利用的资源，发展特色的农产品电商项目，同时加速传统农业的转型升级，根据市场需求的大数据，培育市场需求量大，且符合消费者嗜好的特色农产品，结合专业的物流配送体系，进而为农产品创造高附加值。其次，农村地区普遍存在的地缘、亲缘关系，将加速电商专业村的形成与发展，一旦早期的农产品电商见效，就会带动一大批的追随者，加速产业集聚，并在竞争因素的驱使下出现渐进式创新。最后，一旦电商产业化规模效应形成，就会催生专业化的服务配套体系，为了提高市场竞争力，专业村的生产经营者会进行深度的合作，提高对外的市场话语权，同时这个阶段也标志着电商专业村的发展走向成熟。

（三）电商服务站

电商服务站是农产品电商供应链节点网络必不可少的环节，是联系现代物流业与特色农业发展的最基层触点。电商服务站主要开展公益性的电商服务，为农产品电商企业或个人提供支持与服务，是当地农产品电商发展的助推器。由于农产品电商供应链的生产环节大多处于农村地区，受制于地域环境、区位特点、网络基础设施等方面的劣势，为了满足农产品电商供应链发展的需要，完成供给端与消费端的对接、供应链上游与下游的协同发展，必须建设一批服务规范、功能完善的电商服务站为农产品电商的经营提供保障。

电商服务站设立的主要目的包括：一是普及互联网，让更多的农村居民了解电子商务，融入互联网生活，享受到优质的互联网产品与服务；二是帮助农产品生产者运用农产品电子商务技术，通过电商服务站搭建与外部沟通的桥梁扩大农产品的销售，帮助农户实现脱贫致富；三是通过电商服务站的设立，聚集配套的末梢物流存取节点，将现代物流业导向乡村生产生活的最基层，甚至直接参与特色农产品的培育和市场运作，增强现代物流业与特色农业之间的凝聚力。

二、融合的结构

在农产品电商供应链中，根据农产品的基本流通过程，结合电子商务的运行模式，以农产品电商平台为依托，深度融合物流、电子支付、营销服务、广告服务等其他参与节点，形成合理的农产品电商供应链空间布局。按照节点企业在农产品电商供应链中所发挥作用的不同，可将节点分为核心节点、紧密节点、外围节点。

（一）核心节点

现代物流服务业与特色农业深度融合体系中的主轴，包括特色农业的耕作者、特色农产品集成商、加工商、电商平台以及专业物流商，构成了农产品电商供应链空间布局的核心节点，它们是农产品流通的交易主体。核心节点的身份具有二重性，它们既扮演着供应商的角色，同时也具有消费者的性质，核心节点的企业将有形的农产品资源投入电商供应链当中，同时享受着其他节点提供的服务。其空间分布如图 7 –5 所示。

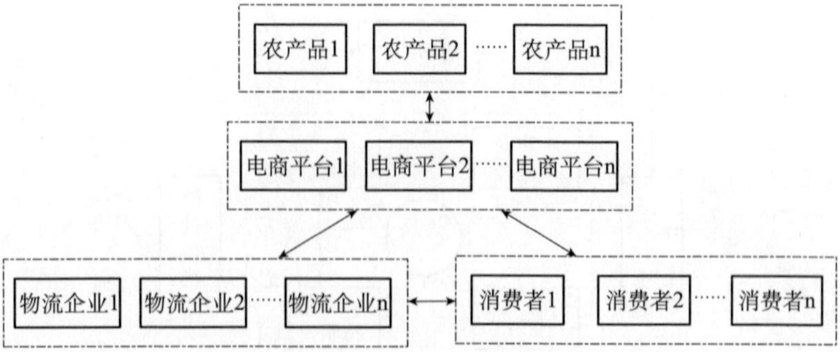

图7－5 核心节点空间布局示意图

（二）紧密节点

围绕农产品电商物流核心节点提供紧密服务的相关平台、场所和载体，如结算平台、质检机构、管理部门等，构成了农产品电子商务的紧密节点，在现代物流业与特色农业融合发展过程中扮演着重要的支撑作用，如图7－6所示。农产品电商交易平台不仅是商品交易的载体，为农产品的交易提供了平台，也为其他节点企业提供了进行农产品交易的场所，同时还承担着生态系统内部信息沟通、交易监管、资源整合的任务。紧密节点在农产品电商供应链中起到桥梁的作用，参与农产品供应链流通的其他节点企业都聚集于电商平台的周围，获取交易信息，沟通产品价格，达成交易意向，进行网上结算，最终完成农产品交易。

（三）外围节点

技术研发机构、金融保险企业、通信企业、乡（镇）政府及村委会等构成了农产品电商物流的外围节点，是推进现代物流业与特色农业融合发展的辅助要素。外围节点围绕着紧密节点与核心节点开展服务活动，是农产品电商供应链运行必需的组织，同时为电商平台与交易主体提供增值服务，提高整个农产品供应链的价值创造能力。外围节点是农产品电商供应链持续健康发展的有效保障。

节点之间存在不同程度的相互关联，通过农产品电商供应链的物流、信息流、资金流，各节点之间环环相扣，互相作用，共同维持着

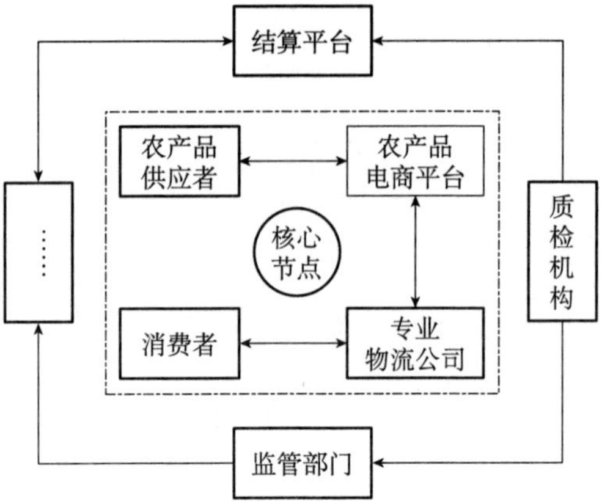

图 7-6 紧密节点空间布局示意图

农产品电商物流系统的运行。

根据农产品电商物流节点之间的联结关系与节点要素特点，农产品电商供应链要素结构如图 7-7 所示。

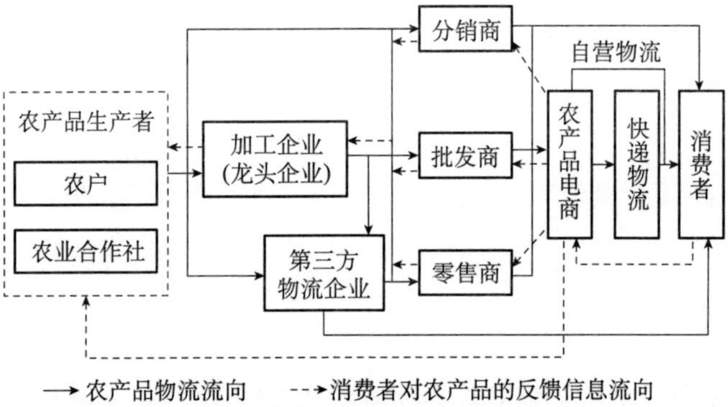

图 7-7 农产品电商供应链要素结构

三、融合的状态

(一) 相互催生

在数字乡村和乡村振兴战略的实施进程中，农村、农业、农产品电商平台的支撑作用日益明显，与之相配套的电商物流体系对美丽乡村建设愈来愈重要。电商物流模式的不断创新，为特色农业的开发、培育和规模发展提供了支撑，特色农业的发展逐步展现出强大的生命力。而作为深埋众多乡愁的黄土地、黑土地，其传统农业项目的发展潜力几乎达到了极限，亟待利用新技术、新工艺、新方法、新模式来改造农业生产。在这种背景下，现代物流服务业与特色农业在农村这片沃土上碰撞出了火花，通过专业电商平台找到了最佳结合点，相互促进，相互赋能。或者说，农产品、农业、农村专业电商物流的发展，解决了农业生产边际效益递减的问题，拓展了农业发展的新路径。在某种意义上来说，现代物流服务业与特色农业的融合发展既是时代的产物，也是产业演进的必然。农村现代物流业的发展为拓宽农村经济发展路径，提高农产品流通效率，扩大农产品增值空间，促进农民增收，有效解决我国的“三农”问题，具有很强的理论和实践意义。

（二）相互支撑

特色农业与现代物流服务业具有相互支撑的关系。农村、农业、农产品等物流的发展，必然要建立相应的专业物流园区，这些园区的建设对提高当地农民经济收入，促进地区经济发展具有重要作用。在园区建设和发展过程中，以农业重点项目建设为抓手，可以走出一条落实中央决策部署，实施乡村振兴战略，具有当地特色的新路子。一些生态赋能、科技创新、国际领先的农业产业，正打破大家对农村以耕种为主的常规印象，勾勒出一个都市现代农业产业框架，成为乡村振兴的强大引擎。抓住建设重点，要在提升城乡基础设施的协调性和公共服务水平的均等化上下功夫，完善农村水、电、路、气、通信、物流等基础设施，补齐公共服务短板，丰富文化活动，推动农村环境整体提升。同时，协调各重点项目组和有关职能部门，解决各试点村、重点项目建设中遇到的问题，形成乡村建设的合力。多部门“各显神通”还要“拧成一股绳”形成工作合力，奔向乡村振兴同一个目标。特色农业规模的不断壮大进一步增强了物流园区和现代物流服务业高质量发展的底气，集聚更多的物流企业制定项目建设规划，加大基础设施投入，充分论证项目定位，科学谋划冷链物流设施建设，等等。

（三）协同发展

现代物流服务业与特色农业的良性互动、协同发展有利于新发展模式的形成。如，“电商物流龙头企业＋农业供应链合作组织＋特色农业发展基地＋基层农户”的发展模式就是一种合作创新。任何企业在经营过程中都不可避免地受到如政治、经济、社会、技术的影响，或者也可以解释为受到经济发展、产业结构、区位优势、技术进步等因素的影响。因此分析两业融合发展瓶颈，探索物流业与农业融合新路径要以“抓项目、抓规划、抓服务、抓试点”为主线。首先围绕项目抓服务。要从规划、土地、城乡融合发展等方面入手，靠前服务，盯紧省市部门动向，分析研判，为项目建设提供准确的政策信息，指导探索推进。其次围绕短板抓规划。对现有规划成果调整，并启动新的规划策划及控规调整，解决农产品物流产业发展中所设瓶颈。还有围绕项目抓试点。在农村进行集体经营性资产股份合作制改革等方面，规范产业融合发展模式，推进综合体建设，不断提高农户收入。

一般来说，特色农业与现代物流业推进的两业融合，其发展思路必然是“基在农业、惠在农村、利在农民”，因而要坚持因地制宜、发展区域优势、促进产业关联、综合效益、整体性等原则。

第三节　融合发展的路径

农产品电商供应链的构成具有客观规律性，一是农产品自身的特点诉求上下游节点相互支撑，形成产品链；二是根据农产品的价值生成和转移规律，构成价值链；三是根据市场规律，各经营主体形成利益链。各种链条的互动，提供了农产品电商供应链的发展战略。

一、拓展组带链

（一）产品链

现代物流业与特色农业融合的成果必然表现在特色农产品上，因而，产品链的构建具有极其重要的地位。产品链是根据产品的本质属性和使用价值所形成的在产品的培育、种植、采摘、加工移动过程中上下游节点构成的链条。在农产品电商供应链领域内，农产品初级加工、深加工以及精加工过程所形成的产品链，将有利于提高农产品自身价值。农产品电商要善于选择主导农产品，延伸农产品电商产品链，改善和优化农业产业结构，对主流的农产品电商产品链进行延伸和加强。

产品链的构建要注意长短结合。从产业发展的稳定性来看，需要具有可持续发展的品牌产品，这对现代物流的专项布局十分重要。因为专项农产品需要特殊的仓储、冷链和运输设施设备，需要相应的投入，如果产品缺少稳定性，就难以实现产业化、专业化和规模化。但对于短期产品也要予以高度的关注，分析市场的潜在性，探寻产品创新的机遇，为向长期产品转化奠定基础。

（二）价值链

产品具有价值性，特色农产品从培育到最终的交易、配送到消费者手中，就是一条价值链流动的过程，如图 7 - 8 所示。

图 7 - 8 中说明了产前供应、产中生产、产后加工销售三个环节的价值附加值变化情况。在产前供应环节，附加价值的来源主要是农产品种子的研发、种子种类的规划、市场信息的规划、肥料的供应及新技术的研发等。在供应环节，种子与肥料等基础原料的好坏直接关乎农产品的产量与质量，因此这个环节能够直接大幅度提升农产品价

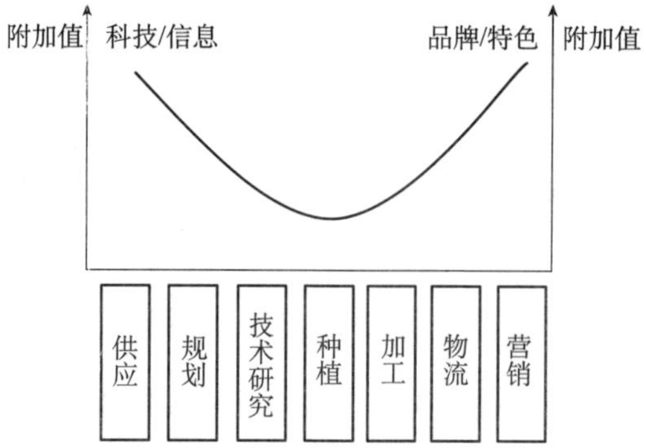

图 7－8　农产品价值链结构

格与价值，是在农产品电商供应链中价值集成的重要环节。在规划环节虽然不能直接产生价值，但是在市场信息足够多的基础上更容易将农产品溢价卖出。技术研究环节主要是种植技术的创新与开发，如智能化种植、机械化种植采摘等。能够直接增加农产品的产量、质量以及提升种植环节效率。种植环节是农产品供应链中的基础环节，同样也是价值创造与集成的基础，其余各个环节都是围绕种植环节进行展开，但是在图中可以看出在这个环节中价值附加值最低。目前，我国大部分地区没有大规模、全方位实行机械化的条件，也没有高端的种植技术，因此利润空间相对较小。农产品加工环节是为了更好地满足消费者的需求，增强个性化特色，增加产品的附加值。在物流的各个环节，也存在流通加工问题。销售环节实现的增值功能，主要体现在对农产品的分级，打造有知名度的品牌，给予农产品情感赋值，增加消费者的忠诚度等方面。

利用上述分析，画出价值链存量流量图，如图 7－9 所示。

图 7－9 中农产品在各个节点中的价值不断提升，同时农产品的价格也在不断提高。这也就表明农产品价值链增值是农产品利益链的主体，也是特色农业打造的不竭动力。特色农业的产品只有产生价值增值，才能增强价值链节点深化融合的信心，才能扩大投入，将产业融合做大做强。

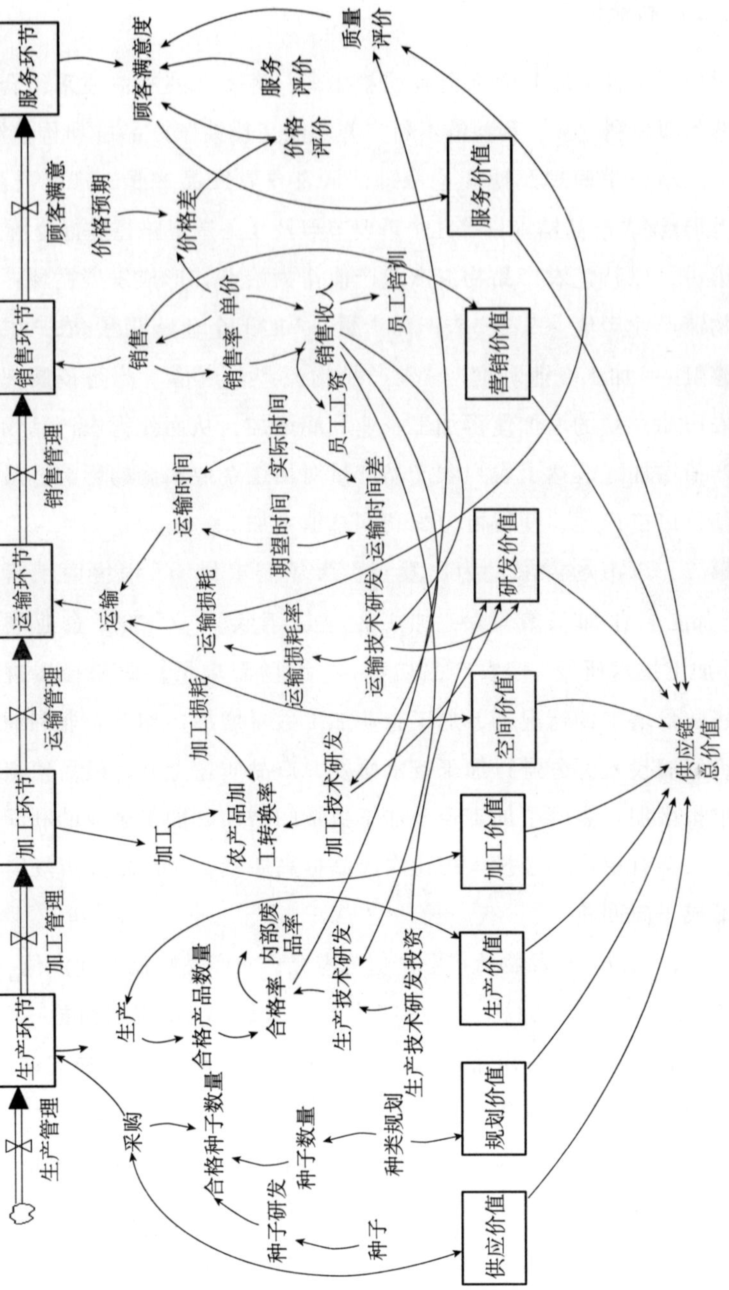

图 7－9　农产品电商物流系统价值链存量流量

（三）利益链

供应链中各个环节中都会有利益往来，将一系列利益往来组合成一条链条即为利益链。利益链不断完善才能正反馈于产品链和价值链。利用系统动力学原理及博弈论原理，从农户农产品产量、产品质量、市场需求量/农产品销售量等几个重要节点及几条重要路径进行分析。

第一，以特色农产品物流产业产值作为始点，形成发展循环：农产品物流产业产值→⁺农户农产品产量→⁺加工企业购买量/农户农产品销售量→⁺加工企业利润→⁺农产品物流产业产值。此路径展现了农户农产品产量的增加使得加工企业利润增加，从而使得农产品物流产业产值增加，表达了农户农产品产量对加工企业利润的影响，最后反馈给供应链产值，使得可分配利润总值增加。

第二，以市场需求量为出发点：市场需求量→⁺销售商销售数量→⁺加工企业加工数量→⁺加工企业加工收入→⁺加工企业利润率→⁺加工技术研发→⁺农产品质量→⁺市场需求量。此路径展现了在销售数量增加的情况下，加工企业加工数量增加，加工企业利润率上升，利润投入部分进行加工技术研发，产品质量上升，最后使得市场需求量增加。表明了加工企业加工数量的增加，加工企业的利润也上升，也会有更多资金投入想让农产品提高质量，从而增加市场需求量，形成正向回路。

第三，仍以农产品物流产业产值为考究：农产品物流产业产值→⁺销售商利润→⁺农产品线上宣传→⁺市场需求量→⁺物流运输量→⁺物流企业利润→⁺农产品物流产业产值。此路径说明销售商利润增加，从而增加农产品线上宣传费用，使得市场需求量增加，从而加大了物流运输量，物流企业利润提高，最终使得农产品物流产业产值增加。表明了供应链中，销售商与物流企业的利润是形成正向回路。

第四，仍以市场需求量为基点：市场需求量→⁺销售商销售数量→⁺销售商购买量→⁺销售商库存量→⁺销售库存成本→⁺销售商利润→⁺产品线上宣传→⁺市场需求量增加。此路径表达出库存量增多会导致销售商利润下降。

第五，以农户农产品产量研究为着力点：农户农产品产量→⁺农户农产品销售量→⁺加工企业利润→⁺加工技术研发→⁺农产品质量/产量提升→⁺农产品销量/市场需求量→⁺物流运输量→⁺物流企业收入/销售商运输成本→⁺物流企业利润→⁺农产品物流产业产值→⁺农户农产品产量。这条路径说明农产品销量增加会使加工企业加工数量增加从而导致加工企业利润增加，将利润部分投资研发，则使得农产品质量、产量提升进而使得农产品销量也相应提高，销售量增加也使得物流运输量提升，物流企业利润提高，最后反馈回农户的农产品产量。在此路径中农户、加工企业、销售商、物流企业的利润形成了正向回路。

根据上述分析，可以以此得出农产品电商物流系统价值链存量流量图，如图7-10所示。

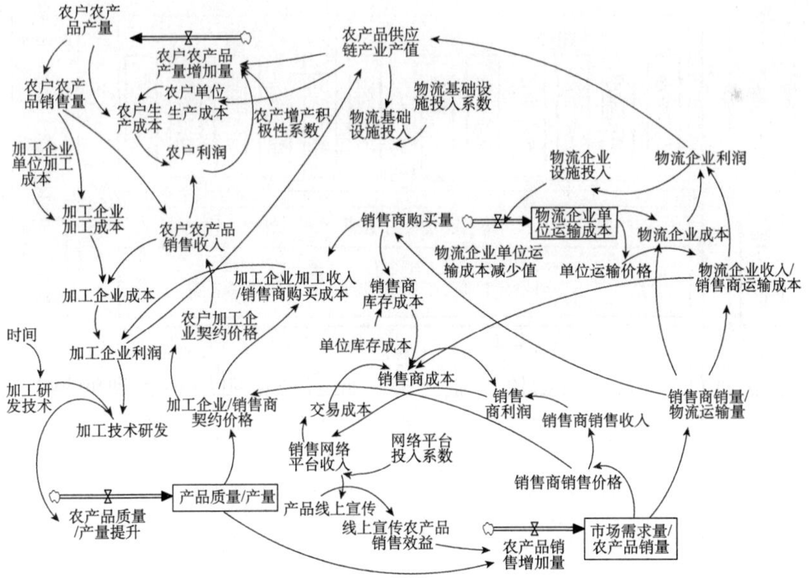

图7-10 农产品电商物流系统价值链存量流量

二、建设融合系统

（一）产业发展系统

较早提出产业发展系统概念的是 Edquist，他认为这个概念是产业发展过程中社会、科技、组织、制度、经济等方面影响因素的集合。而 Geels 则是从复杂性和动态性两个角度研究了产业发展系统的不同环节及层面。在此基础上，我们能够将农业产业发展的种植、加工、物流、销售等环节与微观、中观、宏观层面结合起来，进而构建包括服务子系统、生产加工子系统、动力子系统以及政法子系统的逻辑模型，如图 7－11 所示。从“政产学研用”协同创新内涵出发，对上述子系统进行研究，使得产业要素合理流动，系统之间协同发展。

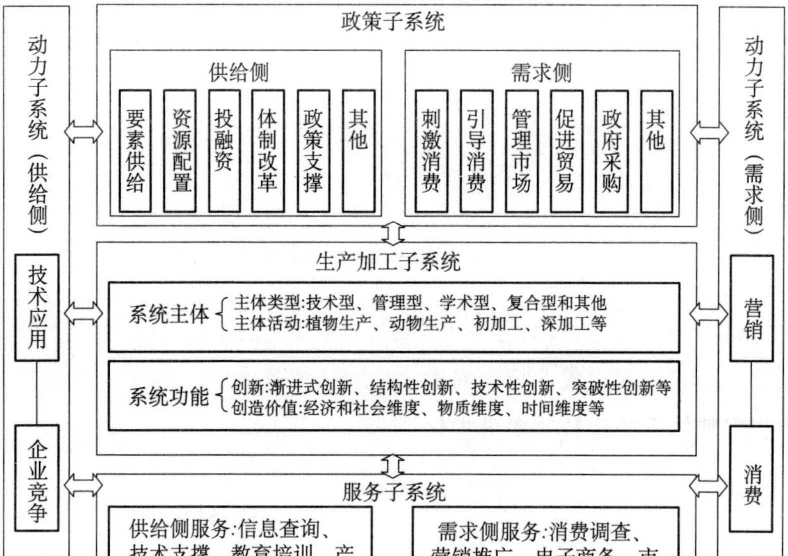

图 7－11　农业产业发展系统逻辑模型

动力子系统是相互作用的多源驱动力。该子系统从供给和需求两侧为农业产业发展提供内生动力。在供给侧，该子系统主要包括企业竞争动力以及技术应用动力。技术应用动力是农业产业创新发展的主要动力；企业竞争动力来自农业企业对市场占有率、经济效益等的追求及对竞争企业带来的压力的反应。在需求侧，该子系统主要是营销动力及消费动力。营销主要是发现、引导消费者进行消费的过程。消费是消费能力、消费需求、消费行为的综合体现。

政策子系统一般由政府出台，包含各项调控政策，也包括法律和法规等。在农业产业发展系统中，主要承担支撑、引导作用。在供给侧中，其包含了要素供给、体制改革、政策支撑等方面；需求端包括了刺激消费、管理市场、政府采购等方面。

农业产业是劳动密集型产业，因此农业产业发展系统的核心必然为生产加工子系统。其中主体类型可以分为管理型、技术型、复合型等。其主要活动包括植物生产、动物生产、初加工、深加工、精加工等。这就表明无论参与生产的是农户、专家还是管理人员，都可以被看作生产加工子系统的主体。

服务子系统是农业产业发展系统的辅助及支撑，农业产业作为综合性产业，服务范围很广，从研发的技术支撑到消费调查都有涉及。供给侧主要包括信息搜集、技术支撑、教育培训、中介代理等方面；需求侧主要包括消费调查、电子商务、市场管理等方面。

利用电子商务智能化、信息化特性，增强子系统之间的协同性，使多者之间相辅相成、相互促进，形成一加一大于二的协同效应，才能实现整体系统运转效率最大化。

（二）市场运行系统

现代物流业与特色农业融合能否成功取决于市场运行效益。剖析农产品电子商务的物流、商流、资金流的运转情况，如图 7－12 所示。在市场经济环境下，各个节点之间都存在利益交换问题，这就是市场交换系统。它主要包含价格子系统、供求子系统、竞争子系统、风险子系统。

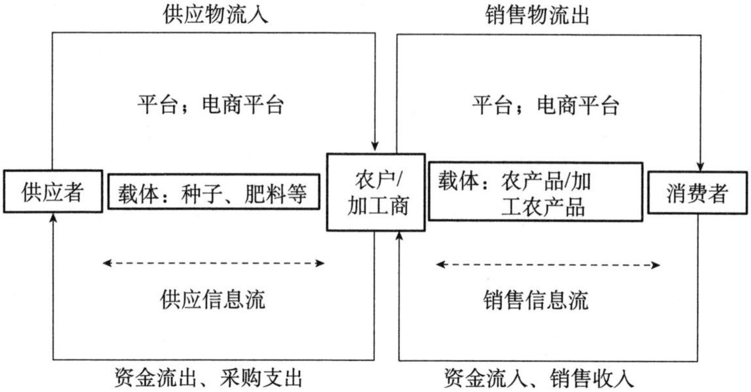

图 7－12　农业市场运行三流

价格子系统是市场运行系统的核心。价格子系统是由农产品的供需关系与价格相互制约形成的。供求数量的变化会引起价格的波动；产品价格的变化同样也会引起供求数量的波动。因此，供求趋向一致时，价格与价值同样也会趋向一致。

供求子系统是产品、劳动力及社会需要相互联系相互制约所形成的。当供需出现异常，产品价格会出现大幅度波动；当供需关系处于平衡状态，产品价格会趋于稳定。

竞争子系统是市场运行系统的驱动力，让市场始终保持活力与创造力。该子系统是市场行为主体之间为获得经济最大化而形成的。

风险子系统是市场活动和盈利、亏损、破产之间相互作用与联系形成的。在市场运行系统中，任何一个微观经济主体都会面临多种可能性。以盈利的诱惑力以及破产的压力双向作用于市场运行主体中，使市场主体更注重经营，也使市场运行朝健康的方向发展。

（三）供应链协同系统

供应链协同系统以供应链主体间的相互合作或联合为基础，并通过文化、信息、资源等形式加强各主体间物资和信息的交流，加强各子系统之间的协调，进而使供应链协同效应得以实现。该系统包括信息共享子系统、收益分配子系统、风险分配子系统、信任子系统、效果评价子系统等。

收益风险分配子系统是供应链协同实现的动因，各主体都为了利益最大化而努力。而与之相对应的则是风险，高利益伴随着高风险，其两者的合理分配，使得供应链能够在不确定环境下稳定运行。

信息共享子系统是指在不同节点处，利用网络或平台进行交流、信息数据分享、管理，以此来降低交易成本及使整体收益最大化。该子系统是供应链协同系统的技术关键，将各节点利用信息交互连接起来，加强各节点之间交流，使供应链能够高效有序地运转。

信任子系统是供应链协同的基础，由于供应链各节点间具有私人利益的原始诉求，其中整体利益与私人利益间的冲突可能导致供应链面临风险。节点间的相互信任会使供应链更安全地运转。

效果评价子系统是对供应链协同系统的协同效果的反馈系统，能够促进系统的安全性、正确性、完整性等，是对供应链协同系统的实际情况与预期情况进行审核比较的过程，能够防止整体系统突然的崩坏。

三、优化融合战略

（一）技术引领战略

产业融合需要现代技术支撑。农产品电商物流供应链技术的发展，应协调好应用推广与研究开发。在今后一个时期内，互联网思维将成为技术创新思维的一个重要组成部分，大数据、移动互联网、5G、云计算等前沿技术的研发和应用将要对包括农业在内的传统产业繁荣起到至关重要的作用。建立技术创新体系是实现技术引领战略的必要条件。要在加强理论基础研究的基础上不断挖掘新型技术的应用场所。加强农业、计算机、物流、机械等专业的教育，开拓人才培养渠道，不仅要培养研究型人才还要培养实践应用型人才。

（二）节点协同战略

节点协同是在农产品电商物流供应链多个节点之间更好地进行信息共享与沟通、协作、合作，提升各节点的工作效率。特色农业形成规模、可持续发展，在很大程度上取决于节点间的优势互补、合作协同。在投入决策上协同，加强基础设施建设，加强新品种的研发和培育，共同推进市场规模的拓展。在信息上协同共享，共同面对国内外市场的变化，及时调整发展策略。在风险防控上协同，以防控农产品市场忽涨忽落的循环。要通过节点间的协同，增强整体竞争力和影响力。

（三）多源融合战略

在产业融合过程中，特色农产品电商物流供应链各节点之间都有千丝万缕的联系，信息多而杂，因此需要使用多源融合技术搜集、调查、分析相关信息，并将这些信息进行综合处理，将同一类别的信息集中放置，进而从中提取出统一的、更丰富、更贴合需求的数据及信息。多源融合能更好地把握消费者真实需求（如农产品的甜度、新鲜度、大小、颜色与配送时间等），在给消费者带来更好体验的同时，增加市场份额，提高供应链整体价值。

第八章 农产品电商物流系统

第一节　农产品电商物流系统的演进

随着国家乡村振兴战略规划的深入贯彻落实，互联网 + 现代农业得到大力推进，农产品电商市场不断扩大，电商赋能现代农业的成效逐步凸显，农产品电商物流系统渐成规模。尤其是农产品电商平台与物流系统协同运作，有效地促进了该系统效率的最大化。

在电子商务发展与需求的引致下，物流企业采用计算机网络技术、自动化物流设备、先进的管理信息系统，进行一系列的编码、分类、采购、仓储、配送等物流活动，按照指定的时间将确定数量、质量的商品传递给网电子商务消费者，使电商物流规模不断壮大。

资料显示，电子商务肇始于 20 世纪 80 年代初期，在信息技术、EDI、BBS 等工具的支持下，美国国家标准学会于 1983 年 1 月颁布了《电子商务数据交换　数据源词典》《电子商务数据交换　发货单业务集（810）》《电子商务数据交换　购货订单业务集（850）》。20 世纪 80 年代中后期，以王可为代表主持的“中国信息经济”领域的一系列国家级课题启动，并得到邓小平同志的高度重视，我国电子商务正式起步。

一、发展阶段

电子商务与现代物流从起步到融合，40 余年来取得了辉煌的成就，总体上可划分为四个阶段，其阶段性特色和发展标志如表 8 – 1 所示。

表 8－1　　　　电商物流发展阶段划分

阶段类别	发展特色	标志性事件
起步探索阶段 1978—1999 年	新一代信息革命进入研发、生产、流通、消费等领域，现代物流业的复合性角色得到认知和应用，网上销售、连锁经营、物流配送、多式联运等模式逐步发挥对国民经济的支撑作用	1984 年 8 月 21 日到 25 日，中国物流研究会成立；1988 年，全国人民代表大会决定恢复设立物资部；1993 年启动“金桥”“金卡”“金关”“金税”为代表的重大信息化应用工程；1994 年 4 月，我国正式接入 Internet；1994 年 10 月，承办亚太电子商务大会；联合国国际贸易法委员会 1996 年 6 月提出了“电子商务示范法”蓝本；1998 年成立信息产业部；1999 年 11 月，举办现代物流发展国际研讨会
成长试点阶段 2000—2009 年	电子商务城市开始建设，电子商务、连锁经营与物流配送并列成为我国现代流通的三大方式；电商及物流平台载体的作用日益显著，现代电商与物流服务业的地位日益加强	2000 年注册成立中国电子商务协会；2001 年中国物流与采购联合会经国务院批准转制成立；2004 年 8 月，国家发展和改革委员会等九部委发布《关于促进我国现代物流业发展的意见》；2005 年 1 月，《国务院办公厅关于加快电子商务发展的若干意见》颁布；2006 年现代物流业正式纳入国家“十一五”规划；2007 年 6 月，国家发展改革委、国务院信息办联合发布《电子商务发展“十一五”规划》，这是我国发展电子商务的首部规划；2009 年 3 月，《国务院关于印发物流业调整和振兴规划的通知》发布
发展壮大阶段 2010—2015 年	电子商务成为经济社会发展的重要组成，O2O 模式得到重视，线上销售与线下实体物流的协作发展日益壮大，电商物流的专业发展得到加强；快递配送业日益强大；物流业的基础性、战略性、先导性地位更加稳固	2012 年 3 月，工业和信息化部发布《电子商务“十二五”发展规划》；2014 年 9 月，国务院发布《物流业发展中长期规划（2014—2020 年）》；2014 年 11 月，第一届世界互联网大会召开；2015 年 7 月，《国务院关于积极推进“互联网＋”行动的指导意见》发布；2015 年 3 月，国务院同意设立中国（杭州）跨境电子商务综合试验区；2015 年 10 月，国务院印发《关于促进快递业发展的若干意见》

续表

阶段类别	发展特色	标志性事件
融合引领阶段 2016年至今	行业电子商务发展迅速；电商物流的协同发展得到重视；电商物流引领现代农业发展战略着力推进；电商物流业与制造业、现代农业和其他服务业的融合着力实施；电商物流系统的绿色发展引起共鸣	2016年3月，商务部等6部门发布《全国电子商务物流发展专项规划（2016—2020年）》；2016年12月，商务部、中央网信办、发展改革委三部门联合发布《电子商务"十三五"发展规划》；2017年10月，国务院办公厅发布《关于积极推进供应链创新与应用的指导意见》；2018年1月，国务院办公厅印发《关于推进电子商务与快递物流协同发展的意见》；2019年1月1日开始实施《中华人民共和国电子商务法》；2021年8月，商务部等9部门关于印发《商贸物流高质量发展专项行动计划（2021—2025年）》的通知；2021年8月，国务院办公厅印发《关于加快农村寄递物流体系建设的意见》

二、发展成效

电子商务与现代物流业经过持续的发展，其协同运作初见成效，对国民经济的支撑引领作用日益显现。据国家统计局数据显示，2020年，全国网上零售额117601亿元，比上年增长10.9%，在新冠肺炎疫情肆虐的环境下，电子商务仍显现强大的经营力。在实物网络零售方面，数据显示，近年来，在快递物流、末端配送体系的支撑下，电商物流持续发展。据统计，2020年全年实物商品网上零售额97590亿元，增长14.8%，占社会消费品零售总额的比重为24.9%，如图8－1所示。

伴随国家物流枢纽城市，尤其是商贸服务型、生产服务型、边贸服务型物流枢纽城市建设，电商产业工程带动引领效应明显。截至2020年底，全国范围内电商产业园达到近2000个（包括电商产业园区，基地等），主要分布在东部沿海地区，以浙江、山东、江苏、上海、广东为主。其中，浙江省电子商务产业园数量突破400个，在全

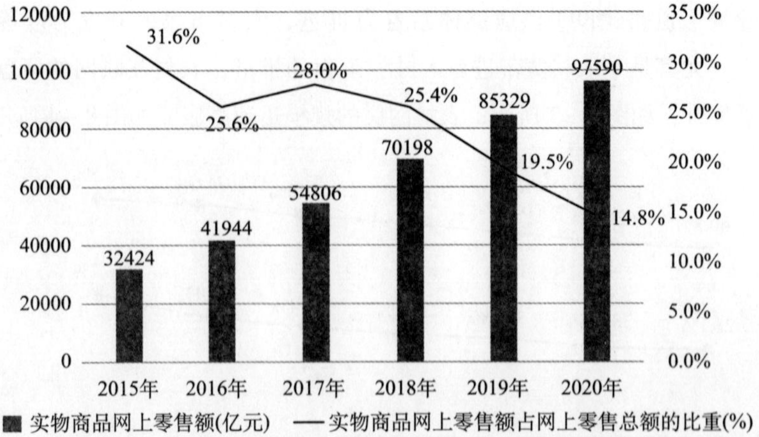

图 8-1　2015—2020 年全国实物商品网上零售额的变化

数据来源：中商情报网。

国遥遥领先，电商经济带动了农业、农村的转型发展。

根据国家邮政局公布数据：2019 年，全国快递服务企业业务量累计完成 635.2 亿件，同比增长 25.3%；业务收入累计完成 7497.8 亿元，同比增长 24.2%。其中，同城业务量累计 110.4 亿件，异地业务量累计完成 510.5 亿件，国际/港澳台业务量累计完成 14.4 亿件。2016—2019 年快递物流服务业业务量变化曲线，如图 8-2 所示。

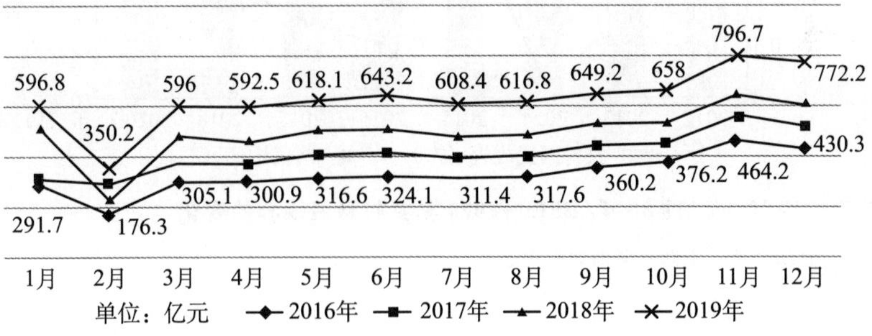

图 8-2　2016—2019 年全国快递物流业业务总量变化曲线

数据来源：国家邮政局。

随着数字乡村战略、农村电子商务示范村镇、农村电子商务示范服务点建设等工程的实施，农村电商物流市场潜力得到巨大释放。网络建设、道路建设、供应链体系着力推进，农村市场的开发力度逐步加大。尤其是“农村宽带进乡入村”工程的推进，农村互联网的覆盖率显著提升，如图8-3所示；农村网民的规模迅速膨胀，如图8-4所示。

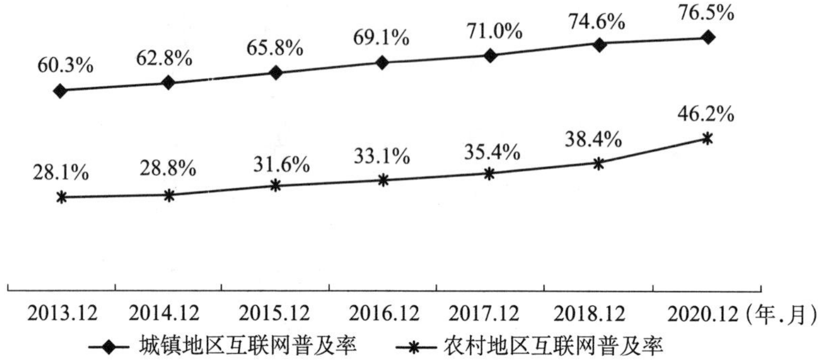

图8-3　2013—2020年我国城乡互联网覆盖率

数据来源：中国互联网数据中心。

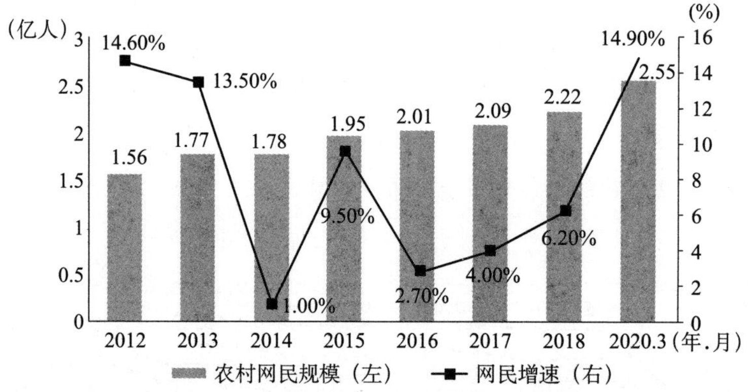

图8-4　2012—2020年农村网民规模的变化

数据来源：中国互联网数据中心。

三、发展态势

“十四五”期间，电子商务发展的主基调是服务构建新发展格局。农产品有季节性、易腐性等特点，传统农产品市场存在着地域壁垒及信息壁垒，受制于地理区位及气候条件等各种因素，农户优质的农产品卖不出去，消费者买到的产品价格高。随着农产品产业化及消费者需求的个性化，传统农产品销售模式不能够完全满足农产品的高效流通，特色农产品交易受地域限制严重，消费者也难以买到优质、平价的农产品，生产与销售不能够有效衔接。基于此现状，农产品电商的出现有效地解决了农产品销售的痛点问题，引领传统农业向“数字化”“标准化”“信息化”的现代农业转变，促进农业不断向高端产业发展。

农产品物流是实现农产品流通的必要手段，受农产品特性的影响，农产品物流对时效、温度等要求较高，且每种产品适宜的温区也有所不同。农产品电商的发展对物流提出了更高的要求，从而催生了农产品电商物流，在科技创新的带动下，能够满足现代农产品销售的发展需要，形成效率更高、流动性更强的运作模式。农产品电商物流更加专注于为客户提供“一站式供应链服务”，整合供应链，将供应链上各个参与者联系起来，从而实现供应链效率最大化。

农产品电商平台－物流系统就是以农产品电商平台为主体，将产地、电商企业、物流、信息资源、消费者等进行整合，形成一个由多种要素组成的统一体，最终实现农产品高效流通。在农产品电商物流系统中，由于电子商务的特殊性和生鲜农产品的易腐烂变质的特性，系统具有对成本和时效较为敏感、对物流技术和设施设备要求更高、最后一公里配送难度较大等特点。因此，对于农产品电商平台系统来说，物流质量的高低在很大程度上决定了消费者的满意程度，电商平台的运营效率决定了系统的基础保障。

2020 年 5 月，国家财政部、商务部、国务院扶贫办联合下发通知，决定 2020 年继续开展电子商务进农村综合示范。有效扩大电子商务在农村的覆盖面，以加快形成线上线下相融合、商品和服务并重、农产品进城和工业品下乡畅通的农村现代市场体系。这在一定意义上，进一步扩充了农产品电商物流系统的内涵和外延构成。

第二节　农产品电商物流系统的架构

一、系统构成

从字面上理解，农产品电商物流系统是由农产品、电商平台、实体物流三个关键词构成，物流的对象是“农产品”，物流的主要上游节点是“电商平台”，其系统构成结构，如图 8－5 所示。从最初始的运作来看，一般是由电商平台发起的，诉求实体物流公司完成电商平台的订单任务。但随着信息技术和农村交通设施的改善，农产品电商物流运作系统中的核心节点也在呈现多样化状态。

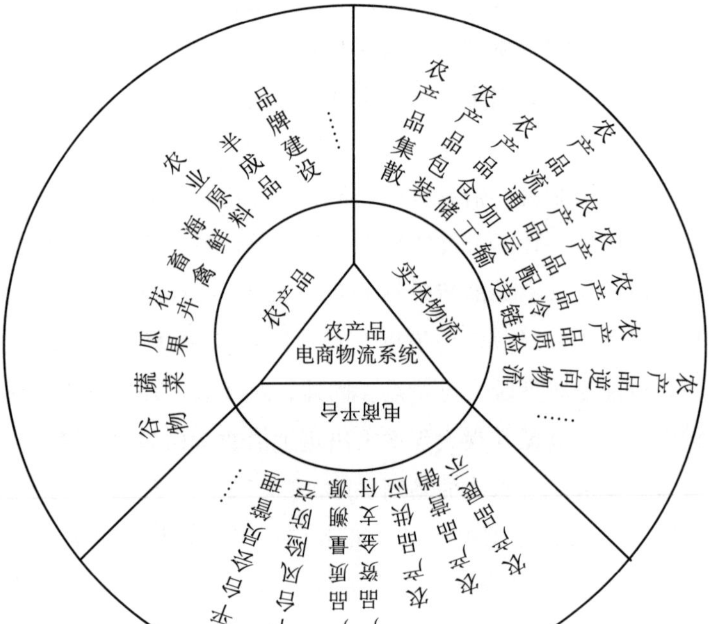

图 8－5　农产品电商系统结构示意图

特别是随着农产品电商物流系统的高质量发展，农产品电商物流系统的构成要素在迅速扩展，其上下游节点供应链链条在不断拉长，系统构成的复杂性日益凸显。

尤其是市场对生鲜农产品需求的增大，冷链保鲜技术在物流全过程的应用和无缝对接，对物流内涵的要求愈来愈强烈，农产品电商物流的专业性问题引起了人们的高度重视。本书进行市场调研和逻辑分析后认为：农产品电商物流是在农产品电商平台的用户需求引致下，以各类农产品的集散、仓储、运输、配送等为业务主体，以农产品冷链保鲜为技术支撑，所形成的物流部门或物流公司。

依托电商平台，农产品销售模式和物流服务与互联网技术相融合并不断转型升级，逐渐形成以电商平台为核心的，深度融合商品流、信息流、物流、资金流、技术流，整合供应链资源的全产业链生态系统。农产品电商物流系统中各个要素之间协同共赢，系统内部形成稳定的有序结构，以达到实现供应链的整体优化。

农产品电商物流系统是一个复杂的有机整体，主要是农产品电商系统、农产品物流系统及其他配套系统因为同一个目的而组成一个关联整体。该复合系统由农产品电商物流环节中相互作用、相互依赖的若干要素组成，本报告中将这些要素按照其特征分为基础性要素、支持类要素及功能性要素三大类。基础性要素为运营农产品电商平台及开展农产品电商物流活动所必须要投入的人力、资金、货物等，主要包含电子商务平台正常运营所投入的包括初期投资金额及后期的流动资金及融资，供应链过程中的资金流，运营电商、物流所需要的人力，优质的货源等，这些要素是完成农产品电商物流动作的基础；支持类要素指农产品电商物流运行的支持及保障条件，包括制度环境、法律法规、电子商务及物流基础设施、售后服务、网络金融、保险等要素；功能性要素是农产品电商及物流运作所具备的基本能力及配置，如网络、设施设备、物流装备、信息系统、管理运作等。这些要素看似独立运作却又相互依存，其中任何一种要素的缺失都会导致整个农产品电商物流系统效率低下甚至崩溃。

二、形成机制

农产品电商平台物流系统首先由各个要素组成农产品电商平台子系统与农产品物流子系统，两个子系统在合作过程中与各支持要素存在一定的合作关系，用一体化的思想组织复合系统的运作，就构成了一个协调发展的复合系统。在农产品电商物流运营过程中，产品运输、分拣、仓储、配送等各个环节并不是独立的，需要将各个分散的要素集成起来，首先形成局部的有机协调，再将局部集成统一起来，集合成为一个有机整体，实现整体功能大于局部之和的目标。

农产品电商平台与物流系统协同运作过程中，系统构成要素合力完成了平台展示、网络销售、质量检测、溯源跟踪、冷链运输、仓储配送、优质运输、流通加工、人员素养、客服质量、金融服务、保险索赔、系统维护、技术创新、产业发展等诸多环节，为同一个目标而进行有序运作，要素之间由点线结成坚固的网链结构，形成了稳定、强大的整体。

系统资源要素不断整合、不断提升，建立完善的综合服务体系，实现整体利益的最大化，农产品电商与物流中的成本不断降低、效率逐渐提高，从而实现资源配置最优化。

三、系统特点

农产品电商物流系统，即电商环境背景下，服务范围以农产品为主，旨在增强物流配送水平并实现物流利润最大化。其组成动态要素主要包括农产品、仓储设备、运输工具、工作人员、包装设备、通信设备等不同方面，能够给农村居民提供更为系统的电商物流服务。整体来讲，农产品电商物流系统的特征主要表现为复杂性、市场性、集成性等不同方面。

（一）集成性

电商发展背景下，针对集成性的理解，除了涉及集成物流、信息流、商流等方面之外，也涉及集成物流渠道以及物流不同功能环节层面。此外，国内农村电商物流系统不同服务要素中，还包括集成市场调研与市场预测、电商教育培训等不同方面的内容。

（二）复杂性

和原有的物流系统存在很大相同之处，结合物流系统运行环节，我们能够将农产品电商物流系统划分为下列几个不同的子系统，其中分别涉及装卸、包装、退换货、管理、运输等诸多系统。其中，不同子系统在运转中，彼此间的联系除了表现在时空和资源运用层面之外，目标冲突也是其中主要内容。例如，以包装系统为例，该系统旨在能够对物品在运输期间起到保护效果，不过当出现包装过度时，又会使得物流运输系统压力加大，也就与合理控制无效运输的要求存在诸多矛盾。

农产品电商物流系统运行管理中，不同子系统的彼此关联及作用能够得到系统复杂性的特点。另外，国民经济系统发展中，农产品电商物流系统作为其中重要组成部分，并不是独立存在的，而是与农村物流系统、城市物流系统等不同系统具有彼此影响的关系，由此导致农产品电商物流系统更加复杂。

（三）动态性

作为一种全新事物，动态性也是农产品电商物流系统在发展中的重要特点。其中，从外部环境层面看，与农产品电商有关的市场供需、产品价格等，均始终产生波动，并且在变化波动影响下，也会影响到系统内不同要素间的合理运转，不同子系统目标以及系统互动关系发生作用。此外，农产品电商物流系统在发展中，自身也具有可变性、灵活性的特点，在不断优化改进的基础上能够与社会发展实际相适应。

（四）市场性

农产品电商物流系统在不断发展中，其运行机制主要是以市场化运营为主。同时，农产品电商物流企业作为其中主要供给主体，旨在能够实现最大化盈利。也就是说，应用积极高效的管理经营模式，能够以最小输入来确保物流系统能够实现物流服务效果的最大化发展目标。农产品电商物流系统的宗旨主要以为市场提供服务为主，市场性是其主要特点。所以，农产品电商物流系统为了能够实现可持续发展，必须以遵循市场规律为前提。

（五）多目标性

这一特征表现为不同子系统很容易产生“目标背反”现象。例如，系统运营期间，如果期望物流成本较低，则会期望得到更高的物流收益，并得到最好的物流服务质量。具体处理期间，如果不同系统目标很难能够高效协同，很容易能够出现恶化的效果。此外，和城市物流比起来，农产品电商物流涉及区域的需求分布具有分散性的特点。其中，受到农村各区域物流需求不均衡的影响，使得农产品电商物流服务呈现出多元化、分散性等特征。

第三节　农产品电商物流系统的空间分布

一、总体分布

由于我国东中西部发展的阶梯性状态，从人口密度、到城乡居民的可支配收入，以及网络环境的覆盖率等因素，电子商务业务量总体数量的增长率对在东部、中部、西部和东北地区的表现差距还是比较明显的。2019 年，东部地区占全国农村网络零售额的 76.6%，中部地区占 12.0%，西部地区占 9.4%，东北地区占 2.0%。2019 年全国农村网络零售额区域分布曲线如图 8－6 所示。

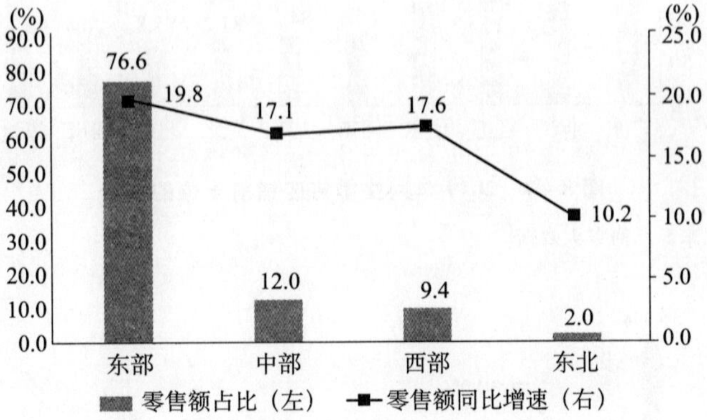

图 8－6　2019 年全国农村网络零售额区域分布曲线

数据来源：商务大数据。

二、先进区域

从网络销售的平台载体来看，2019 年东部地区的广东、浙江、江苏名列前三位。商务大数据显示，广东省达到 336.8 万家、浙江省为 205.7 万家、江苏省也达到了 154.8 万家，数量位居前十位的省份如图 8－7 所示。

在农村电商业务量分布上，2019 年位居前三位的是浙江、江苏和福建，三省之和占全国网络零售总额的 63.2%，分别为 36.8%、15.5% 和 10.9%。网络零售额前十位的省份及占比如图 8－8 所示。

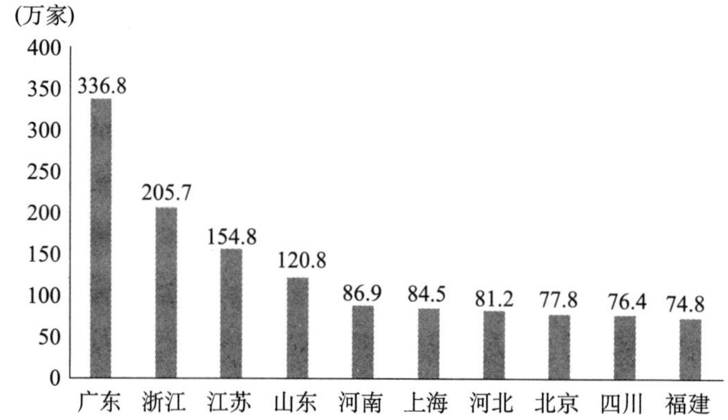

图 8－7　2019 年网络零售店铺前十位的省份

数据来源：商务大数据。

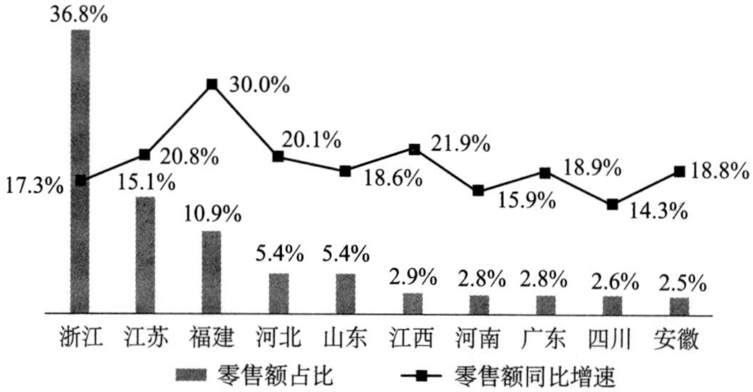

图 8－8　2019 年农村网络零售额位居前十位的省份及其比重

数据来源：商务大数据。

三、产品特点

根据商务大数据监测提供的数据，农村电商物流的主要商品分布位居前三位的还是服装鞋帽针织品、日用品和粮油食品，其额度分别占到 31.5%、18.6% 和 8.3%。2019 年农村网络销售主要品种及其占比如图 8－9 所示。

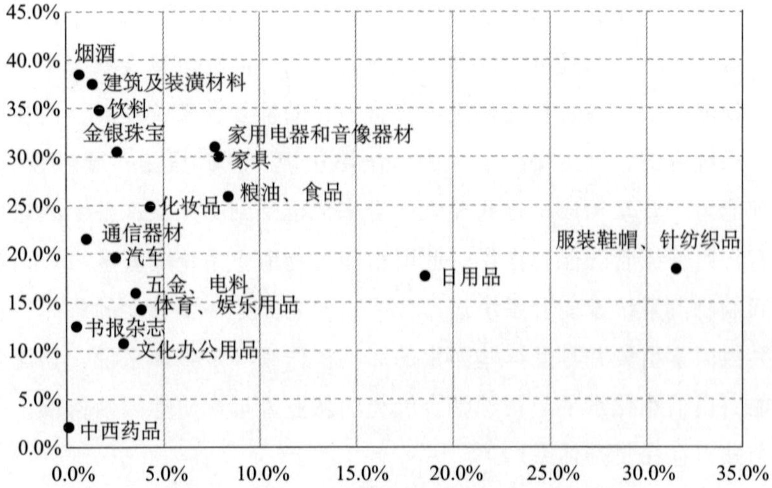

图 8－9　2019 年农村网络销售主要品种及其占比

数据来源：商务大数据。

随着国家政策对农产品的倾斜，网络直播带货越来越多，如，2020 年 3 月 6 日，河北省怀安县挂职副县长封殿胜在快手平台助农公益直播活动中，推介当地农产品特色。短短 2 小时内订单就突破 2000 份，预售的 1500 千克草莓售罄，销售额超过 10 万元，有效地带动当地百姓增收致富。2019 年 9 月，习近平总书记考察河南省光山县文殊乡东岳村，提出要积极发展农村电子商务和快递业务，拓宽农产品销售渠道，增加农民收入。这是对农产品电商物流提出的殷切期望。事实上，现在农产品触网率仍然比较低，农产品上行的电商物流渠道还需要加速拓展。

第四节　系统要素的关系

一、相互作用

首先，系统中各个要素都是独立存在的部分，要素本身就是一个有内在体系的整体。要素并不是简单、无内在秩序的单一存在，相反，每一个要素都是可分的体系。在农产品电商物流复合系统中，电商与物流两个子系统相互作用产生合力，助推复合系统发展，而在两个子系统内部，又由资金、人力、法律法规、基础设施、硬件设备、管理能力等要素构成，这些要素本身来说也受到下一层次各个因素的左右。以物流管理能力来说，此要素作为物流子系统的要素之一，能够影响物流系统及复合系统运行效率，但它又是一个独立的整体，也由其他因素组成并且受这些因素的影响。作为一个整体来说，物流管理能力由信息化水平、资源整合能力、从业人员素质等因素构成，是一个独立存在复杂体系。

其次，系统中各个要素能够相互作用、相互依赖。各个要素之间并不是完全独立的无联系元素，作为系统内的组成部分，存在着相互促进的影响作用。农产品电商物流系统中的各要素通过彼此间的联系结成一个体系，在该体系中，各要素又存在着相互影响的关系。以行业政策及设施设备、人力资源几个要素为例，法律法规的完善以及政策对农产品电商及物流的支持，能够在一定程度上提升相关设施设备的品质，以及从业人员的素质与专业能力；设施设备的完备与智能化能够有效降低行业的人力成本；行业人力资源的高质量发展能够大幅度提升行业标准化及相关法律法规的完善，以及相关设施设备的条件与水平。因此，要素与要素之间普遍存在相互促进的关系，对某一要素的改善能够带动系统内其他要素的变动，从而影响整个系统的效率。

二、相互合作

由于系统由诸多元素构成，这些要素的特性与联系就决定了系统的复杂多样性。农产品电商物流系统，以农产品电商平台为核心，深度融合物流、电子支付、营销服务、广告服务等参与者，连接产地与消费者，整合资金流、商流与物流，形成一个互利共生的生态系统。该系统会受到系统要素的相互作用，具有复杂的特性。其关系图如图8－10所示。

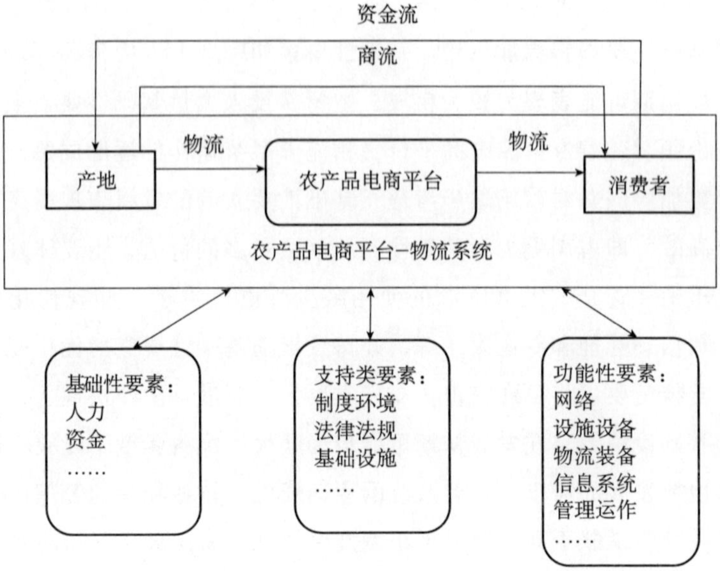

图8－10　农产品电商物流系统

系统不是各个要素简单的线性组合。系统由各要素内在联系组成，但系统并不简单地是所有元素之和，系统内部存在着复杂的构成。农产品电商平台－物流系统具有复杂多变性，以提供高质量农产品电商物流服务为目标，系统内各个参与者发挥各自优势，要素之间相互作用，通过各要素间的复杂非线性关系组成网状体系。系统的特征由各个元素决定，但并不是所有元素特性之和的统一，除此之外，系统特征还受到其他因素的影响，呈现多样性。

系统随着要素的变动而时刻变化。一方面，系统对要素起支配、决定作用，协调各要素向统一的方向发展；另一方面，各个要素也有其相对的独立性，反作用于整体，要素的变化也会影响系统变化。物流的基础设施在很大程度上决定了物流的服务质量，基础设施的变动能够影响两个子系统各自的运作情况，对复合系统的整体效率同样也有着较大的改变。

三、相互补充

基础性要素将更加集约。基础性要素如资金、人力资源等，在系统发展初期可能表现为较为粗放，主要靠投入大量基础性要素来获取市场份额。随着农产品电商平台、物流子系统运作的逐渐成熟，复合系统更加协同并对市场逐步渗透，基础性要素的配置将表现得更加集约与高效，即占用更少的基础性资源创造更多的价值，主要体现为对传统土地、资金、人力资源的使用减少，更着重于一些现代化的技术、数据、管理和专业人才等，并持续推动基础性要素的优化配置。

支持类要素将更加完善。支持类要素如制度、法律法规、行业标准、基础设施等，在发展初期可能较为缺失，配备程度不能完全匹配系统快速发展的需求。随着系统的逐渐成熟，行业相关的管理体制及法律法规会不断更新，统筹系统发展，建立与系统体系相适应的政策文件，基础设施不断完善，并不断向信息化、智能化转变，以支持系统及行业的健康发展。总体来说，农产品电商物流系统支持类要素将持续向规范化、完善化、标准化发展，为系统的发展创造更加适宜的支撑环境。

功能性要素将更加高效。功能性要素如管理能力、信息系统、物流装备等在系统发展初期可能出现效率较低、经验不足、不够完善、利用率低下等情况，不能高效助推系统的发展。随着信息化技术的进一步运用以及社会的不断进步，农产品电商物流系统功能性要素将会更加智能化、专业化、实用化与系统化，使用效率不断提高，更加节省人力资源，与行业运作协调度更高，并且使用成本更低、更加节能环保。

农产品电商平台物流系统相较于传统农产品物流系统，优势在于拉长产业链，缩短供应链，减少流通环节，为消费者提供个性化服务，以更高的效率、更低的成本完成物流配送。与此同时，系统中各个要素的完备情况能够影响系统整体的运作效率，并且对系统中各个要素之间的分工、协作也提出了更高的要求。系统中各参与要素通过共享信息资源，快速响应供应链各节点信息，完成系统各环节的衔接与运作，实现系统的流畅运作。

第五节　系统发展的瓶颈

一、产品品牌问题

品牌建设仍处于初步发展状态，农产品在销售时仍以个体经营居多，大多选择在自己的朋友圈销售农产品，这些问题导致产品质量参差不齐，顾客体验感差异大，缺乏品牌意识，更没有形成品牌效应。

统一的产品包装尚未形成，由于部分农产品包装保护性要求较强，但不同种产品甚至同种产品的外包装没有统一的标识是产品包装方面存在的不足。一个鲜活品牌，没有完全统一的外包装不利于品牌的进一步打造；樱桃、脆蜜金橘价格相对较高，没有防伪标识，容易出现以次充好的现象，更不利于品牌信用体系的建立。农产品缺少统一标识也无法更好地推动电商品牌的树立。

二、物流设施问题

对农产品电商平台来说，与广大农村相对应的固定的物流基地建设相对薄弱。多数电商平台的发展尚处于起步阶段，还未建立明确的、固定的物流园区和物流中心，没有配套的实体物流体系。这意味着这些农产品从产到销，包括包装、存储、运输、末端消费等服务尚未连成一条完整的电商物流供应链体系。缺少固定的物流点导致村民主要以分散的或者半分散的形式开展物流运输。总体来说，分散形式下的农产品对外运输物流成本较高，效率也不理想。

必要的冷链物流尚未完善。冷链物流是指使需要冷藏冷冻的产品在产销各环节处于较低冷藏温度下的物流过程。水果冷链主要包括水果产销间各种运输工具及仓储保鲜的冷藏环境两方面。目前，多数农产品没有建立冷链物流体系，许多村民以分散的形式（存储在村民自己家中）处理采摘的水果产品，这带来了两个仓储难题：第一，大部分村民没有购置水果保鲜需要的冷藏设备，因此无法保障新鲜度，不仅不利于村民利益，更不利于打造良好品牌；第二，个别村民配置了小型冷库冷藏设备，但由于没有集中统一的冷藏设备或实施方法，水果冷藏存储产生了较高的成本。同时由于冷库的空间利用率低以及水果产量的季节变化，冷库不能得到充分利用，造成浪费。

三、人才支撑问题

目前农民整体知识水平仍然偏低，落后于科技红利时代。电商发展到今天，不断涌现新的电商模式。从淘宝、京东的传统电商到拼多多商务分裂式营销或是抖音的社交内容模式，电商的覆盖面越来越广，对社交的依赖越来越大，营销群体也在不断细分。但农村电商的发展仍处于初级阶段，目前尚未形成比较成功的营销模式。另外，农村农民对信息化的接受程度较低，对于电商这个新兴行业知之甚少。在调研过程中，上了年纪的村干部也说到了这个问题，年龄大的人甚至不能完全了解如何使用手机，更何谈利用手机发展电子商务。

人才培训基础薄弱，缺乏完善的全套培训体系。尽管某些乡村已经开展过相关的电商培训，并且培训反馈良好，但是还存在诸多问题。如，群众电商基础薄弱，将培训内容与实践应用进行衔接的能力不足；缺乏培训体系，电商的学习是系统性的，一次两次的培训效果甚微，应在开展电子商务的过程中使培训与实践相结合，针对经营过程中的问题及时反馈并对症下药；农村经济能力有限，缺乏资金来进行完善的培训。

电商专业人才匮乏，缺乏人才引进机制。由于人才引进成本高，加之农村本身的自然地理位置不如城市的地理位置优越，人才引进较为困难。目前，也尚未与高校等建立起实质性的校企合作和技术研发。

第九章 农产品电商物流系统的协同运作

第一节　系统运作模式分析

一、平台自营模式

在农产品电子商务快速发展进程中，电商物流系统在其中扮演着非常关键的角色。其中，不同电商平台为了扩展农产品市场，纷纷投入大量人力、物力加强农产品电商物流系统建设，所以，自营模式也是一种重要选择，该物流模式作为平台业务的一个部门，其影响力也在不断扩大，其平台结构功能如图 9－1 所示。

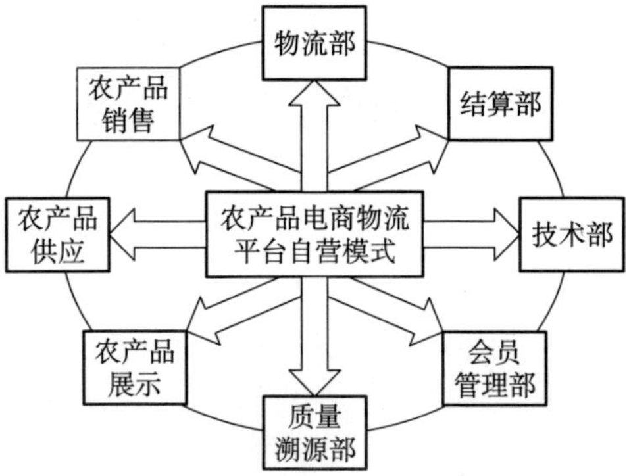

图 9－1　农产品电商物流平台自营模式结构功能示意图

整体来讲，这一模式主要满足农民在购物电商平台消费后的物流需求。其中，出资方为不同电商平台，它们借助加盟、直营等模式，在广大乡村地区建立物流节点，组建系统完善的农产品电商物流网络，同时结合平台有关物流数据，专门对物流网络的运转予以必要的指导。

首先，这一模式能够为农产品电商发展提供动力，特别是借助物流优势，能够提升平台流量，增强市场整体竞争水平；其次，可以高效控制物流系统发展，发挥电商平台在用户体验、信息反馈、技术更新等方面的优越性，增强平台服务质量和服务效率。但是，这一模式在发展中，也会存在诸多不足，比如面临较大资金压力，平台自身物流需求较低，平台存在经营风险等。

在我国电商平台发展进程中，阿里巴巴在全国范围内率先建立了这一模式。2016年，阿里巴巴以自身原有的“农村淘宝”项目为前提，创造性推出菜鸟乡村计划，期望通过这一计划，扩大服务网络服务范围，并且为物流配送等方面提供完善的综合性解决方案。根据权威统计，到2019年初，在全国范围内，已有29个省（市）建立了菜鸟乡村，涉及县域总共700余个，涉及行政村近30000个。此外，苏宁、京东等大型电商平台也推出了有关项目，例如“苏宁乡村服务站”“京东帮”服务店等。

二、第三方专业物流模式

这一模式即在电商平台经营的个人或企业，把物流活动外包给第三方专业物流公司进行。也就是说，在这一模式下，物流服务提供者是以第三方的角色出现的，介于收货人与发货人之间。另外，在电商平台以及物流企业的业务往来中，二者不存在直接利益关系，但存在相互支撑的关系。在国内电子商务不断创新发展的背景下，第三方物流借助自身对不同电商平台物流需求的整合以及出色的配送水平，成为国内电商物流发展中的重要模式之一。以某第三方物流企业为核心的农产品电商物流系统如图9-2所示。

第三方物流模式，可以整合优化不同电商平台业务资源，对农产品电商物流的需求较低的不足起到很好的弥补作用。同时，作为第三方物流企业，它们借助专业高效的管理及服务，能够协调优化物流配送过程中的各种缺陷，提升物流配送的效率。此外，通过选取外包物流服务的方式，电商平台等不同利益主体得以集中力量从事自身擅长的领域，以此达到优势互补。不过，在第三方物流发展进程中，考虑

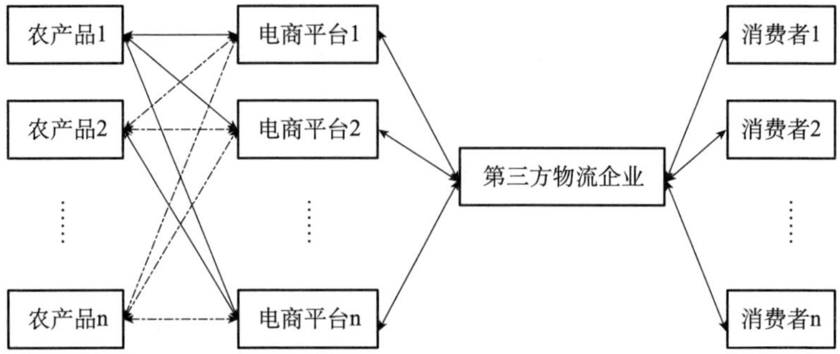

图 9－2　第三方物流企业为核心的供应链系统示意图

到企业数量较多，具体运营期间很容易发生重复建设、竞争混乱等情况，这一点应该引起人们的重视。

现在，针对农产品电商的第三方物流配送提供商，主要涉及国内邮政体系、快递公司等专业公司。根据实地调研，我们能够得知，从覆盖范围上看，中国邮政在广大农村地区的影响力最广，涉及农产品物流的业务也比较多。与之对应的是，其他专业快递公司在广大农村地区的网点设置整体有限，并且网点终端停留在乡镇一级上，很少覆盖到农村末梢。

三、共同配送模式

与中西部地区相比，东部农村地区社会经济发展水平普遍较高，具有很高的需求量，能够维持物流企业的有序运转，同时可以借助市场调节来协调不同物流企业间的竞争关系，为企业发展提供良好的竞争环境。不过，对中西部地区来讲，农村居民对物流的整体需求程度相对较低，不能接受过高的物流配送价格，由此导致物流企业很难实现盈亏平衡，甚至很容易出现亏损的情况，所以中西部地区物流供给整体不足。

根据农产品市场需求，诸多地区结合本地发展实际，以共同配送为基础，构建农产品电商物流系统。其中，该模式涉及两种不同类型。第一种模式表现为不同第三方物流企业按照协商方式组建专门的战略联盟，同时农产品物流配送业务由联盟中某一家企业来负责，期间支付的成本以及所得盈利则由联盟中企业共同承担和享有。第二种模式为政府主导，结合不同地区发展实际，在当地确定一家物流企业，主要负责当地范围内的物流配送工作。其他物流公司将商品配送到约定节点后，由该指定物流公司负责下游配送，并且能够得到必要的财政补贴。通常来讲，在共同配送模式下，在特定区域内进行配送的企业具有排他性。

这一模式下通过整合电商平台物流需求以及物流企业配送水平，能够推进农村物流配送的集约化、规模化发展，可以有效地把边际配送成本控制到最低，提升共同配送物流企业的盈利空间，为农产品电商物流体系发展营造一种积极良好的经营环境，提升农产品物流可持续发展水平。不过，考虑到这一模式运用过程的多主体性，企业盈利分配、产权归属、售后服务等角度依然存在诸多需要完善的地方。

第二节　系统协同运作的机理

农产品电商物流系统尽管有其自身的特殊性，但在市场利益驱动和政策调节的约束下，尤其是在现代数字技术的强大支撑下，其协同运作也必然要遵循一定的客观规律，展现该系统的运作机理。

一、协同运作效应

农产品电商物流系统的高质量发展贵在协同，从空间布局到产业规划，从产品培育到品牌塑造，从网络营销到线下配送，从产品销售到客户服务，从质量控制到金融支撑，从系统技术到人员匹配，等等，协同运作受诸多内生驱力和外化推力的影响。

（一）协同运作内生驱力

系统协同运作首先受到系统内部各要素的影响与支配，与各要素发展程度、协作能力、配置情况等息息相关。复合系统必须与子系统及各要素情况相配套才能够保障整体协同，不均衡的发展不仅不能够带动系统持续协同，反而会影响系统协同进度，造成一定的损失。农产品电商需求的持续增长为系统发展带来了新的机遇，但在很长一段时间，物流不能够很好地与快速发展的农产品电商相适应，导致系统长时间处于瓶颈状态，协同发展水平较低。随着对农产品电商物流的进一步布局与投入，冷链物流水平不断提升，服务农产品电商能力不断增强，系统协同能力也随之提高，系统对商流、资金流和信息流的整合能力不断提升。

内生驱力是来源于系统内部的原动力，要求各参与主体以系统发展为统一目标，保持均衡发展，使各子系统及组成要素发展的推动力内化为系统的驱动力，推动系统向前发展。

（二）协同运作外化推力

系统在发展过程中，除了受各要素制约影响之外，还始终受到外界环境的影响，社会环境是影响系统协同运作的重要因素，积极的环境能够有效推动系统的协同发展。

政策环境是指政府对产业及相关产业的产业布局、政策、法律法规、标准化建设等方面的支持程度。目前，国家对农产品电商及物流行业的支持政策愈加明显，已下发《国务院办公厅关于推进电子商务与快递物流协同发展的意见》《关于实施乡村振兴战略的意见》等多个文件，助力农产品电商物流系统发展，不断健全管理模式，并做好相关产业的宏观规划布局，引导行业政策落地，助推系统协同化程度。

市场变化是消费者对产品及服务需求的变化，改变与影响着系统协同。一方面随着市场经济的发展，人民生活水平提高，进一步追求农产品品质；另一方面受全球疫情影响，消费者生活方式发生了一些转变，购物习惯也随之出现了变化。对于农产品电商物流系统来说，对客户需求快速响应，不断探寻适宜消费者需求的配送方式，提高消费者满意度，就显得尤为重要。农产品电商物流市场潜力巨大，竞争激烈，倒逼系统内各要素协同发展，构建一个成本低、效率高、品牌化的协同系统。

系统一体化信息平台的使用使得农产品电商物流系统协同运作成为可能，系统内各参与主体能够在该平台上进行资源及信息共享，并对供应链各节点动作进行计算与规划，推动系统向协同化不断发展。

（三）协同运作的交互力

农产品电商平台物流系统中，电商平台对农产品质量进行严格的标准化把控，并完成由消费者发起的订单线上，再由自营物流或者具有稳定合作关系的第三方物流团队完成分拣、冷链运输、物流配送的活动。在整个过程中，以农产品电商平台作为系统的核心，将所有信息资源整合，物流作为系统重要的组成部分，扮演着将农产品安全、高效送达消费者的角色，对整个系统运作效率起着举足轻重的作用。

在农产品流通系统中，农产品电商平台与物流是两个独立而共生的异质单元。农产品电商平台是汇聚各项信息资源的载体，融合互联网展示、交易、质检、金融服务、物流等于一体，实现从“田间地头到餐桌”的完整产业链把控。物流系统作为电商物流系统中重要的组成部分，其独立于电商平台存在，以完成农产品物流配送为目标，物流效率的高低在很大程度上决定产品送达消费者的时效与品质。一方面，物流影响农产品电商的整体运作效率，农产品电商平台由于农产品的特性，对物流具有较高的要求，冷链的配套、交货的及时准确、供应链的衔接顺畅、服务能力都在一定程度上影响着交易的质量。另一方面，农产品电商平台的大力发展，也给物流带来新的机遇与挑战，农产品电商与传统农产品交易有着很多区别，物流模式也不同于传统农产品物流，这要求物流能够不断优化完善。

电商物流协同系统具有开放交互性，是社会化行为的一个组成部分。在协同发展关系中，外部环境也同样影响着协同系统的运作效率。政策的支持、经济的发展、文化氛围、法律等，都在不同方面、不同程度地影响协同系统。

二、协同运作原理

农产品电商物流系统在当今经济社会发展中已立于基础性和先导性地位，其支撑和引领作用的发挥程度取决于该系统的协同运作水平。农产品电商物流系统协同运作的规律与空间布局、发展决策、产业发展、生产加工、质量管控、经营运作、物流配套、收益分配、风险防控等环节的相互影响作用密切相关。

（一）系统协同运作的特点

农产品电商－物流系统协同运作的主要特征是农产品电商平台与物流企业之间结成相互信任、信息共享的强关系模式，电商平台发展较为成熟，有一家或多家优质商家入驻，并拥有大量的高质量客户群体，产品能够及时送达消费者，并有高效的售后服务反馈，消费者满意度高、供应链效率较高、配合默契、成本较低，不断向专业化、信息化、网络化、规模化发展。消费者对生鲜农产品交易的产品品质及配送时效的敏感度更高，系统的物流水平越高，接入平台的用户规模越大，平台对客户的黏性越大，系统协同程度也相应越高。总的来说，农产品电商物流系统协同运作的基本特征可总结为共生、智慧、高效。

共生就是农产品电商物流系统作为一个复杂的生态系统，从优化资源配置的视角整合系统资源，充分发挥政策法规等内外部环境因素对系统的引导作用，系统主体进行专业化的分工与协作，系统内各环节衔接顺畅，系统内参与者共同进步，系统运行高效。

智慧体现在系统对物联网、云计算、大数据等现代信息技术的运用程度上，农产品电商物流的智慧化是系统转型升级的重要举措。具体表现在信息技术对供应链全过程的改造与整合，使系统流程在信息平台上汇集，打造真正系统的企业资源共享平台，一站式解决所有流程需求，实现供需信息实时共享和智能匹配。

高效不仅仅体现在系统中各环节内部的运作效率，更表现在各节点之间的衔接效率，整合共享上下游资源，促进商流、物流、信息流、资金流等无缝衔接和高效流动。

（二）系统协同运作的规律

与其他复杂系统协同经历的过程一样，农产品电商物流系统也同样经历沟通、竞争、合作、协同四个阶段，每个阶段系统成员之间关系有所不同，系统所体现出的能量也不尽相同。

在沟通阶段，系统还处于一个较为无序的状态，系统内部各个参与要素之间还未建立战略伙伴关系，要素之间处于相互了解的阶段。在该阶段，系统内部要建立通畅的沟通交流渠道，使系统要素之间充分交换信息，提出自身诉求，以达成初步的了解。

在竞争阶段，随着系统内成员的进一步深入接触，以及市场的扩张与消费者需求的升级，企业之间的业务范围、经营内容等可能会出现交叉，不同成员之间的企业文化、经营理念等也会存在较大的分歧，在此阶段，表现为要素之间信任度不高，以自身利益为出发点，系统内部竞争关系较为严重。

合作阶段是在经过前期主体磨合冲突之后，为了应对更为激烈的市场竞争，冲突各方会重新审视自身优势、局限性及系统其他资源，选择以稳定合作的方式获得更大的市场。在此阶段，参与主体开始尝试与其他要素共享资源，建立共同目标，以合作为基础进一步增强企业竞争力，提高企业收益。合作阶段，系统内要素逐步加强沟通与合作，系统也趋于稳定。

协同阶段是系统要素协同发展的最终形态，系统内各参与主体都以系统目标为首要目标，主体之间合作密切，形成紧密的合作关系，利用各自优势，实现分工协作和组织一体化，系统内资源得到有效的整合与利用，系统整体成本大幅度降低，收益翻倍增加。

（三）系统协同运作的发展诉求

在农产品电商物流系统协同运作过程中，首先要满足农产品电商平台与物流两个子系统内部的耦合协调，具体表现为农产品电商平台上各主体、线上线下能够高效配合，新技术的应用等正向推动农产品电商发展，农产品物流运作呈现高效性、共享性与低成本。其次，表现出农产品电商物流系统的协调性，电商平台的发展为物流提供优质的产品与共享的信息资源，物流作为供应链运输的组织者与承担者，助推电商平台的发展。但目前农产品电商物流系统协同还普遍存在着两者发展不能够完全配套、系统性还有所欠缺、系统中各主体间信息共享性不够、利益互信机制缺乏等问题。

农产品电商物流系统协同受到供应链各节点行为的影响。其次，还与社会环境息息相关，经济发展水平、政策支持、市场需求情况、信息技术的发展都能够影响系统协同程度，只有系统有效协同，对客户需求进行快速、准确反应，才能够不断提高农产品电商与物流的竞争优势，推动系统进步。

三、协同运作要点

系统协同运作包含众多参与者，是设计环节繁多的复杂机制，因此，厘清系统协同路径，进一步揭示协同运作机制在市场应用中的重点领域、主要任务和应用途径，明晰协同运作的操作流程和控制要点，对系统协同研究有着重要的作用。

（一）系统协同的路径

农产品电商平台与物流协同不仅仅是农产品电商平台与物流企业之间的协同，还是农产品供应链上包括农产品生产端、电商销售端及农产品物流端之间管理要素的相互影响、相互作用，系统内的所有参与要素要树立共同的战略目标，结成共荣共生的强关联系统，实现各个环节的高效运作与系统的互利共生。除此之外，农产品电商物流系统作为一个整体，还需要与外部环境相适应。紧跟政府宏观战略布局，融入经济发展大环境中，不断完善系统自身基础设施建设、制度建设及信息平台建设，寻求系统与大环境的协同。

通过整合供应链上下游资源，实现纵向一体化协同。以农产品电商平台为核心，在供应链上游农产品采购环节，采用原产地直采模式，不断缩短中间环节，在下游物流配送环节，利用自建物流或者与实力较强的第三方物流形成紧密的合作关系。通过资源整合，供应链上各个参与者的优势发挥到最大，各个参与者的效益也达到最大，供应链整体效率得到提升。以京东生鲜为例，京东与农产品产地结成紧密的合作关系，通过原产地直采、优化农产品销售渠道、冷链物流网络建设，采用自营物流模式为消费者提供更加优质的服务。物流体系与电商平台能够充分共享资源信息，并且严格控制供应链所有环节质量，依靠京东强大的物流能力与平台的整合能力，不断提高系统协同水平。

通过培养系统核心竞争力，实现横向一体化协同。农产品电商市场竞争激烈，只能适时切入市场扩大企业规模，不断提高企业竞争力才能实现可持续发展。电商企业专注于自身核心业务，将物流、采购等业务委托或外包给合作伙伴，充分发挥供应链上每个参与企业的核心优势，为消费者提供综合性、专业化的全方位服务。以淘鲜达为例，淘鲜达依靠淘宝平台强大的客户基础，与三江购物、大润发等线下商超，美团、饿了么等同城配送企业，形成紧密的合作关系。由淘宝平台完成客户下单、支付，以及订单生成、订单分配及跟踪等任务，由线下商超完成订单分拣、打包等任务，再由同城配送公司分配配送员、完成配送环节，整个运作环节衔接流畅，运作高效。依靠基于大数据的强大的信息平台，横向一体化系统内有序协作，各自发挥优势，形成竞争合力，共同打造低成本、高质量的电商物流系统。

（二）系统协同运作的重点领域

从宏观层次来说，系统可以分为战略层协同、协调层协同、运作层协同及支撑层协同四个重点领域。

战略层协同是指系统中所有参与者具有切实、一致的共同目标，即以最低的成本、最高的时效性，做好农产品电商物流服务，满足消费者需求，并使得系统中成员效益最大化。系统中各个成员在该目标的指引下，团结互助、兼容并包，共享信息、技术等资源，不断提升系统价值。

协调层协同是指战略协同所制定的各项具体策略主体，完成农产品电商物流时所形成的相互关系。系统中各参与成员分工协作，制订相应的发展计划及实施细则，共同保障协同战略的落地与推进。

运作层协同是完成农产品电商物流活动的基础与保障，包括对规划、采购、运输等关键流程的计划与执行，以及系统标准化、可行性方案的制订，以顾客需求为导向，以现代化信息技术为支持，保障系统高效化运行。

支撑层协同是支持农产品电商物流高效运行的软件资源和硬件条件等的协同，是系统运作的技术支持与配套保障。硬件设备如设施设备等为系统协同提供物质支撑，软件配套如大数据、云计算、物联网等为系统协同提供技术支持。支撑层各资源要素相互促进，相互支撑，分工协作。

（三）系统协同运作主要任务

农产品电商物流系统协同运作，各个环节无缝对接，系统内要素有序合作，从而实现系统运作最优化、消费者满意最大化。结合系统运作分析、协同内涵分析及协同路径特征，可以总结得出系统协同运作包含成员间的信息协同、业务协同、资金协同及目标协同四个主要任务，这些主要任务的协同带动系统的协同。

信息协同是以农产品电商平台为依托，实现供应链上企业间的信息共享，对系统管理起促进作用。电商企业作为系统核心企业，具备较强的信息整合与分析能力，但系统的信息协同不可能仅依靠电商企业的推动得到实现。系统需要构建信息共享平台，各相关企业明确责任划分，共同规划设计平台，将共享平台与各节点企业平台对接，将需要共享与反馈的数据及信息实时接入平台，实现全程可视化。在运作过程中，不断吸引新的系统内企业加入平台，一方面有效降低平台运营成本，另一方面强化系统内各节点间企业的协同合作，实现系统信息共享与协同。

业务协同指系统内所有参与成员提高自身业务水平的同时，成员之间紧密合作，高效配合，高质量完成农产品电商流程。业务协同是系统正常运行的前提条件，系统内所有环节都均衡发展才能推动整个系统的高质量发展。电商平台对订单的响应速度快、完成效率高，物流配送方对线路规划灵活高效、冷链措施完备，采购环节对产品质量的把控到位，流转环节衔接顺畅，是系统协同运作的必要条件。

资金协同是系统内融资情况，各主体参与者的资产周转率和投资收益率。系统内有闲置资金的企业与有融资需求的企业通过系统平台融资渠道，发挥系统的资源整合和集聚效应，加强资金协同。

目标协同是跨企业间的目标统一，即以为消费者提供安全、高效的农产品，降低系统运作成本，提高系统运作效率为系统统一目标，每一个系统参与者都以此为大的奋斗目标，协调配合完成系统各项流程。在实现系统统一目标的同时，满足主体自身发展所制定的小目标。

第三节　系统协同运作的分配机制

随着国家“乡村振兴”“数字乡村”等重大战略的高效实施，以“互联网+农业”为主线建立的农产品生产、加工、物流、营销、服务等全流程的供应链系统逐步覆盖了乡村区域。尤其是电子商务进农村的综合示范工程项目的开展，生态循环农业地位的提升，农产品质量安全和食品安全监管的现代化，等等，均进一步强化了农产品电商供应链的重要地位。

农产品电商物流供应链体系是随着大数据技术的演进而发展的。诸多论点表明，大数据、信息流增强了电商平台的集聚功能，但平台规模效益的高质量发挥还必须依赖其物流供应链体系的配套和健康发展。农产品电商供应链的高质量可持续发展必须建立生态化的利益分配机制。事实上，生态学的概念萌生于19世纪60年代，德国生物学家海克尔（Haeckel E，1866）提出生态学是研究有机体与其周围环境相互关系的科学，而产业结构的生态化发展则是现代经济社会发展的产物。坦斯利（Tansley A G）在1935年提出了自然生态系统理论，衍生出有机体与生物群落环境的有机协调论点，以及产生的增值效应和协同效应等。从20世纪中叶开始，由自然生态系统拓展的广义生态系统的概念逐渐纳入人们的视野。如，摩尔（Moore J F，1993）在研究自然生态系统的基础上进一步提出了商业生态系统的概念，随着供应链管理的发展和现代服务业功能的增强，商业生态理论正在进一步应用于软件、金融、服务等领域。伴随农产品电子商务的兴起，生态化理念强化了上下游节点之间的协同创新，为农产品电商供应链的利益分配提供了理念支撑。

关于供应链利益分配的研究已引起诸多学者的重视。有学者认为，农产品供应链节点要素往往良莠不齐，导致在节点合作中出现一系列问题，致使收益分配不合理不公平的现象时有发生，影响了供应链运营的协调性。为此，在利益分配环节要尽力推进合作博弈。针对多节点的供应链利益分配问题，Shapley（1953）提出了 Shapley 值法，构建了相关模型，证明多节点构成的供应链通过合作博弈获得的整体利润可以大于各节点单独经营获得的利润之和，其分配原理是基于节点的对称性、有效性、冗员性、可加性。Shubik（1954）进一步将供应链利益分配公式化，强调节点的贡献度，修正了 Shapley 值解。Myerson（1977）通过凸显公平性和有效性进一步推广完善了 Shapley 值法。随着供应链运作环境的进一步复杂化，人们通过修正 Shapley 值深化对供应链利益分配协调性研究的热情不断高涨。如，马士华等通过创新因子的引入对 Shapley 值法进行修正以改善供应链合作伙伴的收益分配；胡湘云等引入创新和风险等因子通过修正 Shapley 模型剖析了供应链的协同创新收益分配问题；白晓娟等从风险承担、业务执行度和创新资源投入的视角基于 Shapley 模型探析了新零售下供应链的利益分配策略；戴佩慧等基于 Shapley 模型引入风险因子、合作程度和社会责任度三维度对函数式予以改进，结合蔬菜供应链的收益分配进行了探讨，等等。在新时代，农产品电商物流供应链逐步走向生态化，其供应链各节点之间的利益分配机制需要随之进一步创新，这是本书研究的重点问题。

一、农产品电商供应链利益分配的影响因素

在新时代美丽乡村战略实施背景下，着力推进农产品供应链运作的生态化、高质量和可持续性具有十分重要的意义。基于市场经济运行规律和竞争性博弈等特征，在引领经营主体利益分配时必须遵循社会与生态约束、经济原理和供应链运营规律。所以，本书不妨选择农

产品电商物流供应链的三级核心节点供应商、电商平台和物流商（节点之间的相互关联、相互协作和生态互动，如图9－3所示），现研究如何设计影响因素，实现节点利益分配的公平性，以推进供应链节点之间的高质量协作、快速响应和生态化发展。通过实地调研和数据分析，本书选取资源贡献度、执行响应度、生态投入度和风险防控度作为主要影响因素，进而对Shapley模型的基本约束进行修订和完善。

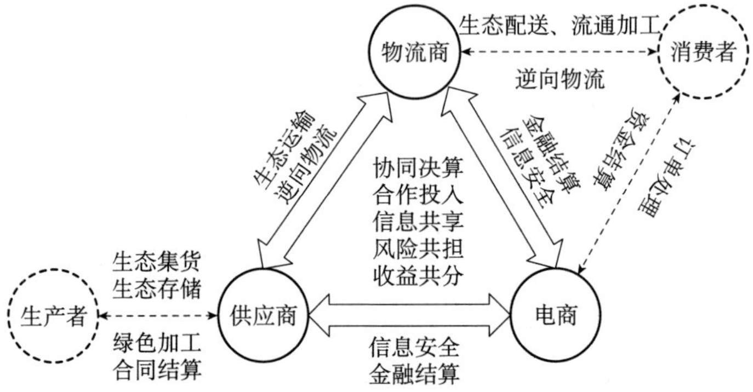

图9－3　农产品生态供应链核心节点的合作博弈

（一）资源贡献度

现代农业的发展需要与现代服务业深度融合，通过现代服务业的渠道和平台将现代农业的产品及时推介出去，形成一个优质的通道。由农产品供应商、电商和专业物流商为核心构建的专业供应链将是这类通道的一个有效展现形式。欲使这种形式更加有效，必须建立强大的资源支撑。根据经济学的投入－产出规律，重视供应链各节点在该专业供应链建设和运作过程中的资源贡献度，不仅有助于提升该节点的建设水平，还将促进供应链整体水平的优化。

分析新农村建设现状，由于农产品供应链构建的时间较短，其建设基础还不够扎实，尤其需要大量资源的投入。为激励节点企业自觉将资源向该类供应链发展倾斜，在利益分配时，将资源贡献度作为重点考量的影响因素是必要的。在合作博弈思维下，需要确立供应链运作的全局发展观，只有在投入决策时通盘考虑，才能使供应链的整体竞争力迅速增强。依据市场经济体制下的基本激励原则，当一个节点的资源贡献度增大时其收益分配率也要与之相当。所以，在应用 Shapley 模型进行评价设计和运算时，资源贡献度应视作首要约束条件。

（二）执行响应度

生态化的农产品供应链，必然是各节点之间的协调和协同，根据物流的快速响应特征，其执行响应度必然呈现即时性。对于农产品专业供应链，在构建初期其资源投入具有基础性，一旦该供应链正常运作起来，其执行响应度就代表着这个供应链运营的执行力。在一定程度上，执行力决定着供应链运作的成败。因为，再好的硬件建设，再强的高层决策，如果没有中层和基层的快速响应，整条供应链的竞争力就无从谈起。执行响应度不仅是节点硬件的展示，更是节点软实力的体现。流程间的传递、员工的素养等，均蕴含在执行响应度之中。

由于生鲜农产品占据整个农产品份额的半壁江山，所以，农产品专业供应链更加强调各节点的执行响应度。从供应商、电商平台和物流商角度，必须强化整体观念，对生鲜冷链要求较高的产品，必须在时间约束上及时应对、无缝对接。尤其在消费客户提出具体的时间、地点、质量等要求后，各级节点必须相互配合，确保优质高效地送达。所以，在农产品专业供应链利益分配时期，必然将执行响应度作为 Shapley 值完善的重要因素。

（三）生态投入度

生态投入在这里有两层含义，一是农产品质量的生态性，二是农产品供应链运作的生态性。随着习近平新时代社会主义生态文明思想的深入人心，农产品生产的生态意识逐步增强，消费者对农产品生态质量的诉求也在迅速提升，生态农产品正在以可观的经济和社会双重效益展现在人们面前。供应链运作的生态化寓意着供应链节点在决策、运营、管理和创新诸环节均能形成协调和协同的良好局面，尤其是生态化的体制机制，将迸发出深化现代农业和现代服务业融合发展的强大动力。

供应链各节点的生态投入具有战略性，它支撑着供应链整体竞争力发展的态势。生态投入不可能一蹴而就，具有显著的过程性。生态意识体现在供应链节点决策、运营和管理的方方面面，其行为习惯需要日常养成。在数字乡村战略快速实施背景下，农业全产业链大数据库逐步建立，供应链各节点的生态投入也由抽象变得具体。所以，生态化投入正在成为农产品专业供应链收益分配的重要因素。

（四）风险防控度

在农产品供应链节点运作中，各节点的决策、管理也是常见的风险产生源，关键是一旦某一节点产生风险，如何通过防控阻断风险的传递，降低整条供应链的损失。风险防控度是供应链各节点风险共控逻辑思维下的概念，其风险防控度越高，供应链运作的竞争能力就越强，供应链运作中断的概率就会降低，供应链的收益就越稳定。例如，在农产品供应链中，由于在供应商的仓储和流通加工环节，物流商的储存、运输和配送环节等，时刻存在因时空变化而影响产品质量的情况，电商平台在大宗交易中也存在货款回收和金融结算等问题，所以，风险防控是农产品供应链生态化运作的一个必须应对的因素。

事实上，风险因素是人们利用 Shapley 值对供应链收益分配时最早修正添加的一个要素。一般来说，在风险共控、风险共担的原则下，供应链节点的收益与其承担的风险防控度成正比。

二、基于 Shapley 模型的利益分配

（一）Shapley 模型的假设和局限

Shapley 模型起初是为了解决联盟成员合作时的收益分配问题，

基于市场机制，打破平均主义，通过合作博弈追求边际收益最大化。

设某一合作供应链中有 n 个节点，各节点基于合作博弈推进该供应链运作，形成了相应的供应链收益。在分配环节，Shapley 提出了以下设想，若以 $\varphi_i(v)$ 表示合作供应链节点 $i=(1,2,\cdots,n)$ 的收益分配值，其中 $v(x)$ 为合作供应链节点的实值函数，代表合作供应链相应节点单独运作时的收益，需要满足以下假设：

$$V(N) \geqslant \sum v(i) \quad i=1,2,\cdots,n \tag{9-1}$$

$$\varphi_i(v) \geqslant v(i) \quad i=1,2,\cdots,n \tag{9-2}$$

$$V(N) = \sum \varphi_i(v) \quad i=1,2,\cdots,n \tag{9-3}$$

式（9－1）表示合作供应链的总收益不小于各节点独立运作收益之和；式（9－2）表示合作运营的供应链其节点的收益不小于该节点单独运营的收益；式（9－3）表示合作供应链的总收益等于各节点分配收益之和。这说明供应链各节点在合作运营下的合力产生了新的价值，创造了新收益，其收益分配过程是透明和公正的。

因而，Shapley 值法可用如下数学模型表示：

$$\varphi_i(v) = \sum \theta(|S|)[v(s) - v(s \setminus i)] \tag{9-4}$$

$$\theta(|s|) = \frac{(n-|s|)!(|s|-1)!}{n!} \tag{9-5}$$

式中，$\theta(|s|)$ 为加权因子，$|s|$表示供应链子集 s 的元素个数，$v(s \setminus i)$ 表示供应链子集 s 中除去元素 i 所产生的收益。

在初始的 Shapley 模型中，期望对合作供应链的节点收益实施公平的分配，打破了单纯的平均分配模式。但对于供应链外部环境的快速变化，经营设施的更新投入，尤其是生态视域的发展，如何使资源贡献、快速响应、生态投入以及风险防控等元素因子参与到供应链收益分配中来，原模型应用是有局限的。

（二）Shapley 模型的修正和运用

基于初始的 Shapley 模型，引入综合影响因子予以修正。设 Δw_i

为合作供应链第 i 个节点的综合影响因子，ω_i 为各影响因素所占的权重大小，α_i、β_i、η_i、γ_i 分别表示农产品供应链生态运营过程中的资源贡献度、执行响应度、生态投入度和风险防控度的测度值，该供应链核心节点数 n 为 3，则修正后的 Shapley 模型可完善为：

$$\varphi_i'(v) = \varphi_i(v) + V(N) \times \left(w_i - \frac{1}{n}\right) \tag{9-6}$$

$$w_i = (\alpha_i \quad \beta_i \quad \eta_i \quad \gamma_i)\begin{pmatrix}\omega_1 \\ \omega_2 \\ \omega_3 \\ \omega_4\end{pmatrix} \quad i = 1,2,3 \tag{9-7}$$

$$\Delta w_i = w_i - \frac{1}{n}, \quad \sum_{i=1}^{n} w_i = 1 \tag{9-8}$$

式中，$\varphi_i'(v)$ 为修正后第 i 个节点在合作供应链中应该得到的期望收益分配值，$V(N)$ 为农产品电商供应链的总收益，Δw_i 为第 i 个节点的综合评价值与平均水平值的差值，即为综合修正因子，显然，$\sum_{i=1}^{n} \Delta w_i = 0$，$w_i$ 为第 i 个节点四个影响因素的综合评价值，根据式（9-8），$\sum_{i=1}^{n} w_i = 1$。

在修正模型的应用中，由于农产品电商供应链作为生态视域的合作供应链，其四大影响因素对供应链收益分配的影响程度并不均等，其重要程度存在着明显的差别。因而，需要采取一定的数学方法确定影响因素的权重大小。比较常用的方法包括层次分析法、TOPSIS 法、模糊数学法、灰色关联度分析法和德尔菲法等，这里将借鉴专家学者惯用的处理方法，运用灰色关联度原理处理四个影响因素权重的运算过程。其处理过程如下：

第一，选择拥有专业评价经验的十位专家对四个影响因素的相关权重进行经验判断，记作 V_{ij}，$i = 1,2,\cdots,10$；$j = 1,2,3,4$。

第二，建立修正因子的权重指标评价矩阵，设定 $V = (V_{ij})$，则可得出：

$$V = \begin{bmatrix} V_{11} & \cdots & V_{14} \\ \vdots & \ddots & \vdots \\ V_{n1} & \cdots & V_{n4} \end{bmatrix} \tag{9-9}$$

第三，设定参考序列，从专家的经验评价中遴选出四个最大的评价值作为公共参考值，其数据列即参考序列不妨记作 V_0，则有

$$V_0 = (\max V_{ij}(1), \max V_{ij}(2), \max V_{ij}(3), \max V_{ij}(4)) \tag{9-10}$$

第四，计算各个影响因素的指标序列到参考序列的距离，不妨设定该距离为 D，则有

$$D = (d_1, d_2, d_3, d_4)\text{，这里，} d_i = \sum_{i=1}^{10} (V_{ij} - \max V_{ij})^2, \quad j = 1,2,3,4 \tag{9-11}$$

第五，计算各影响因素的指标权重：

$$\omega_i = \frac{1}{1 + d_i}\text{，设定}(\omega_1, \omega_2, \omega_3, \omega_4) = W \tag{9-12}$$

第六，对各影响因素的指标权重作归一化处理，设定 $\overline{\omega}_i = \dfrac{\omega_i}{\sum_{i=1}^{n} \omega_i}$，则可得到修正因子权重向量为

$$\overline{W} = (\overline{\omega}_1, \overline{\omega}_2, \overline{\omega}_3, \overline{\omega}_4)\text{，这里，} 0 \leqslant \overline{\omega}_i \leqslant 1, \ \sum_{i=1}^{n} \overline{\omega}_i = 1 \tag{9-13}$$

三、算例分析

现假设选择农产品电商供应链的三级核心节点供应商 A、电商 B 和物流商 C，其中，供应链采取生态化集货供应，电商已营造了生态化运营环境，物流商实施了绿色配送，营造出了从农产品生产者到最终消费者的生态合作运营供应链。假定在一定时期内，供应商 A、电商 B 和物流商 C 在四个影响要素的测度值，如表 9－1 所示，各节点

独立运营获得的收益分别为 200 万元、400 万元和 600 万元；如果供应商 A 和电商 B 生态合作的收益额为 1000 万元，供应商 A 和物流商 C 生态合作的收益额为 1200 万元，电商 B 和物流商 C 生态合作的收益为 1400 万元；供应商 A、电商 B 和物流商 C 组成的供应链整体生态化运作后获得收益为 2400 万元。并且各节点所分配的收益额之和等于供应链整体收益额，要求应用修正的 Shapley 模型公平处理供应链节点供应商 A、电商 B 和物流商 C 的生态合作运营的收益分配问题。

表 9－1　　　　农产品电商供应链节点测度值

节点	资源贡献度	执行响应度	生态投入度	风险防控度
供应商 A	0.4	0.3	0.5	0.2
电商 B	0.2	0.2	0.2	0.4
物流商 C	0.4	0.5	0.3	0.4

第一，基于初始 Shapley 模型计算供应链节点供应商 A、电商 B 和物流商 C 所分配的收益额。

将算例所给数据代入初始 Shapley 模型（9－4）和模型（9－5）中，计算过程如表 9－2 所示。

表 9－2　　　农产品电商供应链的节点供应商 A 收益额计算过程表

单位：万元

s	A	$A\&B$	$A\&C$	$A\&B\&C$
$v(s)$	200	1000	1200	2400
$v(s \setminus i)$	0	400	600	1400
$v(s)-v(s \setminus i)$	200	600	600	1000
$\|s\|$	1	2	2	3
$\theta(\|s\|)$	1/3	1/6	1/6	1/3
$\theta(\|s\|)[v(s)-v(s \setminus i)]$	200/3	100	100	1000/3

所以，可得出供应商 A 所分得的收益额为 $\varphi_1=600$ 万元。

同理，可计算出电商 B 所分得的收益额为 $\varphi_2=800$ 万元，物流商所分得的收益额为 $\varphi_3=1000$ 万元。

第二，基于修正 Shapley 模型确定四个影响因素的权重。这里选择有专业经验的十位专家分别对农产品电商供应链生态化运营的四大影响因素的资源贡献度、执行响应度、生态投入度和风险防控度进行判断并打分，其结果如表 9－3 所示。

表 9－3　农产品电商供应链生态化运作四大影响因素权重的专家判断

序号	资源贡献度	执行响应度	生态投入度	风险防控度
1	0.18	0.13	0.20	0.40
2	0.23	0.31	0.25	0.31
3	0.32	0.23	0.33	0.25
4	0.18	0.40	0.21	0.20
5	0.16	0.20	0.19	0.51
6	0.24	0.33	0.22	0.15
7	0.11	0.40	0.13	0.22
8	0.12	0.13	0.15	0.62
9	0.13	0.21	0.12	0.26
10	0.18	0.32	0.21	0.19

根据表 9－3，根据式（9－10），通过比较可得出修正因素权重的参考序列向量为：$V_0 = (0.32, 0.40, 0.33, 0.62)$。

第三，根据式（9－11），计算四个影响因素的指标序列到参考序列的距离 D 向量：

$$D = (0.544, 0.2702, 0.2003, 1.168)$$

第四，根据式（9－12），得出四个影响因素指标的权重 W 向量：

$$W = (0.648, 0.787, 0.833, 0.461)。$$

第五，根据式（9－13），对各影响因素的指标权重作归一化处理后得出的修正因子权重向量为：

$$\overline{W} = (\overline{\omega}_1, \overline{\omega}_2, \overline{\omega}_3, \overline{\omega}_4) = (0.24, 0.29, 0.30, 0.17)。$$

所以，根据式（9－7），$w_A = 0.367$，$w_B = 0.234$，$w_c = 0.399$。

满足 $w_A + w_B + w_C = 1$ 的要求。

由于，给出的生态合作后的供应链总收益为 $V(N)=\sum_{i=1}^{3}\varphi_i(v)=$ 2400 万元，

所以，$\varphi_1'(v)=\varphi_1(v)+V(N)\times\left(w_1-\frac{1}{3}\right)=600+2400(0.367-1/3)=682$ 万元；

同理，$\varphi_2'(v)=\varphi_2(v)+V(N)\times\left(w_2-\frac{1}{3}\right)=800+2400(0.234-1/3)=562$ 万元，

$\varphi_3'(v)=\varphi_3(v)+V(N)\times\left(w_3-\frac{1}{3}\right)=1000+2400(0.399-1/3)=1158$ 万元。

经检验，$\sum_{i=1}^{3}\varphi_i'=682+562+1156=2400$ 万元。

从运算过程可以看出，由供应商 A、电商 B 和物流商 C 组成的供应链，在实施生态化合作之前，独自运营的收益明显低于生态化合作后的收益。

进一步剖析原因，实施生态化运营之后，供应商 A 实施生态化集货、生态存储、绿色加工，增加了集货成本，但与供应链其他节点的生态化合作，增加了供应链的信任感和凝聚力，提高了整体竞争力，其自身的收益由 200 万元上升到 682 万元，增长率为 241%。电商 B 在生态化经营中注重机制创新，营造了信息共享、风险共担和利益共分的平台支撑环境，其收益也从 400 万元上升到 562 万元，增长率为 40.5%。物流商 C 在农产品电商供应链中，实施推进绿色加工、生态配送、逆向物流等措施，使农产品高质量送达最终用户，是该条供应链生态发展的实体支撑，其收益从 600 万元上升到 1158 万元，增长率为 93%。以上数据表明，农产品供应链通过生态化合作博弈，在市场竞争中取得了突破性发展。

随着数字乡村战略的实施和农业全产业链的发展，农产品电商供应链的地位愈来愈重要。由于城乡居民的生活水平不断提高，对产业

链、供应链的生态化要求也在随之升高。在生态化视域下研究农产品供应—电商—物流三大节点组成的供应链及其收益分配问题，对供应链建设的稳定、优质发展意义重大。

围绕供应商、电商、物流商三大核心节点，以影响农产品供应链生态化发展的资源贡献度、执行响应度、生态投入度和风险防控度等四大要素为切入点展开研究。通过解析四大要素，显示出农产品供应链生态化建设和运作过程中，四大要素具有重大影响。

通过修正完善Shapley模型，有效地弥补了Shapley初始模型在解决收益分配过程中的局限问题，对市场经济环境下调动供应链各利益节点的投入、运营和管理积极性具有极大的促进作用。研究表明，运用修正完善的Shapley模型进行收益分配，一是通过促进农产品电商供应链各核心节点的生态化合作运营，优化了全流程的经营环境和产品生态质量意识，有效地拓展了消费者的忠诚集群，其生态合作收益远远大于初始独立运营的收益；二是修正完善后的Shapley模型，通过专家对影响要素的判断打分，以及模型运算过程的诸多约束限制条件，生态化供应链影响要素的权重更趋科学，运算的结果更加符合合作博弈的实际状态。

第四节　系统协同运作的对策

全面取得全国脱贫攻坚战的胜利之后贵在实施乡村振兴，乡村振兴的关键环节在于产业的发展，而农产品销售渠道的拓展是一项艰巨任务。着力推进农产品电商物流系统的协同运作是创新农产品上行渠道，扩大农产品市场占有率的有效途径。为此，需要科学制定并有效实施针对农产品电商物流系统协同运作的发展对策。

一、聚焦重点维度

为科学推进农产品电商物流体系科学健康高质量演进，为国内

"大循环"和国内国际"双循环"提供动力，又必须深入梳理、遴选和研究农产品电商物流系统的发展维度，尤其是其时间维度、空间维度和方向维度。

（一）时间维度

物流配送是农产品电商的重要环节，我国农产品电商发展迅猛，物流系统也要快速发展以适应不断优化的电商商业模式，从时间维度来看，其发展阶段基本与农产品电商发展一致。本报告将农产品电商物流发展历程划分为四个阶段。第一阶段是起步阶段，也是农产品电商的萌芽期，时间期限为1995年至2000年，主要特征是粮食、棉花开始推出网上交易，此阶段农产品电商主要局限于大宗交易，物流方式以传统粮食交易物流为主。第二阶段是初试阶段，时间期限为2000年至2010年，主要特征是生鲜电商平台成立。2005年，易果网正式成立，2008年和乐康、沱沱工社成立，这个阶段内出现了很多生鲜电商，同质化竞争激烈，但起初客户群体不够稳定，市场还不够成熟，一大批企业倒闭。这个时期农产品电商以全产业链自营为主，自营农产、自建物流配送模式为主流，但因供应链成本过高、客户群体相对较为小众，此物流模式运营难度大、资金要求高，不适合初创型企业。第三阶段为成长阶段，时间期限为2010年至2015年，主要特征是农产品电商创新模式不断出现。2013年"京城荔枝大战"事件中，顺丰优选、本来生活等一大批农产品电商企业开始探索品牌运营，生鲜电商发展呈现井喷态势，与此同时，B2C、B2B、O2O等模式不断出现，竞争空前激烈。此阶段随着运营企业不断增加、客户群体不断壮大，对物流配送的要求也愈加严格，平台基本都选择渠道扁平化，有效减少中间不必要的流通环节，最前端农产品生产者一般为农户或专业生产基地，选择自营物流或专业第三方物流公司将产品配送到消费者手中。第四阶段为快速发展阶段，时间为2016年以后，主要特征是农产品电商完成融资和兼并重组，由成长期进入发展期。

这一阶段国家对农产品电商的扶持力度不断加大，且消费者已形成网购生鲜食品的消费习惯，农产品电商发展快速。在此阶段农产品电商物流基本已构建较为完整的物流体系，且无人机配货、无人仓库等模式不断推出，成为电商平台特色环节。即时配送成为主流模式，对时间、质量要求较高，开始建设生鲜仓库。2019—2020 年由于疫情影响，农产品电商需求不断攀升，同时疫情导致物流配送难度增加，对农产品电商企业来说面临着新的机遇与挑战，需要建立更为完善的物流体系，强化应对风险能力。

从时间维度来看，今后农产品电商物流变化趋势为以消费者需求为导向，减少中间环节，通过现代化技术手段解决“最后一公里”问题，实现生鲜食品即时配送，不断适应当前消费需求，提高消费者满意度。

（二）空间维度

基于空间维度，我国各地区自然资源分布具有不平衡性，农产品特征存在着较大的区别，电商起步阶段不同，地区经济发展状况不同，因此农产品电商物流在不同地区也体现出不一致性。

从东西部农产品电商物流发展来看，东部地区经济发展较快、人口密度大，电商起步较早，物流布局较为完善，数字化产业应用广泛，很多企业选择将总部放在东部地区并优先在东部城市布局，因此，该地区农产品电商物流发展较快。以能力处于领先地位的长三角地区为例，该地区经济发展迅速、一体化进程明显，自然资源较为丰富，生鲜农产品种类较多，互联网信息技术渗透较早，生鲜农产品电商发展在全国处于比较靠前的位置。长三角地区也是我国交通最为发达的地区之一，为农产品电商物流的运作提供了基础保障。如，叮咚买菜 2017 年 5 月从上海起步正式上线，首先选择在长三角地区上海、杭州、宁波、苏州、无锡等城市进行布局，开设近 550 个前置仓，随后在深圳、北京布局，叮咚买菜采取“城批采购/品牌供应商直供 +

社区前置仓 + 即时到家”的业务模式，自建物流进行配送，用户可选择送达时间。目前长三角地区农产品电商物流还存在着运输过程损耗较大、标准化及专业化程度较低等问题，制约了其进一步发展。今后要朝着集约化、智能化、标杆化方向发展，实现产业链资源整合，解决生鲜企业资金问题，提高供应链物流效率。

西部地区农产品电商起步较晚，农村经济较为落后，信息化基础设施建设较为薄弱，农产品物流技术较为落后，物流企业主要是在传统物流体系的基础上发展而来，缺乏农产品电商物流的专业性和精细化管理，物流能力较为薄弱。西部地区目前农产品电商物流能力较弱的原因有：农产品物流基础设施较为落后，交通不够便利，物流速度慢，并不符合农产品对运输时效要求高等特点；农产品电子商务发展滞后，西部地区农产品电商平台建设质量与数量远不及东部地区，农产品电商起步晚、基础差、资金少，企业拓展市场困难。西部地区农产品电商物流发展虽然较为迟缓，但西部地区特色农产品品类丰富、产量充足，政府对物流发展扶持力度进一步加大，且需求旺盛，西部地区发展农产品电商物流潜力巨大。西部地区农产品电商物流发展方向首先是依托当地特色产业，结合新媒体传播方式，拓宽农产品电商信息发布及接受渠道，以电商发展倒逼物流转型升级。

（三）方向维度

当前企业开展农产品电商物流主要涉及三种模式，一是平台电商采用自建物流模式，如图 9 - 4 所示。这类企业在经营电商平台的同时，需要筹建农产品物流体系，即从农产品采购到配送整个物流都由平台自己运作，这种模式对企业资金实力、物流能力要求高。自建物流代表企业是顺丰优选，背靠顺丰速运集团，整合现有资源，依托顺丰强大的物流体系，采用产地直采、专业仓储与物流、全程品质监控模式为客户提供健康、营养、便捷的全球生鲜农产品。此类模式能够使企业有效控制物流全过程，对突发事件能够进行迅速反应，提高物流效率及质量，但因为成本过高不适合中小企业。

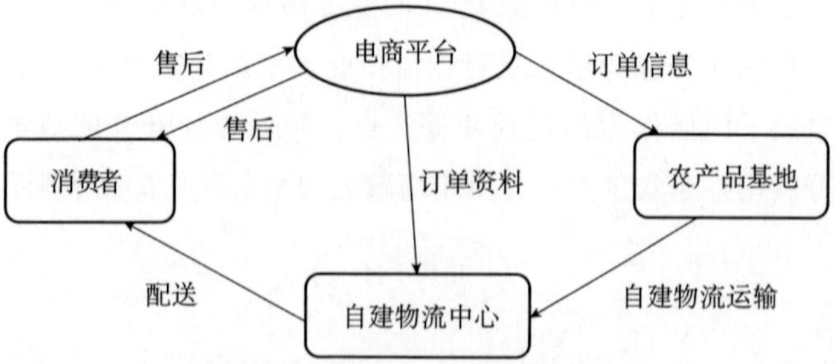

图 9－4　自建物流体系发展示意图

二是采用第三方物流模式，如图 9－5 所示。电商企业将物流部分外包给专业的物流公司完成，该模式能够使电商企业集中资源关注核心业务发展，成本相对较低，且物流企业的服务能更加专业高效。同时，选择第三方物流也存在着一定的弊端，如生鲜电商企业对物流全程的把控能力降低、难以实现路线直达，使得物流作业时间增加，影响消费者体验等。喵鲜生是阿里旗下针对农产品生鲜市场推出的平台，采用第三方物流模式，平台吸引农产品商家入驻，但这些企业以中小型企业为主，不具备自建物流能力，平台通过与专业物流公司菜鸟裹裹合作进行物流配送，有效降低物流运营成本。

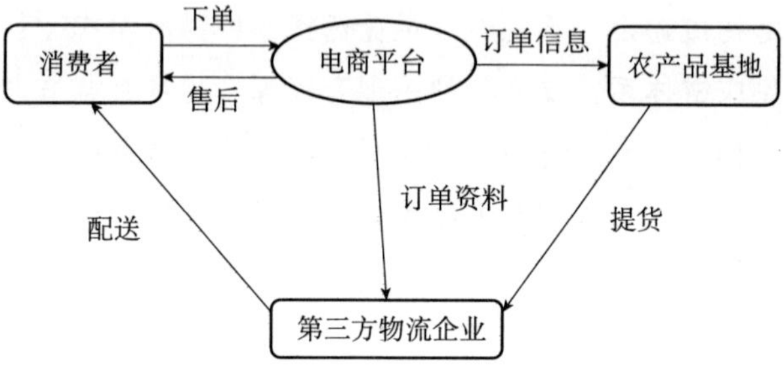

图 9－5　第三方物流体系发展示意图

三是采用“社区门店＋众包”物流模式，如图 9－6 所示。该模式能够有效降低企业成本且配送速度快，物流效率大幅度提高，但由于配送队伍参差不齐，物流专业性及服务质量还有待提高。京东到家与众包物流平台达达合并推出京东众包，在京东强大的自营配送体系基础上进行创新和探索，更适应O2O的业务需求，京东到家平台同样采取“社区门店+众包”模式进行物流作业。京东到家与线下门店合作，一方面将线下门店作为前置仓和提货点，降低选址开仓的成本，另一方面充分利用京东众包平台，由距离较近的平台送货员完成配送环节。

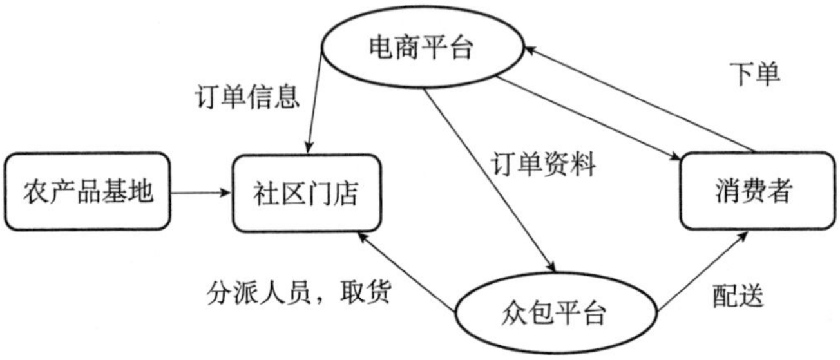

图9-6 “社区门店+众包”物流体系发展示意图

未来农产品电商物流模式将会以降低物流成本、提高物流效率为主线开展各项活动。前期农产品电商行业竞争激烈，但很多企业都采取一味烧钱不断扩充仓储及线下自提点的方式进行竞争，最终由于运营成本过高等原因相继退出市场，因此如何解决物流成本问题就成了重中之重。未来企业将充分利用社会现有资源，加速渠道融合，进一步扩大前置仓网络建设，同时利用物联网、大数据等现代化技术，不断强化冷链物流建设。不论电商企业选择哪种物流模式运营，都很难自营整个供应链体系，要充分利用现有资源，与具有竞争力的上下游合作，共同构建农产品电商生态体系；追求整个体系中的各个主体协同合作、共同发展，以消费者需求为导向，不断改善信息不对称等问题，降低物流系统成本，加速农产品流通。

二、强化要素支撑

（一）政策要素

一是以政府为主导，创造良好的农产品电商运作氛围，助推农产品电商物流的快速发展。出台支持农产品电商流通相关政策，鼓励运用现代化信息技术，对中小企业实行税收优惠政策，支持农产品电商企业健康发展，鼓励社会资金积极投资农产品电商。建立健全农产品电商相关政策、法规，制定农产品质量溯源机制，加强农产品冷链标准化建设，打造跨部门、跨环节追溯信息互通互联的通道，规范行业行为，确保农产品品质，保障消费者权益，确保农产品供应链稳定运行。依托各类媒体，充分利用微博、公众号等媒介，加大对农产品电商的宣传力度，政府层面应加强当地特色农产品宣传，鼓励企业及个体投入电商体验活动，在传统农产品交易的基础上尝试农产品电商交易模式，支持大型龙头企业渠道下沉，扩大农村地区服务范围。

二是政府加强农产品物流基础设施建设，布局高质量农产品电商物流网络体系。加强农产品物流基地建设，地方政府根据地域特征、产品特征及产业布局，选择在农产品生产基地、生鲜集散地及城市消费圈周边合理布局农产品集聚基地，满足地区农产品物流产业化、网络化、集成化发展，基地承担农产品流通加工、冷链仓储等诸多功能，与生鲜电商平台及物流企业合作，保障农产品物流高效运转，减少资源浪费。加强区域内及跨区域流通骨干网络建设，建立立体化的交通运输网络，完善农村道路设施建设，进一步完善综合交通运输体系，提高不同交通运输方式之间的衔接效率，实现全程冷链物流“无缝衔接”。

三是扶持物流企业的发展，提高农产品电商物流运作效率。支持企业智能化技术的应用，加大力度推广信息化系统和云计算、大数据、物联网等信息技术在物流企业中的应用，实现物流作业自动化、智能化、标准化。加强物流企业与特色农产品产地的合作，聚焦农产品电商物流“最先一公里”，提供专业化、高效率、低成本的物流服务。深化物流领域放管服改革，按照“最多跑一次原则”，简化物流企业开展业务的行政审批手续，激发物流运营主体活力。

（二）节点要素

一是整合资源，构建农产品电商全产业链。电商平台融通着整个产业链的物流、信息流与资金流，使各个参与者都能够在其中获取利益、共生共荣。电商企业能够有效监控并进一步打通生产、流通及消费环节，实现品牌化、标准化输出，不断提升消费者购物体验。

二是创新生鲜农产品电商物流上游供应端运营模式。农产品电商区别于传统农产品销售的特征之一就是减少了流通环节，通过扁平化的运作模式实现供应链成本降低、效率提高。通过农产品电商平台，上游节点企业、电商企业、物流企业能够共享信息，从而实现按需生产、以产定销。供应端即货源是生鲜电商企业必须关注的环节，供应端质量直接决定了产品品质。可以采用混合模式组织产品货源，上游生鲜农产品供应方采用“农户 + 生产基地 + 企业 + 海外采购”相结合的方式，以期延伸供应链，做到对上游供应端的有效监控，把控产品质量、降低供应链成本，拓宽产品来源渠道，形成长期稳定的供应关系，减少供应链环节，保证产品品质。

三是发展农产品电商仓储及流通加工端。由于生鲜农产品“快速腐坏变质”的特征，对仓储及流通环节温度、包装、时效的要求极高，导致物流成本居高不下。目前农产品电商有不同的仓储解决方案，但都是采用电商平台 + 前置仓库 + 即时配送的物流模式，前置仓的布局有效保证了商品的配送速度与配送成本问题。在以后的发展过程中，消费者需求的提高将倒逼仓储模式的不断创新，并结合信息化技术的应用，整合资源，提高仓储能力及运作效率，以保证终端消费者的即时性消费需求。

四是优化农产品电商物流配送体系。积极推进共同配送模式，该模式适用于大部分中小企业，该企业规模不大且物流资源配置不够齐全，采用共同配送模式能够提供专业化的物流服务、并且形成集约化的配送效果。尝试自提点等新的配送模式，为消费者带来更好的服务体验。

（三）平台要素

一是加强电商农产品物流标准体系建设。2018 年国家质检总局、工信部、农业部等七部委联合印发《关于开展农产品电商标准体系建设工作的指导意见》，明确农产品电商标准化工作机制、体系建设、标准实施等方面的内容。物流高质量发展需要从设施设备、支撑技术、流通环节、管理主体及安全等方面规范农产品电商物流标准化建设。健全农产品电商物流标准化监督机制，设立专门部门对生鲜产品全程供应链进行监管，健全产品可追溯体系，保障农产品供应链安全、高效运行。

二是升级物流信息平台。通过整合供应链信息资源以提高流通效率，物流信息平台的搭建对农产品电商发展来说有着重要的意义，该平台能够连接供应链上下游企业，做到信息共享，为企业提供供应链一体化服务，打造农产品电商生态圈。当前物流信息平台对资源的整合度还不够，没有将整条供应链上的信息都汇总共享，平台信息存在碎片化、非集成化的特征，不能够有效助推电商物流及电商平台高质量发展。相关电商及第三方物流企业应强化物流信息平台的转型升级，提供更为优化的供应链方案，实现农产品电商物流一站式信息集合，提供更为科学的决策，实现供应链资源利用最大化。

三是加快农产品物流网络体系建设。统筹建设农产品基地、集散地、批发市场、流通加工基地、仓库等农产品流通设施，完善农村物流骨干网络及冷链物流体系建设，加快供应端物流节点及交通运输网络布局。结合货物特性及运输要求，选择合理运输方式，优化运输路径，合理配置冷链运输资源，对物流运输全程进行有效监控，加快农产品物流运输网络资源配置。适时发展共同配送模式，多个企业进行合作联合组织配送活动，实现配送高效化、合理化，选择合理的前置仓模式，优化开仓布局，创新业态，运用信息技术手段，选择最优配送路径，加快“最后一公里”配送终端网络体系建设。

四是强化生鲜农产品冷链物流技术应用。将物联网、大数据、5G 等先进技术运用到农产品物流中，通过 RFID、GPS、智能仓储、温控管理等技术的应用，提升冷链物流各个环节运作效率，保证产品的及时性与安全性。将先进的冷链设施、装备技术及冷冻冷藏技术应用到农产品运输、仓储及配送的全过程中，对不同产品的温区进行精细化管理，实现产品在物流过程中防腐保鲜的效果。

（四）人才要素

一是培养农产品电商相关人才。积极推进农产品电商专业人才培养，通过加强企业、高校与政府的联动，培养一批符合行业需求的懂农业、懂信息技术、懂市场营销的复合型电商人才。作为企业来说，根据岗位需求，逐步完善内部培训体系，使员工做到学以致用。

二是注重农产品物流专业人才培育。高校应关注农产品物流细分市场，注重对这一领域专业人才的培育，不断完善培育机制；企业加强与高校合作，学生在校期间进入企业开展实习，将专业课程内容与职业标准对接，培育符合当前行业需要的专业技术人才。

三是盘活农村、社区周边人力资源，加强职业培训，提升相关从业人员素质。开展农村电商培训项目，针对部分可从业村民进行电商基础知识、互联网基础知识等专业化培训，依托当地农产品特色，集成资源走平台发展路径。农产品电商配送环节应提高企业准入门槛，坚持人职匹配原则，发挥人员潜能，建立有效的奖惩机制，关注员工组织支持感，提高其工作积极性。强化职业评价体系，推进员工信用体系建设，加强从业人员职业规划引导，完善行业职业技能竞赛体系，建立“传帮带”制度，带动从业人员结构优化和素质提升。

三、做强系统保障

针对农产品电商物流平台，致力于为农产品电商物流供应链发展提供优质服务的金融、保险、支付、担保、信息技术维护等核心层的节点要素，在基础设施支撑、新模式推普、新体系运维、新思维应用、新路径拓展等领域可能出现困难和瓶颈。为此，需要加强技术保障、空间保障、质量保障、人才保障、风控保障、法律保障等，以确保协同运作机制的可运作性。

（一）技术保障

加大农产品信息技术的研发和创新。围绕相关特色产品，提供相应的物流技术支撑。强化冷链物流设施设备的投入使用，发展高新技术物流设备，淘汰老旧物流设备。加大电商平台的普及程度，提升电商平台能力，有效促进平台推广。推进电商园区及物流园区的建设与升级，提升仓储、运输、配送、信息等综合管理和服务水平。

加强对农产品电商、物流相关专业技术人才的培育，扩大高校对专业人才的培养教育，对农产品电商物流从业人员开展多层次、多方面的培训，提高专业技术水平。加快行业标准化建设，加大产业政策扶持。大力支持农产品电商物流品牌推广，积极推动线上线下融合发展。

（二）组织保障

以政府为主导，设立跨产业部门、专职管理农产品电商的部门，明晰相关部门的职责任务，加强相关组织之间的沟通协调；由综合管理部门牵头，组织相关行业管理机构、企业、专家定期开展沟通交流座谈会，形成促进行业发展的巨大合力；设置工作小组，进行跨部门的工作统筹协调，具体负责地方农产品电商与物流协同发展工作落实；支持行业协会的发展，充分发挥行业协会的协调引导作用；培育农产品电商物流龙头企业，带动行业的发展。

要创新农产品电商物流系统政策保障。不断完善农产品电商物流领域相关政策法规，建立健全适应国家行业发展的法律法规体系，打造健康规范可持续发展的产业环境；加快行业的标准化建设，充分发挥政府的组织和引导作用，以“政府—高校—协会—企业”模式完善相关行业技术、操作、设备等的标准化，强化企业主体责任，促进行业健康发展；强化行业发展顶层设计，制定行业发展规划，明确其近期及长期发展目标，指导参与者落实，加快推进战略落地。

要拓宽农产品电商物流资金保障。国家财政资金向农村物流基础设施方面倾斜，不断增加农村物流质量；对农产品电商物流企业给予一定的资金扶持，提供信贷支持、税收优惠等政策，鼓励企业信息化、资源共享平台化建设，加大对农产品运输车辆的交通优惠政策；积极拓展融资渠道，吸纳各类社会资金投资；完善农产品电商物流保险服务，减少物流损失。

（三）文化保障

农产品电商物流系统的协同运作需要有先进的文化支撑，只有在优秀的经营环境下才可能高质量发展。

一要塑造农产品品牌文化。在绿色生态理念下，育种、栽培、采摘、整理、仓储、运输、流通加工、配送都要在一定的标准体系下运作。要树立质量意识、生态意识，要考虑持久性、长期性和可持续性。

二要塑造电商法治文化。电商平台的运作必须置于严格的法律规范之下，从产品广告宣传、订单处理，到金融结算、风险防控，各环节都要在国家法律体系约束下运营。网络销售不是法外之地，必须依法、遵法、守法。

三要塑造物流的优质服务文化。物流业作为现代服务业，既有基础性，又有战略性和先导性，在农产品上行和消费品以及生产资料的下行过程中物流业担负着重要职责。只有与电商平台协同运作，才能充分发挥物流的时间效应、空间效应和形式效应。

文化尽管属于软环境范畴，但对电商物流的协同发展却具有强大的冲击力。只有有先进的、高尚的、健康的优秀文化支撑，电商物流系统才能在正确的轨道上发展。

后　记

十八年前，我步入了大学校门，选择了电子商务专业，开始与电商结缘。后经硕士的软件工程专业、博士的管理科学与工程专业的物流信息系统方向熏染，我与电商物流领域的缘分逐步深厚。尤其是近五年，主持或参与完成的电商物流项目已达十余项，我们电商物流研究团队的成果也更加丰厚。

我的父亲朱占峰教授作为中国物流学会副会长，长期致力于物流与供应链领域研究。我的妻子朱一青作为大学同班同学，从电商专业起步，硕士学的是国际贸易专业，博士也是管理科学与工程专业。家庭中洋溢的电商物流专业气息增强了我学术研究的动力。这几年，从参与我父亲主持完成的浙江省自然科学基金项目《跨境贸易电子商务与物流及通关资源协同机制研究》（LY16G020014），浙江省高校重大人文社科项目攻关计划项目《浙江省跨境电商供应链品牌化机制研究》（2016QN049），中国物流学会、中国物流与采购联合会重点课题《O2O模式下电商物流发展研究》（2015CSLKT2－005）、《电商物流绿色生态系统构建及政策研究》（2017CSLKT2－003），到我主持的中国物流学会、中国物流与采购联合会课题《人工智能背景下跨境电商物流体系的构建》（2018CSLKT3－074）、《基于数字经济的物流产业高质量发展研究》（2019CSLKT3－140）、《农产品电商物流系统高质量运作对策研究》（2020CSLKT3－154）、《农产品电商平台与物流系统协同运作机制研究》（2021CSLKT3－052），浙江省农业农村厅软科学项目《农业全产业链大数据建设研究》（ZJSNYZX2019－25）、《浙江省农业农村数字化改革研究》(ZJSNYZX2021－17),以及我妻子主持完成的中国物流学会、中国物流与采购联合会课题《供应链金融体系风险传导的机理与评价》(2018CSLKT3－069)、《中美贸易摩擦背景下我国跨境电商物流发展对策研究》(2019CSLKT3－053)、《农产品电商供应链构成要素和互动关系研究》(2020CSLKT3－155)、《现代物流业与特色农业融合发展的机理研究》(2021CSLKT3－180),浙江省软科学课题《浙江农产品电商供应链生态化发展路径研究》(2020C35076),宁波市自然基金项目《农产品电商物流生态系统形成和运作机理研究》(202003N4331),等等,本专著是以上这些课题研究成果的进一步凝练和升华。如,第7章、第8章和第9章的基础内容,就是朱一青主持的浙江省软科学课题《浙江农产品电商供应链生态化发展路径研究》、宁波市自然基金项目《农产品电商物流生态系统形成和运作机理研究》的主要研究成果。

在主持课题研究过程中,曾得到课题组其他成员的帮助和支持,如宁波工程学院网络安全与信息化管理办公室杨玫高级馆员、程刚高级工程师,宁波工程学院经济与管理学院唐连生教授、闫森副教授、侯丽副教授、汪保博士等在相关课题的研讨过程中提出了诸多有益参考意见;郭跃教授和张晓东副教授作为主要成员深度参与了我父亲主持的相关项目;课题组几位研究生葛浩然、王莹、刘佳、王敏浩、侯约翰、冯文博等帮助梳理了一些资料。本书的出版,得到了宁波工程学院学术出版基金及其管理科学与工程重点学科团队出版经费的资助。对来自各方的教益、帮助和资助,在此我一并表示衷心感谢。

本书在撰写过程中,参阅了大量的文献资料,并得到了中国财政经济出版社编辑的大力帮助,在此表示诚挚的谢意!由于时间较紧和本人学术水平的限制,本书尚存在诸多需要改进和提升的地方,恳请各位读者提出宝贵意见和建议,有待再版时进行更正。

朱　耿

2021年9月

主要参考文献

一、中文参考文献

[1] 克劳斯．第四次工业革命：转型的力量［M］．世界经济论坛北京代表处，李菁，译．北京：中信出版社，2016：11—12.

[2] 姜奇平，黄诚．IP 网络技术创新与新世纪产业结构调整的趋势［J］．中央财经大学学报，2000（6）：7—12.

[3] 李杰．工业大数据——工业 4.0 时代的工业转型与价值创造［M］．邱伯华等，译．北京：机械工业出版社，2015.

[4] 张亚斌，马莉莉．大数据时代的异质性需求、网络化供给与新型工业化［J］．经济学家，2015（8）：44—51.

[5] 张昕蔚．数字经济条件下的创新模式演化研究［J］．经济学家，2019（7）：32—39.

[6] 易宪容，陈颖颖，位玉双．数字经济中的几个重大理论问题的研究——基于现代经济学的一般性分析［J］．经济学家，2019（7）：23—31.

[7] 伍宁杰．“互联网 +”背景下我国智慧物流转型路径探讨［J］．商业经济研究，2018（12）：116—119.

[8] 何黎明．中国智慧物流发展趋势［J］．中国流通经济，2017（6）：3—7.

[9] 于斌．我国物流产业链现状及其升级策略［J］．改革与战略，2018（9）：41—44.

[10] 赵峥，刘涛．创新发展视角下的我国物流产业转型升级的

思路与对策［J］. 发展研究，2018（4）：88—92.

［11］汪鸣. 我国物流产业转型发展路径研判［J］. 北京交通大学学报（社会科学版），2019（3）：1—7.

［12］杨守德. 技术创新驱动中国物流业跨越式高质量发展研究［J］. 中国流通经济，2019，33（3）：62—70.

［13］李冬蓓. 论我国国际贸易的电子商务服务模式［J］. 对外经济贸易大学学报，2007（2）：72—78.

［14］王建强，刘建宁. 浅论电子商务对国际贸易发展的推动作用［J］. 经济论坛，2013（9）：124—125.

［15］张夏恒，马天山. 中国跨境电商物流困境及对策建议［J］. 当代经济管理，2015（5）：51—54.

［16］刘莹. 中小企业跨境电商物流渠道竞争力的对比与选择［J］. 吉林工商学院学报，2014（4）：25—18.

［17］樊晓云. B2C 跨境外贸电子商务物流配送模式研究［J］. 萍乡学院学报，2015（1）：26—29.

［18］王喜荣，余稳策. 跨境电商发展与传统对外贸易互动关系的实证分析［J］. 经济与管理研究，2018（2）：79—86.

［19］马述忠，陈奥杰. 跨境电商：B2B 抑或 B2C——基于销售渠道视角［J］. 国际贸易问题，2017（3）：75—86.

［20］吕雪晴，周梅华. 我国跨境电商平台发展存在的问题与路径［J］. 经济纵横，2016（3）：81—84.

［21］黄怡园，王浩. 中国跨境电子商务市场的路径探索［J］. 新西部，2013（32）：76，68.

［22］游玲. 跨境电子商务税收征管法律问题研究［D］. 成都：西南财经大学，2007.

［23］汪文进. 第三方支付机构跨境外汇电子支付管理问题研究［J］. 华北金融，2013（1）：44—47.

［24］王杏平. 跨境电子商务与跨境第三方支付管理探究［J］.

中国信用卡，2013（10）：59—62.

［25］黄永江．关于构建我国跨境电子商务及支付外汇业务管理体系的研究［J］．金融会计，2013（7）：22—29.

［26］冯雪君．跨境贸易人民币结算、人民币国际化与资本项目开放之间相互影响的研究［D］．桂林：广西师范大学，2009.

［27］陈琰．跨境人民币结算业务现状、问题及展望——以上海地区为例［J］．新金融，2010（12）：27—30.

［28］孙润生．中国跨境贸易人民币结算研究［D］．北京：首都经济贸易大学，2013.

［29］杨坚争，刘涵．我国不同规模企业跨境电子商务应用状况调查分析［J］．当代经济管理，2014，36（1）：25—29.

［30］王外连，王明宇，刘淑贞．中国跨境电子商务的现状分析及建议［J］．电子商务，2013（9）：23—24.

［31］冯亚楠，刘丹．中国跨境电子商务发展现状及创新路径［J］．商业经济研究，2015（31）：78—80.

［32］梁瑜，许卓然，刁清，等．跨境电商入境动植物产品的检验检疫风险防控［J］．中国经贸导刊，2015（29）：67—68.

［33］倪程，孙珂，翟帅．跨境电子商务信用风险问题研究［J］．传播与版权，2016（1）：165—167.

［34］周莉萍，于品显．跨境电子商务支付现状、风险与监管对策［J］．上海金融，2016（5）：73—78.

［35］郑小雪，李登峰，王莹，等．我国出口跨境电商的物流风险评估［J］．商业经济研究，2016（23）：68—69.

［36］孙康．跨境电商的知识产权风险研究［J］．对外经贸，2016（10）：126—127.

［37］王雨婕，柴宇曦，马述忠．防范跨境电商企业代理境外品牌经营风险［J］．浙江经济，2017（13）：46—47.

［38］董鹏．政策破冰引爆国内跨境电子商务发展热潮［J］．综

合运输，2014（6）：40—43.

[39] 梁楠，房婷婷．跨境电商频获政策红利［J］．进出口经理人，2014（3）：66—67.

[40] 茅磊江，王锐兰．倒逼与推动：跨境电商与政府政策的互为策应［J］．东华大学学报（社会科学版），2015（3）：133—136.

[41] 邹磊，徐策．推动我国跨境电商健康快速发展［J］．宏观经济管理，2015（12）：33—36.

[42] 徐松，张艳艳．应将跨境电商建成“中国制造”出口的新通道［J］．经济纵横，2016，5（2）：26—30.

[43] 胡钢．电子商务法律体系解读［J］．互联网经济，2015（11）：48—51.

[44] 李璐，权莹，宋会丽．对跨境电子商务出口业务发展的探讨［J］．华北金融，2015（1）：53—55.

[45] 王珉．跨境电子商务规则的国际协调［J］．海关法评论，2015，5（00）：36—55.

[46] 余建明．跨境电子商务零售进口税收新政评析［J］．海关与经贸研究，2016，37（5）：97—106.

[47] 赵萍．跨境电商新政当何去何从［J］．决策，2016（8）：66—67.

[48] 乐美龙，王继勇．上海自贸区跨境电子商务平台双边定价研究［J］．商业经济研究，2015（6）：58—59.

[49] 杨健．宁波市跨境电商发展现状与基本对策［J］．宁波经济（三江论坛），2016（4）：24—27.

[50] 刘升铨．深圳市跨境电子商务试点在创新中前行［J］．新经济，2016（4）：57—61.

[51] 唐力维．跨境电商交易发展现状及外汇管理政策探析——以成都跨境电商发展为例［J］．西南金融，2017（12）：23—28.

[52] 翟敏．杭州跨境电子商务发展的金融支持研究［J］．浙江

金融，2015（12）：24—29.

［53］陈捷．拓展福建跨境电商产业链和生态链的思路［J］．福建理论学习，2016（1）：39—41.

［54］张兴旺．对农业电子商务的再认识［J］．农村·农业·农民（B版），2017（5）：57—58.

［55］张兴旺，孟丽，杜绍明，等．关于信息化影响农业市场化问题研究［J］．农业经济问题，2019（4）：39—45.

［56］李瑾，顾戈琦．基于“互联网+”的农业大数据平台构建［J］．湖北农业科学，2017（5）：1947—1952.

［57］刘同德，郭振．电子商务对农村扶贫开发工作的影响分析——以青海省民和县“农村淘宝”项目为例［J］．青海社会科学，2016（6）：112—118.

［58］李道亮，杨昊．农业物联网技术研究进展与发展趋势分析［J］．农业机械学报，2018（1）：1—20.

［59］王钧，任万明．大数据服务农业全产业链：山东的实践与探索［J］．信息技术与信息化，2018（9）：173—174.

［60］王丽．智慧农业背景下农业全产业链发展路径探索［J］．农业经济，2018（4）：6—8.

［61］易法敏，朱洁．ICT赋能的扶贫平台商业模式创新［J］．管理评论，2019（7）：123—132.

［62］马小雅．广西农村电商物流发展对策［J］．开放导报，2016（9）：77—80.

［63］范丹，吴莲翠．集聚视角下农村电商产业发展路径及动力研究——以临安白牛淘宝村为例［J］．生产力研究，2018（4）：53—58.

［64］丁志伟，韩明珑，张改素，等．县域尺度下中原城市群C2C淘宝店铺服务质量的空间分异及其影响因素［J］．经济地理，2019，39（5）：143—154.

[65] 程迪，魏建飞，丁志伟，等．基于县域尺度的河南省淘宝店铺数量与质量的空间分异及其影响因素 [J]. 河南大学学报（自然科学版），2019 (3)：137—149.

[66] 雷兵，刘蒙蒙．农村电子商务产业集群的形成机制——基于典型淘宝村的案例分析 [J]. 科技管理研究，2017，37 (11)：177—184.

[67] 刘亚军，储新民．中国“淘宝村”的产业演化研究 [J]. 中国软科学，2017 (2)：29—36.

[68] O2O之路．自媒体 [EB/OL]. http：//www. o2oway. com/hangye/articlesl480. html.

[69] 马红春，O2O电子商务模式在我国的应用现状分析 [J]. 科技视野，2012，9 (26)：244—432.

[70] 蔡文欢，陈于书．品牌家具企业O2O电子商务模式应用状况探 [J]. 家具与室内装饰，2013 (2)：22—23.

[71] 卢益清，李忱．O2O商业模式及发展前景研究 [J]. 企业经济，2013 (11)：98—101.

[72] 姜奇平．O2O商业模式剖析 [J]. 互联网周刊，2011 (19)：21.

[73] 薛东来，郑明明．O2O模式下的电商营销策略设计 [J]. 全国商情，2016 (12)：37.

[74] 王栋梓．O2O模式下电商物流转型升级影响因素研究 [D]. 合肥：安徽大学，2016.

[75] 刘佳．基于O2O模式的农产品销售研究 [J]. 科技广场，2015 (5)：212—215.

[76] 彭惠，吴利．O2O电子商务：动力、模式与前景分析 [J]. 华南理工大学学报（社会科学版），2014，16 (6)：10—17.

[77] 孙志伟．大数据时代物流行业的O2O应对策略 [J]. 物流科技，2014，37 (9)：70—73.

[78] 曹静，史子昂，窦浩，等．我国网络零售 O2O 模式发展历程的分析与展望 [J]．中国商贸，2014 (9)：120—121.

[79] 杨洪．传统零售企业 O2O 模式可行性研究 [J]．商业经济研究，2015 (1)：69—70.

[80] 孔栋，左美云，孙凯．O2O 模式分类体系构建的多案例研究 [J]．管理学报，2015，12 (11)：1588—1597.

[81] 杨晓蕾，罗正公．O2O 模式下消费者购买意愿影响因素研究 [J]．中国林业经济，2014 (6)：26—29.

[82] 吕晓永．O2O 模式下电子商务物流配送现状分析及对策研究 [J]．价值工程，2016 (7)：98—99.

[83] 张志乔，蒋丽君．跨境电子商务物流配送分析 [J]．价值工程，2014 (34)：24—26.

[84] 刘蓉．基于 ANP-DEA 方法的电子商务企业物流网络绩效评价 [D]．北京：北京交通大学，2011.

[85] 张滨，刘小军，陶章．我国跨境电子商务物流现状及运作模式 [J]．中国流通经济，2015 (1)：51—56.

[86] 聂瑞芳．O2O 模式下供应链风险及防范 [J]．商业经济研究，2016 (4)：72—74.

[87] 韩延庆．移动互联网下的 O2O 业务及其物流模式研究 [J]．生产力研究，2016 (2)：125—129.

[88] 闫晓宇．O2O 模式下基于大数据的物流企业变革策略研究 [J]．物流技术，2016，35 (3)：159—163.

[89] 周红芳．基于 O2O 的国内快递企业运作模式探究 [J]．物流工程与管理，2016 (5)：12—15.

[90] 张俊，陈宏，张悟移．O2O 模式下的供应链协调研究 [J]．技术经济，2016 (6)：22.

[91] 陈汉明．O2O 模式下的物流配送研究 [J]．时代金融，2015 (32)：42—43.

[92] 孙冬石，李浩渊，刘猛．O2O 模式下智能冷链物流平台搭建［J］．物流技术，2015，34（22）：163—167.

[93] 谭钧．基于 LBS 技术与 O2O 模式的城市共同配送研究［J］．物流技术，2015，34（22）：126—129.

[94] 宿丽霞，吴迪，李萌萌．物流企业跨界 O2O 的运营模式探析［J］．物流技术，2015，34（5）：44—45.

[95] 赵贵文．O2O 模式下传统零售企业物流网络路径规划研究［D］．秦皇岛：燕山大学，2014.

[96] 张潇化．O2O 模式下农产品物流运行问题研究［J］．晋中学院学报，2015（5）：56—59.

[97] 陈丽．O2O 模式下“最后一公里”的困境及对策研究［J］．物流技术，2015，34（20）：65—67.

[98] 顾海鸿．供应链管理策略快速反应（QR）与有效客户反应（ECR）研究［J］．中国高新技术企业，2009（19）：89—90.

[99] 沈珺，丁军．物流管理概论（第 2 版）［M］．北京：北京交通大学出版社，2014：7.

[100] 康耀红．数据融合理论与应用［M］．西安：西安电子科技大学出版社，1997.

[101] 刘同明，等．数据挖掘技术及其应用［M］．北京：国防工业出版社，1998.

[102] 何友，王国宏，陆大淦，等．多传感器信息融合及应用［M］．北京：电子工业出社，2000.

[103] 李洪志．信息融合技术［M］．北京：国防工业出版社，1996.

[104] 姜延吉．多传感器数据融合关键技术研究［D］．哈尔滨：哈尔滨工业大学，2010.

[105] 李琦．基于多源数据的交通状态监测与预测方法研究［D］．长春：吉林大学，2013.

[106] 周强．无线传感器网络安全数据融合技术研究 [D]．南京：南京邮电大学，2014.

[107] 石肖然．行为视角下的供应链管理研究 [M]．北京：经济管理出版社，2014.

[108] 王虹．双渠道供应链决策与契约协调研究 [M]．北京：经济管理出版社，2014.

[109] 刘铮，徐琪．双渠道供应链的优化与协调研究 [M]．北京：北京理工大学出版社，2015.

[110] 张翠华．供应链质量控制理论与方法 [M]．北京：科学出版社，2012.

[111] 玛丽莲，托德．电子商务的安全与风险管理 [M]．谢淳，于军，李霞，译．北京：华夏出版社，2001.

[112] 曾小春，孙宁．基于消费者的电子商务风险界定及度量 [J]．当代经济科学，2007，29 (3)：95—102.

[113] 张夏恒．供应链视角下生鲜电商物流风险来源与形成机理 [J]．农业经济与管理，2015 (3)：81—87.

[114] 贺宏朝．“平台经济”下的博弈 [J]．企业研究，2004 (12)：20—24.

[115] 李允尧，刘海运，黄少坚．平台经济理论研究动态 [J]．经济学动态，2013 (7)：123—129.

[116] 方兴东，严峰．从互联时代迈向智能时代：2017 年盘点与 2018 年展望 [J]．现代传播（中国传媒大学学报），2018 (1)：140—147.

[117] 叶秀敏．平台经济的特点分析 [J]．河北师范大学学报（哲学社会科学版），2016，39 (2)：114—119.

[118] 白真．“两联两分”应是贸易货栈当前的主要经营方式 [J]．湖北大学学报（哲学社会科学版），1988 (2)：119，110.

[119] 周小川．企业改革要与培育和改造资本市场相结合 [J].

改革，1996（6）：16—26.

［120］张楚．关于电子“代理人”法律问题的分析与思考［J］．人文杂志，2000（4）：127—131.

［121］王钦．新工业革命背景下的管理变革：影响、反思和展望［J］．经济管理，2014（11）：179—185.

［122］王千．互联网企业平台生态圈及其金融生态圈研究——基于共同价值的视角［J］．国际金融研究，2014（11）：76—86.

［123］肖红军．共享价值、商业生态圈与企业竞争范式转变［J］．改革，2015（7）：129—141.

［124］高立锋，朱占峰，葛浩然，等．电商物流绿色生态系统及其空间效应分析［J］．物流技术，2017（8）：63—68.

［125］赵欢庆．价值链对跨境电商生态圈的重新打造——以亚马逊为例［J］．商业经济研究，2018（12）：91—93.

［126］武淑萍，于宝琴．电子商务与快递物流协同发展路径研究［J］．管理评论，2016，28（7）：93—101.

［127］成琼文，周璐．基于系统动力学的绿色供应链管理实践路径仿真［J］．科技管理研究，2016，36（23）：226—231.

［128］薛晓芳，梁伟静，李晓智．“大数据”背景下的协同物流生态系统研究［J］．价格月刊，2016（4）：63—67.

［129］王娟娟，杜佳麟．“一带一路”区域绿色物流体系构建及路径探索［J］．中国流通经济，2017，31（6）：27—36.

［130］董美曾．“互联网＋”背景下快递物流与电子商务的协同发展研究［J］．对外经贸，2017（8）：75—76.

［131］熊伟．绿色供应链管理驱动力及其对实践的影响机制研究［D］．杭州：浙江大学，2015.

［132］葛锐，马洪娟．我国电子商务快递绿色包装策略研究［J］．电子商务，2017（2）：9—10.

［133］龚雪，荆林波．发展绿色物流理论与政策研究述评［J］.

现代经济探讨，2017（11）：126—132.

[134] 李海凤．“互联网+”背景下的电商智能物流体系研究[J]．物流科技，2017，40（6）：85—87.

[135] 朱庆华，田一辉．企业实施绿色供应链管理动力模型研究[J]．管理学报，2010，7（5）：723—727.

[136] 雷兵．网络零售生态系统种群成长的系统动力学分析[J]．管理评论，2017，29（6）：152—164.

[137] 白俊红，蒋伏心．协同创新、空间关联与区域创新绩效[J]．经济研究，2015，50（7）：174—187.

[138] 宋丽峰．城市物流节点分工体系与空间关联研究[D]．上海：上海师范大学，2010.

[139] 孟祥铭，汤倩慧．中国跨境贸易电子商务发展现状与对策分析[J]．沈阳工业大学学报（社会科学版），2014（2）：120—125.

[140] 曾望．跨境电商平台模块预置与成效后测的统计评价[J]．统计与决策，2017（22）：59—63.

[141] 蔡庆辉．跨境电子商务国际税收协定适用问题——对所得定性问题的思考[J]．税务与经济，2001（2）：36—40.

[142] 蔡庆辉．跨境电子商务不同所得的区分与确定问题——对国际税收协定适用问题的思考[J]．新疆社会科学，2002（2）：86—90.

[143] 鲁振纲．跨境电子商务对国际税收法律制度影响研究[D]．大连：大连海事大学，2003.

[144] 方少林．APEC跨境无纸贸易发展模式研究[J]．亚太经济，2011（4）：23—26.

[145] 中国电子商务研究中心．2016年度中国电子商务市场数据监测报告[EB/OL]．（2017-05-24）．http：//www.100ec.cn/zt/16jcbg/.

[146] 阿里巴巴商学院．跨境电商基础、策略与实战 [M]．北京：电子工业出版社，2016.

[147] 中国产业信息.2016年中国跨境电商发展现状分析 [EB/OL]．http：//www.chyxx.com/industry/201702/494569.html，2017，02.

[148] 邓少灵．口岸物流信息平台 [M]．北京：人民交通出版社，2007.

[149] 郭宏宇，竺彩华．口岸发展与“一带一路”建设：形势、问题及对策 [J]．国际经济合作，2016 (1)：46—55.

[150] 徐秦．浙江省的港口资源整合研究 [J]．中国航海，2006 (3)：68—71.

[151] 崔会芬，王瑛．利用 QR 技术整合边境口岸物流资源 [J]．黑龙江交通科技，2007 (5)：116—118.

[152] 张夏恒，郭海玲．跨境电商与跨境物流协同：机理与路径 [J]．中国流通经济，2016 (11)：83—92.

[153] 刘有升，陈笃彬．基于复合系统协同度模型的跨境电商与现代物流协同评价分析 [J]．中国流通经济，2016 (5)：106—114.

[154] 郝玉柱，褚婷婷．京津冀口岸发展协同度研究 [J]．经济纵横，2017 (12)：107—116.

[155] 朱耿，朱占峰，杨玮蛟．末端物流配送协同运作及管理分析 [J]．人大复印资料：管理学文摘，2015 (5)：57—59.

[156] 孟庆松，韩文秀．复合系统协调度模型研究 [J]．天津大学学报：自然科学与工程技术版，2000，33 (4)：444—446.

[157] 樊华，陶学禹．复合系统协调度模型及其应用 [J]．中国矿业大学学报，2006，35 (4)：515—520.

[158] 李谭，王利，王瑜．辽宁省港口物流效率及其与腹地经济协同发展研究 [J]．经济地理，2012，32 (9)：108—113.

[159] 郭治安．协同学和工程技术中的协同作用 [J]．大连铁

道学院学报，1981（1）：69—78.

[160] 王娟娟，郑浩然．“一带一路”区域通关一体化建设问题研究——基于跨境电商视角的分析［J］．北京工商大学学报，2017（4）：57—65.

[161] 朱占峰．供应链管理［M］．北京：高等教育出版社，2012：4.

[162] 冯晓玮，王成付，奚雷．物联网金融模式下供应链融资风险识别与控制［J］．商业经济研究，2016（3）：180—182.

[163] 夏同水，冷倩．供应链金融探析［J］．新疆大学学报（哲学人文社会科学版），2016（2）：32—40.

[164] 谢世清，何彬．国际供应链金融三种典型模式分析［J］．经济理论与经济管理，2013（4）：80—86.

[165] 田江，陈晨．第三方物流企业信用风险评估指标体系研究——基于供应链金融视角［J］．科学与管理，2016（2）：65—71.

[166] 陈畴镛，郎少佳．第三方物流主导的中小企业供应链金融信用风险评价研究［J］．生产力研究，2017（9）：155—160.

[167] 王灵彬．基于信息共享机制的供应链融资风险管理研究［J］．特区经济，2006（10）：105—106.

[168] 弯红地．供应链金融的风险模型分析研究［J］．经济问题，2008（11）：109—112.

[169] 于瑞峰，任艳敏，王雨等．基于供应链的企业信贷风险评估研究［J］．中国管理科学，2007，15（3）：85—92.

[170] 谢江林，何宜庆，陈涛．数据挖掘在供应链金融风险控制中的应用［J］．南昌大学学报（理科版），2008，32（3）：42—49.

[171] 郑颖，杨建州．木材加工业供应链伙伴关系现状研究［J］．林业经济问题，2013，33（5）：409—413，480.

[172] 叶建木，邓明然，王洪运．企业风险传导机理研究［J］.

理论月刊，2005（3）：156—158.

［173］邓明然，夏喆．基于耦合的企业风险传导模型探讨［J］．经济与管理研究，2006（3）：66—68.

［174］刘朝刚，马士华．大规模定制供应链的风险与控制［J］．中国物流与采购，2008（8）：66—67.

［175］程国平，邱映贵．供应链风险传导模式研究［J］．武汉理工大学学报（社会科学版），2009，22（2）：36—41.

［176］闫秀霞，刘莉洁，马永琦．供应链风险传导建模与仿真［J］．财会通讯，2016（18）：124—128.

［177］毕家新．供应链金融：出现动因、运作模式与风险防范［J］．华北金融，2010（3）：20—23.

［178］储雪俭，李聘飞．供应链金融信用风险扩散防控机制研究［J］．金融发展研究，2017（2）：63—67.

［179］孙薇．供应链金融中的传导效应研究［J］．时代金融，2017（27）：203—204，206.

［180］王可．电子商务与新时代的生意经［J］．信息与电脑．1994（5）：10—11.

［181］郑鹏．基于农户视角的农产品流通模式研究［D］．武汉：华中农业大学，2012.

［182］潘超玲，李燕琼．基于供应链视角的农产品质量管理研究［J］．商业经济，2011（13）：22—23.

［183］马士华，王鹏．基于 Shapley 值法的供应链合作伙伴间收益分配机制［J］．工业工程与管理，2006，10（4）：43—45，49.

［184］胡湘云，王城松，刘小红．基于 Shapley 值法修正的中小企业供应链协同创新收益分配研究［J］．工业技术经济，2017（7）：143—149.

［185］白晓娟，张英杰，靳杰．基于改进 Shapley 值法的新零售下供应链的利益分配策略［J］．数学的实践与认识，2019，49

(14): 88—96.

[186] 戴佩慧，项朝阳．蔬菜供应链利益分配应用研究——基于改进的 Shapley 值法 [J]. 广东农业科学，2014 (14): 208—213.

二、英文参考文献

[1] Newell A, Simon H A. The logic theory machine-A complex information processing system [J]. IRE Transactions on Information Theory, 1956, IT-2, 61-69.

[2] Ruthven P K. A snapshot of Australia's digital future to 2050 [M]. IBIS World, 2012.

[3] Tapscott D. Growing up digital: the rise of the net generation [M]. San Francisco: McGraw-Hill Companies, 1998.

[4] Tansley A G. The Use and Abuse of Vegetational Concepts and Terms [J]. Ecology, 1935, 16 (3): 284-307.

[5] MOORE J F. Predators and prey: A new ecology of competition [J]. Harvard Business Review, 1993, 71 (3): 75-86.

[6] MOORE J F. The Death of Competition: Leadership and Strategy in the Age of Business Ecosystems [M]. New York: Harper-Business, 1996.

[7] Niharika G, Ritu V. Cloud Architecture for the Logistics Business [J]. Procedia Computer Science, 2015, 50: 414-420.

[8] Chhetri P, Butcher T, Corbitt B. Characterizing spatial logistics employment clusters. International Journal of Physical Distribution & Logistics Management, 2014, 44 (3): 221-241.

[9] Rivera L, Sheffi Y, Knoppen D. Logistics clusters: The impact of further agglomeration, training and firm size on collaboration and value added services. International Journal of Production Economics, 2016, 179 (9): 285-294.

[10] Kumar I, Zhalnin A, Kim A, et al. Transportation and logis-

tics cluster competitive advantages in the U. S. regions: A cross-sectional and spatio-temporal analysis. Research in Transportation Economics, 2017 (61): 25 -36.

[11] Hylton P J, Ross C L. Agglomeration economies' influence on logistics clusters' growth and competitiveness. Regional Studies, 2017 (4): 1 -12.

[12] Sundarakani B, Souza RD, Goh M, SM Wagner SM, Manikandan S. Modeling carbon footprints across the supply chain [J]. International Journal of Production Economics, 2010, 128 (1): 43 -50.

[13] Kauffinan, Robert J, Walden, Eric A. Economics and Electronic Commerce: Survey and Directions for Research [J]. International Journal of Electronic Commerce, 2001 (4): 115 -116.

[14] Blum B S, Goldfarb A. Does the internet defy the law of gravity? [J]. Journal of International Economics, 2006, 70 (2): 384 -405.

[15] Hortaçsu A, Martínez-Jerez F A, Douglas J. The Geography of Trade in Online Transactions: Evidence from eBay and Mercado Libre [J]. American Economic Journal Microeconomics, 2009, 1 (1): 53 -74.

[16] Kawa A. Supply Chains of Cross-Border e-Commerce [C]. Asian Conference on Intelligent Information and Database Systems. Springer, Cham, 2017: 173 -183.

[17] Kim T Y, Dekker R, Heij C. Cross-Border Electronic Commerce: Distance Effects and Express Delivery in European Union Markets [J]. International Journal of Electronic Commerce, 2017, 21 (2): 184 -218.

[18] Harada Y. Current Status and Development of Cross-Border E-Commerce (EC): Commitment to the Chinese Market of EC Businesses [J]. Osaka Sangyo University Journal of Business Administration, 2013, 15: 1 -26.

[19] Gomez-Herrera E, Martens B, Turlea G. The Drivers and Impediments for Cross-Border E-Commerce in the EU [J]. Information Economics & Policy, 2014, 28 (1): 83 -96.

[20] Asosheh. A, Shahidi-Nejad H, Khodkari. H. A Model of a localized Cross-Border E-commerce [J]. Scientific Research, 2012 (4): 136 -145.

[21] Einav L, Knoepfle D T, Levin J, et al. Sales Taxes and Internet Commerce [J]. Social Science Electronic Publishing, 2012, 104 (1): 1 -26.

[22] Cardona M, Duchbrown N, Martens B. Consumer Perceptions of (Cross-Border) E-Commerce in the EU Digital Single Market [J]. Social Science Electronic Publishing, 2015, 27 (2): 195 -202.

[23] Edwards L, Wilson C. Redress and Alternative Dispute Resolution in EU Cross-Border E-Commerce Transactions [J]. International Review of Law Computers & Technology, 2007, 21 (3): 315 -333.

[24] Almousa M. Barriers to E-Commerce Adoption: Consumers' Perspectives from a Developing Country [J]. Ibusiness, 2013, 5 (2): 65 -71.

[25] Kaynak E, Tatoglu E, Kula V. An analysis of the factors affecting the adoption of electronic commerce by SMEs: Evidence from an Emerging Market [J]. International Marketing Review, 2005, 22 (6): 623 -640.

[26] Gibbs J, Kraemer K L, Dedrick J. Environment and Policy Factors Shaping Global E-Commerce Diffusion; A Cross-Country Comparison [J]. The Information Society, 2003, 19 (1): 507 -521.

[27] He Z , Cheng T , Dong J , et al. Evolutionary location and pricing strategies for service merchants in competitive O2O markets Original Research [J]. European Journal of Operational Research, 2016 (16):

595 – 609.

[28] Xiao S , Dong M . Hidden semi-Markov model-based reputation management system for online to offline (O2O) E-commerce markets Original Research [J]. Decision Support Systems, 2015, 77: 87 – 99.

[29] Tsai T M , Wang W N , Lin Y T , et al. An O2O Commerce Service Framework and its Effectiveness Analysis with Application to Proximity Commerce Original Research [J]. Procedia Manufacturing, 2015, 3: 3498 – 3505.

[30] Wen F, Yang S, L. Contract negotiation and risk preferences in dual-channel supply chain coordination [J]. International Journal of Production Research. 2015, 53 (16): 1 – 20.

[31] Hammer M. Reengineering work: Don't automate-obliterate [J]. Harvard Business Review. July-August. 1990, 68 (4): 104 – 113.

[32] Champy J, Hammer M. Reengineering the Corporation [M]. Harper Collins Publishers. Inc. 1993.

[33] Edward L W, James L. Multisensor Data Fusion [M]. Artech House publish, 1990.

[34] Hall D L. Mathematic Techniques in Multi-sensor Data Fusion [M]. Boston, MA: Artech House, 1992.

[35] Bar-Shalom Y, Fortmann T E. Tracking and Data Association [M]. Academic Press, 1988.

[36] Bar-shalom Y, LI X. Multitarget Multisensor tracking: Principles and Techniques [M]. Stows, CT: YBS Publishing, 1995.

[37] Zhu G, Zhu Z F Zhao J , Zhu Y Q Creative Distribution Mode Design of Terminal Logistics Based on New Technological Environment [J]. Advanced Materials Research, Vols. 1073 – 1076 (2015), pp. 2390 – 2397.

[38] Joshua Meltzer. The Internet, Cross-Border Data Flows and International Trade [J]. Technology Innovation, 2013, 2 (22).

[39] S Harridge-March, Quinton S. Initiation of Trust and Management of Risk in On-Line Retailing: UK On-Line Wine Market [J]. International Journal of Wine Marketing, 2005, 17 (2): 5 - 20.

[40] Evans D. Some Empirical Aspects of Multi-sided Platform Industries [J]. Social Science Electronic Publishing, 2003, 2 (3): 191 - 209.

[41] Rochet J C , Tirole J. Two-Sided Markets: An Overview [J]. Toulouse, 2004, 51 (11): 233 - 260.

[42] Iansiti, M. , Levien, R. Strategy as Ecology [J]. Harvard Business Review, 2004, 82 (3): 68 - 81.

[43] Vijayvargy L, Thakkar J, Agarwal G. Green supply chain management practices and performance: The role of firm-size for emerging economies [J]. Journal of Manufacturing Technology Management, 2017, 28 (3): 299 - 323.

[44] Zhu Q, Sarkis J, Lai K H. Institutional-based antecedents and performance outcomes of internal and external green supply chain management practices [J]. Journal of Purchasing & Supply Management, 2013, 19 (2): 106 - 117.

[45] Laosirihongthong T, Adebanjo D, Tan KC. Green supply chain management practices and performance [J]. Industrial Management & Data Systems, 2013 , 113 (8): 1088 - 1109.

[46] Zipf G K. The P1P2/D Hypothesis: On the Intercity Movement of Persons [J]. American Sociological Review, 1946, 11 (6): 677 - 686.

[47] Anselin L. Spatial Econometrics: Methods and Models [M]. Kluwer Academic Publishers, 1988.

[48] Haken H. Synergetics, an introduction. Nonequilibrium phase-transitions and self-organization in Physics [J]. Chemistry and Biology.

Springer, 1977.

[49] Barney J B, Strategic Factor Market: Expectations Luck, and Business Strategy [J]. Management Science, 1986 (42): 1231 – 1241.

[50] Barney J B. Firm resources and sustained competitive advantage [J]. Journal of Management, 1991 (7): 99 – 120.

[51] Peteraf M A. The Cornerstone of Competitive Advantage: A Resource-Based View [J]. Strategic Management Journal, 1993, (14): 179 – 191.

[52] Wemerfel B. A resource-based view of the firm [J]. Strategic Management Journal, 1984, 5 (2): 171 – 180.

[53] HAKEN H. Synergetics, an Introduction. Nonequilibrium Phase-transitions and Self-organization in Physics, Chemistry and Biology [M]. Springer-Verlag, Berlin, 1977.

[54] Hartley-Urquhart W R. Supply chain financing system and method [M]. Washington DC: Patent and Trademark Office, 2000.

[55] Berger A N, Udell G F. A more complete conceptual framework for SME finance [C] //World Bank. World Bank Conference on Small and medium enterprises: overcoming growth constraints. Washington: World Bank, 2004.

[56] Lamoureux M. A supply chain finance prime [J]. Supply Chain Finance, 2007, 4 (5): 34 – 48.

[57] Barsky N P, Catanach A H. Evaluating business risks in commercial lending Decision [J]. Commercial Lending Review, 2005, 20 (3): 3 – 10.

[58] Haeckel E. Generelle Morphologie der Organismen [M]. Berlin: G. Reimer, 1866.

[59] TANSLEY A G. The use and abuse of vegetational concepts and terms [J]. Ecology, 1935, 16 (3): 284 – 307.

[60] MOORE J F. The evolution of Wal-Mart: Savvy expansion and leadership [J]. Harvard business review, 1993, 71 (3): 82 - 83.

[61] Shapley L S. A value for n-persons games [J]. Annals of Mathematics Studies, 1953, 28 (7): 07 - 318.

[62] Shubik S M . A Method for Evaluating the Distribution of Power in a Committee system [J]. The American Political Science Review, 1954, 48 (3): 787 - 792.

[63] Myerson R. Graphs and Cooperation in Games [J]. Mathematics of Operations Research, 1977, 2 (3): 225 - 229.